LA HIJA DEL AIRE

PEDRO CALDERÓN DE LA BARCA

LA HIJA DEL AIRE

Edición crítica, con introducción y notas de
Gwynne Edwards

TAMESIS BOOKS LIMITED
LONDON

Colección Támesis

SERIE B - TEXTOS, IX

SBN   900411   10   4

Depósito Legal: M. 6.103 - 1970

Printed in Spain by Talleres Gráficos de EDICIONES CASTILLA, S. A.
Maestro Alonso, 23 - Madrid

for

TAMESIS BOOKS LIMITED

LONDON

TO MY FAMILY

TO MY FAMILY

CONTENTS

PREFACE

While the number of reliable editions of Calderón's plays has grown steadily in recent years, they have largely been of the better known ones: E. W. Hesse's *El mayor monstruo los celos,* A. E. Sloman's *La vida es sueño,* C. A. Jones's, *El médico de su honra,* P. N. Dunn's, *El alcalde de Zalamea,* A. A. Parker's, *No hay más fortuna que Dios,* etc. Most of these were already available —usually, it is true, in cheap editions with little or no critical apparatus—, so that their appearance in a more desirable and scholarly form served to fill out the student's knowledge of the play rather than acquaint him with a work he had not heard of previously. There are, of course, many plays —in fact the majority— which fall into the latter category, partly because they have not attracted a great deal of critical attention, partly because they can be read only in bulky volumes of Calderón's *Obras completas;* and there are sometimes those among them which have been highly praised by eminent people but which, for one reason or another, have never been published separately. *La hija del aire,* the great two-part play of Calderón's maturity, is one of these, praised by Shelley, Goethe and Schlegel in Romantic times, and described recently by A. A. Parker as possibly 'Calderón's supreme masterpiece'. The purpose of this edition is, therefore, very simple: to provide for the first time a working-edition of the play yet one which, in its critical apparatus, meets the needs of the University student and, I hope, the Calderonian scholar. Even so, I am conscious that certain things may have been omitted which might have been included, and for this I must beg the individual reader's indulgence.

My attention was first drawn to *La hija del aire* by Professor A. A. Parker when I undertook a doctoral thesis for the University of London. This consisted of a critical annotated edition of the *Primera Parte* with a study of the Semiramis legend and its treatment in literature before and in Calderón. The present book stems, therefore, from that enterprise, but the text of the *Segunda Parte,* the variants, the *Notes to the Text* are presented for the first time, while the introductory material has been greatly expanded and revised.

I wish to acknowledge my debt to Professor Parker for his advice and encouragement throughout the project; to Professor E. M. Wilson and Mr D. W. Cruickshank for their observations on textual problems; to Professors N. D. Shergold and J. E. Varey for reading and commenting upon the manuscript and for their advice on various practical points; to Professor G. W. Ribbans; and to the University of Liverpool and the University College of Wales, Aberystwyth, for their financial help. Finally, I should like to pay special tribute to Mr G. H. Rochat, former teacher of Spanish at the Rhondda County Grammar School for Boys, who guided my first faltering footsteps in the subject and who has done so much for Spanish in South Wales.

GWYNNE EDWARDS

Aberystwyth
April 1969

INTRODUCTION

CALDERÓN AND THE SPANISH DRAMA

The figure of Don Pedro Calderón de la Barca (1600-81), spanning practically the whole of the seventeenth century, dominates the theatrical life of the period both in the consistency and the quality of his achievement. By the time Calderón began to write for the stage in the early 1620s, the form of the *comedia* had already been established in the hands of Lope de Vega and his contemporaries, consolidating the work of earlier dramatists, so that Calderón inherited a well-tried and successful dramatic formula: the arrangement of the action in three Acts corresponding to exposition, development and complication, and unravelling; a rejection of the classical unities of action, time and place in favour of an action which might embrace two or more plots and which was free-ranging in relation to time and place; the juxtaposition of tragic and comic elements, of noble and rustic characters; and the use of particular kinds of verse-form in given situations. It was inevitable, therefore, that from many points of view Calderón's early plays should be modelled on those of his predecessors, yet even in these —*De un castigo, tres venganzas, El sitio de Bredá, El príncipe constante,* etc.—, there is clear evidence of those distinctive qualities of method, style and technique which set Calderón apart from all other Golden Age dramatists and which form a constant feature of his work: the careful construction, the studied elaboration of theme through character and situation, the liking for symbolism, the use of images and metaphors as pointers to theme, a conception of the play that is essentially stylized, and the overall note of seriousness and intellectual depth. He was already in the process of fashioning the technique which he was to employ for the rest of his creative life and which he henceforth proceeded to polish and refine.

Calderón's theatrical activities during the thirties undoubtedly did much to consolidate those features which were already apparent in his work, for he was now vigorously engaged in three different fields of creative writing, each of which sharpened particular aspects of his dramatic technique. Firstly, the commercial theatre, now a well-established part of the national life, required that he turn out plays regularly for it. This is the period of many of Calderón's best known plays —*El médico de su honra, A secreto agravio secreta venganza, El mayor monstruo los celos,* and *La vida es sueño*—, all conceived in terms of the *corrales* and the requirements of the conventional stage and therefore conforming in style and presentation to its demands. Secondly, the early thirties saw the opening of the new and magnificent royal palace of Buen Retiro and in conjunction with it the beginning of a new phase in the history of the Court theatre: the presentation of elaborate and spectacular plays having affinities with pageantry and masque, in which 'machines' played an important part and in which the famous Italian stage-designer, Cosme Lotti, achieved some of his most notable triumphs [1]. Calderón's involvement in this clearly heightened his feeling for the play on a grand scale, while the tremendous resources afforded him by the Court theatre allowed him to achieve in the secular drama spectacular effects in terms of symbolism and allegory which were otherwise largely confined to the *auto sacramental.* Such was *El mayor encanto amor,* Calderón's play about the encounter of Ulysses with the enchantress Circe which was given in 1635 on the lake of the Buen Retiro park on a stage specially constructed for the occasion. Cosme Lotti's famous memorandum shows us what elaborate devices he had in mind, and although Calderón rejected many of them on the grounds that they made his play unactable, the retention of such incidents as the transformation of the palace of Circe into a snowy wilderness from which a volcano rises indicates that the spectacle was still pretty impressive [2]. Calderón's work for Buen Retiro continued with plays such as *La fábula de Dafne, Auristela y Lisidante* and the now lost *Don Quijote* until the combination of circumstances which put an end to performances there in the early forties.

---

[1] For a detailed account of this period see N. D. Shergold, *A History of the Spanish Stage* (Oxford 1967), particularly 275-97.

[2] For the memorandum see C. Pellicer, *Tratado histórico sobre el origen y progresos de la comedia y del histrionismo en España* (Madrid 1804), ii. 146-66.

During the thirties Calderón was also producing his early *autos sacramentales: La cena de Baltasar, El nuevo palacio del Retiro, El gran teatro del mundo*; and, in the same tradition at least, *El mágico prodigioso*, perfomed at Yepes on Corpus Christi day in 1637. Thus, in terms of technique, symbolism and language, the religious and the Court play largely complemented each other during this period, and both coloured Calderón's approach to plays for the *corrales*. The decade was a crucial one in cristalising the essential features of his dramatic method, and all his later plays can be seen to have their stylistic origins here. The difference between one play and another becomes purely one of emphasis, not of essential elements. A Palace or religious play will thus emphasise those elements of symbolism which the greater resources of staging made possible, while a play for the public theatres will be different only in the sense that the technique matches the more limited possibilities of the conventional stage.

The forties proved to be a far less productive period. Between 1640 and 1642 Calderón participated in military campaigns against the French and the Catalan rebels, while the death of Philip IV's Queen in 1644 and of his only legitimate son, Baltasar Carlos, two years later, put an end to both public and Court performances for a number of years.[3] Towards the end of the decade, however, and in the early fifties Calderón produced plays which, though perhaps less well known than those of his earlier years, are both more complex in their structure and general dramatic technique and more stylized in their language. This is explained in part by the fact that after being ordained priest in 1651 Calderón concentrated on writing plays for the Court theatre and for the religious festivals of Corpus Christi. *La hija del aire* belongs to this period and illustrates in many ways the greater complexity and dramatic skill just alluded to, but at the same time it is a work which, although apparently written to be performed at Court, has none of those special effects and ingenious devices associated with many Court plays. Like *La vida es sueño* it could be put on in the public theatres. Nevertheless, in scope, in sheer theatrical virtuosity within the limits of the conventional stage, in the grandeur of many of its situations, in the sweep and size of its characters, and in many passages of magnificent language, it is a mature realization of those varied dramatic skills which Calderón acquired during the thirties and can be viewed all the better against that perspective. Composed at the height of Calderón's powers, it is a flowering of themes, situations, symbols and images found in his earlier plays yet put together now with the artistic vision and technical virtuosity born of long experience.

---

[3] Calderón's life has been dealt with by E. Cotarelo y Mori, *Ensayo sobre la vida y obras de Calderón* (Madrid 1924); but see also C. Pérez Pastor, *Documentos para la biografía de D. Pedro Calderón de la Barca* (Madrid 1905).

THE PLAY AND THE CRITICS

After the neo-classical controversies of the eighteenth century, interest in Calderón revived in the nineteenth, particularly in Germany where the Romantics, Lessing, the brothers Schlegel, and Goethe took him up with enthusiasm, while in England the poet Shelley was one of his greatest admirers. In a letter to Thomas Peacock, dated 21 September, 1819, Shelley observed:

> He excels all modern dramatists with the exception of Shakespeare, whom he resembles, however, in the depth of thought and subtlety of imagination of his writings, and in the one rare power of interweaving delicate and powerful comic traits with the most tragic situations, without diminishing their interest. [4]

In 1808 August Wilhelm Schlegel gave his *Lectures on Dramatic Art and Literature* in Vienna which were published shortly afterwards and which paid homage to Calderón's genius in the following terms:

> All the writers of that day wrote in a kindred spirit; they formed a true school of art. Many of them have peculiar excellences, but Calderón in boldness, fulness, and profundity, soars beyond them all; in him the romantic drama of the Spaniards attained the summit of perfection...;

while in 1812 Friedrich Schlegel delivered his *Lectures on the History of Literature, Ancient and Modern,* in which he dealt with the symbolic and aesthetic significance of Calderón's theatre. [5] *La hija del aire* itself became a well known play in Germany and Goethe, in spite of reservations, could acclaim many of its virtues:

> I consider that it is the greatest of Calderón's works, I would say one of the later ones... I will not forget to give Calderón due praise for it, if we should meet in the after-life. [6]

In 1825 an adaptation of the *Primera Parte* by Ernst Raupach was performed in Berlin, while Karl Immerman, director of the Dusseldorf theatre, had particularly high praise for the *Segunda Parte:*

> ...es muy superior... por su concentración trágica, por la novedad de sus invenciones y por sus encantos incomparables.

---

[4] Quoted from Salvador de Madariaga, *Shelley and Calderón* (London 1920), 8.

[5] *Uber dramatische Kunst und Literatur,* transl. J. Black (London 1892), 497; Friedrich Schlegel, *Geschichte der alten und neuen Literatur,* see Part Twelve.

[6] In a letter to Karl Ludwig von Knebel, 13 June 1821. The translation is my own.

> Las primeras escenas de esta última... son únicas en el teatro
> por su osadía, por su pompa y su esplendor. [7]

A. F. von Schack, in his *Historia de la literatura y del arte dramático en España,* gave equal praise to both *Partes:*

> Las narraciones tradicionales de los antiguos, acerca de
> Semíramis, se aprovechan en las dos partes de esta tragedia
> con sumo ingenio, trazando una obra brillantísima, que nos
> arrebata tanto por su soberbio colorido, cuanto nos admira por
> el arte magistral, con que están dispuestas las grandes masas
> de esta composición, tan exuberante en riqueza, y formando
> un conjunto acabado y armónico en sus diversas partes. [8]

The Germans did not, of course, always praise *La hija del aire* for
the right reasons. They were impressed by those aspects of it which
appealed to their Romantic idealism, and the terms in which they
speak of it are characteristically inflated, emotional and, in the last
resort, vague. Bias of a different but more damaging kind led Menéndez Pelayo, in the last quarter of the century, to censure the play
so severely that, if it had been highly regarded before, it was now to
be forgotten for many years. In 1881 the young Marcelino, still in
his twenties, produced his famous *Calderón y su teatro,* expressing in
its eight sections all the dislike which he felt for literature which was
'artificial' and stylised. Taking historical accuracy and 'naturalness'
as his criteria, he succeeded in pigeon-holing the majority of Calderón's plays into 'autos sacramentales', 'dramas religiosos', 'dramas fi-
losóficos', 'dramas trágicos', 'comedias de capa y espada'. What did
not fit, and *La hija del aire* was a very good example, was simply
labelled 'géneros secundarios', for want of a better name.

The rigidity of Pelayo's thinking is reflected in his attempts to
find one generic term which will fit the play and in his complete
failure to approach it from an artistic point of view. His conclusions
were these:

> Hay ciertos dramas de Calderón que no me atrevo a calificar
> de históricos, porque no tienen de tales más que el nombre, los
> cuales más bien pudieran entrar en el grupo de comedias
> heroicas. Entre éstos se cuenta *La hija del aire,* primera y se-
> gunda parte. La hija del aire es la gran Semíramis de Babilo-
> nia. Calderón ha procedido en esta obra arbitraria y capricho-
> samente, y ha hecho un drama ideal y fantástico. Bajo este
> concepto, y no como drama histórico, debe ser considerado.
> El carácter de la protagonista tiene rasgos de primer orden; su

---

[7] Immerman's opinion is given by Schack in a footnote to his own view
of the play.

[8] Transl. Eduardo de Mier (Madrid 1885-7, 5 vols.), iv, 401-5.

nacimiento sobrenatural, aquella especie de misterio que la envuelve desde sus primeros días, el amor que por ella concibe el Rey Nino, la ceguera de Menón, todo esto es de grande y poderoso efecto dramático. De todas suertes, el drama, más bien que de tal, puede ser calificado de leyenda o de novela dialogada. Es de las obras más desigualmente escritas de Calderón, con más hinchazón y con más palabrería. El poeta no ha sabido contener su desbordada fantasía, ni llevarla por el cauce del buen gusto. De los datos allí esparcidos podía haber salido una buena tragedia; pero están hacinados sin orden ni concierto. Hay allí material para tres o cuatro obras dramáticas. [9]

Although Menéndez Pelayo's assessment gives Calderón a little credit, the main effect of it was to divert real critical attention from *La hija del aire* for a long time and even to convince people who looked at the play that what he had said was right. Thus, as late as 1930, C. V. Sargent criticized Calderón's arbitrary use of source-material in the play and its lack of structural unity. [10] Gerald Brenan, although his views on Calderón constitute one of the worst parts of his book, condemns the dramatist and his work almost without reservation :

> As we have said, Calderón's drama seemed to have reached a dead end by the time he was forty-five or fifty. His wonderful powers of plot invention had depended upon his adhering to the strict convention of the realistic *comedia*. Whenever he had followed more romantic or poetical themes, he had had difficulty in keeping his play together, more especially when he began to increase the number of the characters and to throw in allegorical meanings. A good illustration of such a failure is *La hija del aire,* a very ambitious play in two parts, which was given before the king in 1653. It is a return to the theme of *La vida es sueño,* in which the part of Segismundo is taken by a woman, Semiramis, who becomes Queen of Syria. Another play of the same sort is *En esta vida todo es verdad y todo mentira,* written a few years later. Like so many of Calderón's plays of a melodramatic-allegorical kind, they both contain a few good scenes, lost in a mass of absurdities. [11]

What is even more striking than the disparaging character of these remarks is their naivety.

The reaction to Menéndez Pelayo's dismissal of Calderón's play, and indeed of his kind of theatre, set in, as it did in favour of Gón-

[9] *Calderón y su teatro* (Madrid 1881). I quote from the Emecé edition (Buenos Aires 1946), 296.
[10] C. V. Sargent, *A Study of the Dramatic Works of Cristóbal de Virués* (New York 1930), 78-80.
[11] Gerald Brenan, *Literature of the Spanish People* (Cambridge 1953), 292.

gora, with the writers of the Generation of 1927. José Bergamín was thus able to describe *La hija del aire* as 'Esta portentosa figuración melodramática de Calderón, acaso la obra culminante de todo el teatro católico del siglo XVII'. [12] Rafael Alberti chose as the title for some of his poems two lines spoken by Chato:

> Yo era un tonto, y lo que he visto
> me ha hecho dos tontos... [13]

But the critic of this generation who did most to focus attention on the play was undoubtedly Valbuena Prat. In his *Calderón, su personalidad, su arte dramático, su estilo y sus obras,* he speaks of *La hija* as 'una de las más bellas creaciones de Calderón', of its 'potentes acentos de tragedia' and of the 'interés reconcentrado y riqueza dramática' of the *Primera Parte* in particular. [14] In the *Historia del teatro español,* published fifteen years later, he devotes ten pages to the work, considering it as a perfect example of a Baroque play in the character of its language and the dynamism of its action and its heroine, and concluding that

> la tragedia enorme se realiza, constituyendo la obra crucial y clave de los dos aspectos dramáticos del autor de *La vida es sueño* y de *El alcalde de Zalamea.* Como suma de lo trágico y poético, es tal vez *La hija del aire* la obra capital de Calderón, y una cima de la escena universal. [15]

These are fine words indeed, but, in spite of his obvious enthusiasm and instinctive feeling that the play is a great one, Valbuena does little to convince us in terms of a really close-knit and well-argued analysis of such things as theme, structure, symbolism and imagery. He writes with the characteristic Latin tendency to replace hard-headed criticism by Romantic sentimentality which invariably ends in vagueness.

In the 1940's a rather similar approach was taken by Benedetto Croce in an attempt to defend the alleged diffuseness and exaggeration of the play. [16] He advances the argument that they are justified within the Baroque tradition:

> Le situazioni sono trattate in simile modo energico ed enfatico e iperbolico...nella *Hija del aire* hanno le situazioni violente ed estreme di amori, di battaglie, di colpi audaci, di scambi di persone...E arte da teatro e da teatro barocco e si debe guardarla precipuamente sotto quest' aspetto, che e il suo proprio o principale, e lodarla in questo aspetto...

[12] José Bergamín, *Mangas y capirotes* (Madrid 1933), 186.
[13] Published in *La Gaceta Literaria* on the occasion of the tercentenary of Góngora's death.
[14] Barcelona 1941, 128-30.
[15] Barcelona 1956, 394-404.
[16] '*La hija del aire*' in *La Crìtica*, XLI (Naples 1943), 173-88.

Once more there is a failure to look at the play really closely, an apparent willingness to recognise the weaknesses but a determination to justify them in a more general way.

In recent years Valbuena Prat's work has been extended by his son, Angel Valbuena Briones. In his edition of Calderón's *Dramas,* the *nota preliminar* to *La hija del aire* certainly contains some evidence of the manner in which Calderón changed his source-material and the effects which he consequently achieved, but there is no systematic development of any argument and a few good points are lost in vague generalisations: 'El interés de los temas que plasma, la prodigiosa arquitectura, así como los aciertos expresivos de esta obra, le dan una categoría de primer rango entre el teatro de nuestro dramaturgo'. [17] The same faults characterise the eight page examination of the play in the *Perspectiva crítica de los dramas de Calderón.* [18]

In view of the general lack of concrete criticism — yet in order to substantiate the instinctive feeling of so many critics that *La hija del aire* is a fine play — a detailed study was clearly necessary and justified. This I attempted to do in two essays: 'Calderón's *La hija del aire* in the Light of his Sources', and 'Calderón's *La hija del aire* and the Classical Type of Tragedy', hoping thereby to support Professor A. A. Parker's view that this work 'has strong claims to be considered Calderón's supreme masterpiece'. [19] In this Introduction I have attempted to compress and to integrate the content of my two articles while I have also been able to include new material on the Semiramis legend, on the date of composition, and on the text of the play.

DATE OF COMPOSITION

The first performance of *La hija del aire* of which there is any concrete evidence took place in the Royal Palace in Madrid in 1653. [20] The *Primera Parte* was given on 13 November, the *Segunda Parte* on the 16 November, both by the company of Adrián López and in the presence of Philip IV. This particular *autor* had also been engaged in June of that year, sharing the performance of the *autos* in Madrid with the more famous company of Diego Osorio. [21] It seems possible, therefore, that, after the June performances, perhaps as a direct result of them, the company was retained to put on the November performance of *La hija del aire.* This does not tell us whether or not Calderón had com-

---

[17] *Obras completas, I, Dramas* (Madrid 1956), 1003.
[18] Madrid 1965, 230-8.
[19] The first article appeared in *BHS*, XLIII (1966), 177-96, the second in *BHS*, XLIV (1967), 161-94. Professor Parker's opinion appeared in his article 'Towards a Definition of Calderonian Tragedy', *BHS*, XXXIX (1962), 226.
[20] See N. D. Shergold and J. E. Varey, 'Some Early Calderón Dates', *BHS*, XXXVIII (1961), 278, 286.
[21] N. D. Shergold and J. E. Varey, *Los autos sacramentales en Madrid en la época de Calderón, 1637-1681. Estudios y documentos* (Madrid 1961), 110.

pleted the play or not by the Summer of that year, but it is quite likely that he had written it in a fairly complete form and that the availability of Adrián López's company made him polish and revise it between June and November.

The only other pointer to the date of the play's composition is the appearance of the *Segunda Parte* in a volume of plays bearing the date 1650 : : the *Parte cuarenta y dos de comedias de diferentes autores* published in Zaragoza. [22] This is, in effect, a made-up volume, a collection of *sueltas,* and *La hija del aire* is curiously attributed to Antonio Enríquez Gómez. The overall character of this volume, its numerous mistakes, the general carelessness, and the really bad punctuation, lead to the conclusion that it was a rushed job. The text of *La hija del aire* was certainly not taken directly from Calderón's manuscript : more probably it was copied from another text on which the publisher had laid his hands, or even taken down while being read aloud in some form. In any case, if the 1650 date were correct, it would put back the date of the play's composition by some considerable time, for Calderón would have had to write the early drafts, to have worked them into two complex and highly polished *Partes* and to have seen these in general circulation before any publisher could get hold of them. A likely date of composition, in these circumstances, would be 1648 or 1649. This, for a variety of reasons, seems unlikely and makes the date of the Zaragoza text rather suspect. It would be far more logical to imagine this text deriving from the performance of 1653 or from a slightly later one, and to attribute the date of composition to just before that year.

During the late forties it seems quite possible that Calderón underwent some kind of spiritual crisis. We know that his illegitimate son, Pedro, was born around 1647 and that Calderón took orders in 1651. The absence of specific information forbids the conclusion that the two things were in any way related, but the events of these years may well have put Calderón in the frame of mind which would contribute to the writing of tragedy. The point has been made by Valbuena Prat :

> De unos amores, de los que tuvo un hijo, no sabemos la índole ni el comentario. Este hijo, Pedro, debió de nacer poco después de 1647, y diez años después ya había muerto. Tampoco tenemos comentarios líricos sobre el carácter y la muerte de la amante. ¿Influyó este desengaño en la ordenación de sacerdote del poeta? No lo sabemos tampoco, aunque pudiera ser así. El hecho es que Calderón se ordena en 1651, en plena madurez de su vida, y que al hijo, al que antes alguna vez había ocultado como 'sobrino', una vez que es ya sacerdote tiene el valor de reconocerlo. ¿Quién sabe si en la muerte de la madre de este Pedro, que había de morir también jovencillo como el

---

[22] See my section on the text.

Adeodato de San Agustín, estará la clave de la vida austera del sacerdote que ve sólo 'humo, polvo, nada y viento' en la hermosura y en la pompa del mundo? [23]

The sombre mood of *La hija del aire* and the penetrating analysis of man's tragic predicament which Calderón offers certainly suggest something deeply felt, and it is perfectly possible that this found its expression not in the turmoil of the moment but just afterwards, when the conflict had resolved itself somewhat and events could be viewed a little more objectively. This again would suggest a date around 1653.

Another factor which seems to be important is the marriage of Philip IV to his niece, Mariana of Austria, in 1649. This, of course, was an event of great significance to all thinking Spaniards since, in the first place, it offered a possible solution to the existing situation whereby Philip's heir was his daughter, María Teresa, and her future husband, whoever he might be, would become master of the Spanish Empire. Philip's betrothal to Mariana in 1648 and his marriage in the following year were clearly a source of relief and an occasion for rejoicing, and the Queen's arrival in Madrid on 15 November 1649 was celebrated with elaborate festivities. At the same time, however, welcome as the new Queen might be, any great change in the circumstances of the monarch was bound to give much food for thought, particularly in an age which was preoccupied with questions of government and kingship. If the key to Calderón's tragic play lay in his personal life, the historical circumstances of the time may well have influenced him to choose the Semiramis story as his means of expression.

The link between *La hija del aire* and Philip and Mariana is, of course, the fact that the king of the play marries a young and beautiful girl. Beyond this general similarity I am not suggesting that the events of the plot in any way parallel the precise historical circumstances of the time, but there can be no mistaking the powerful didactic tone of Calderón's play and the importance given to the theme of kingship within the tragic framework. [24]. This is exactly the kind of dish to be set before a king and his young wife: not only would the danger of over-indulging her be made clear to him; the pitfalls of excessive ambition would equally impress her. Moreover, when we recall that the play was performed in Philip's presence in 1653 —and presumably in Mariana's too—, it must surely be concluded that Philip's marriage was a powerful factor in its composition. The question of timing

---

[23] In *Calderón, su personalidad, su arte dramático, su estilo y sus obras*, 11.

[24] The practice of instructing the ruler in the art of kingship was, of course, a perfectly common one throughout Europe at this time. In the drama of the Golden Age Tirso's *La prudencia en la mujer* is a very good example. Calderón's *auto*, *No hay más fortuna que Dios*, with its outspoken message that royal power is fleeting and with its unflattering portrayal of *Poder*, was performed in Philip's presence, and there can be little doubt that *La vida es sueño*, also dealing from one point of view with the theme of kingship, would have been seen by royalty as well as by the general public.

may also be important here in helping us to suggest the date of this. While the age in general was not as sensitive about its comments on the monarchy and as reticent in offering instruction as other periods in history, we may fairly suggest that the period immediately following Philip's marriage would have been too soon for as outspoken a piece as *La hija del aire*. Three years later the climate would seem more favourable. Again the circumstances point to 1652 or 1653.

One more point remains to be considered: the conditions governing the performance of plays during the forties and early fifties. The death of Queen Isabella in 1644 closed the public theatres and terminated performances at Court, while the demise of Baltasar Carlos in 1646 inaugurated another period of mourning. *Comedias* were not again presented in the public theatres until 1651. At Court they commenced once more a little earlier, in 1647, because of Philip's proposed marriage, and in this and the following year masques were given to celebrate Mariana's birthday. Philip, however, did not begin to attend plays himself until 1649 and the Court theatre did not really begin to take on its former character until 1650, plays being performed from that year in the presence of royalty at the palaces of the Pardo, the Escorial and Madrid. These events clearly point to Calderón's having written his play in the early fifties. [25]

In conclusion, the evidence suggests that *La hija del aire* was written not long before its performance at Court in 1653, the only contradictory factor being the date of 1650 on the Zaragoza text. This date must now seem to be very suspect and should not delude us into concluding that Calderón's play was written before that.

The Semiramis legend and its treatment in prose literature before Calderón.

The Semiramis legend seems to have excited the artistic imagination from early times. Like Oedipus, Ulysses, Prometheus and others, Semiramis herself, the beautiful yet ambitious, cruel and lustful queen, has exerted her magic and eternal spell throughout the ages. And like

[25] For an account of the circumstances governing the performance of plays in the 1640's see N. D. Shergold and J. E. Varey, 'Datos históricos sobre los primeros teatros de Madrid: prohibiciones de autos y comedias y sus consecuencias (1644-1651)', *BH*, LXII (1960), 286-325. Also N. D. Shergold, *op. cit.* Cotarelo y Mori, *op. cit.*, thought that several plays might belong to the early fifties, notably *Guárdate del agua mansa* which describes the festivities of the royal entry into Madrid in 1649, see 280-82. There is no direct proof of this. In a recent article J. E. Varey and A. M. Salazar suggest that Calderón did not take part in the marriage festivities as a practising dramatist: 'Calderón and the Royal Entry of 1649', *HR*, XXXIV (1966), 1-26. Could this mean that he was not inclined to write festive works at this time, rather that he might be contemplating some deeply serious work which eventually turned out to be *La hija del aire?* H. W. Hilborn, in his *A Chronology of the Plays of Calderón* (Toronto 1938), suggested a date of composition around 1636. I see no evidence at all to support this theory.

those ancient heroes, different ages have interpreted her in different ways while preserving certain essential and unchanging characteristics. The explanation for the persistent appeal of the Semiramis legend may well lie in the fact that it has its roots in ancient fertility rites. While the passing of the centuries added a good deal of veneer and sophistication, they did not diminish the sexual attraction of the heroine. She became, in varying degrees, an erotic symbol for all ages.

The worship of Semiramis, or Shemiram in its Semitic form, originally existed in Syria in a purely local form and was essentially a fertility worship of the type associated with Ishtar. A god and a goddess were usually worshipped as the forces which influenced the changing seasons and the fertility of crops and women. In conjunction with this form of worship, a myth was told which described the divine pair and the god's annual death and resurrection. A dramatic performance of the myth took place annually at the shrine of the fertility goddess, in which the parts were acted by human couples. The central feature of the performance consisted of the death of the male after union with the female, the roles being taken over by priests and sacred prostitutes as the rite developed into organized religion. [26] At Hierapolis in Syria it seems likely that the myth which grew up around the fertility goddess, Semiramis, contained reference to both the goddess's husband and her son, the former dying annually, and also to a sacred lake which formed an important feature of the worship there. [27]

There is evidence that Semiramis worship spread from Syria to Persia at an early date, and that in the hands of the Persians the myth described above underwent important changes. The traditional Persian fertility goddess was Atargatis (whom the Greeks called Derceto). When the Persians supplanted her with Semiramis, they provided the new goddess with the stamp of authority and antiquity by associating her with the old. In addition, in accordance with the sense of unity which developed between the worshippers at the several local shrines of Semiramis in Persia, a legendary narrative grew up in which the victories of the religion were described as the victories of the goddess. [28] Thus a Semiramis myth existed in Persia similar to the Syrian one but with additional details relating Semiramis to Atargatis and describing her conquests.

Further dissemination of the myth was made possible by the Persian conquest of Babylon in 539 B. C. And again important changes took

[26] An extremely informative account of ancient fertility worship is given by Sir George Frazer in *The Golden Bough, A Study in Magic and Religion* (London 1936), Part VI, 354-407. 'The Saturnalia and Kindred Festivals'.

[27] The character of the worship at Hierapolis was dealt with by W. Robertson-Smith, 'Ctesias and the Semiramis Legend', *English Historical Review*, No. VI (1887), 305; J. Gilmore, 'The Origin of the Semiramis Legend', *EHR*, No. VIII (1887), 733; and A. H. Sayce, 'The Legend of Semiramis', *EHR*, No. IX (1888), 110.

[28] The development of Semiramis worship in Persia was described by W. Robertson-Smith, *op. cit.*, 308-10, 317; Sir George Frazer, *op. cit.*, Part VI, 369-71.

place. The role of the priest in the performance of the myth was given at Babylon to a condemned criminal, and for five days before his death he was allowed to indulge himself in a wild orgy of pleasure with the prostitutes. [29] This five day period became important in the legend later on. Secondly, the prominence of a sacred lake in the Syrian worship of Semiramis facilitated the introduction of the Babylonian water god, Oannes or Onnes (later to be Menones), who became a husband to the goddess. [30] The dove, sacred to Ishtar, was linked with Semiramis. [31] There was an allusion to the tomb of the god-husband who died annually. And, of course, the great city of Babylon was now listed among Semiramis's victories. So at Babylon there developed a Semiramis myth which described her descent from Atargatis, her two husbands —one named Onnes—, the tomb of her dead husband, her son, her association with water and with doves, her victories in Persia and her conquest of Babylon.

As well as religion, history played a significant part in shaping the Semiramis legend which became known to Greek writers like Herodotus and Ctesias. From 811-808 B. C. Assyria was governed by Queen Sammuramat in the minority of her son, Adad-Nirari III, following the death of her husband, Shamshi-Adad. [32] Evidence points to the fact that she was an exceptional woman, especially when the role normally played by women in public life was a minor one. [33] And her fame evidently spread far beyond the boundaries of her own land. Queen Sammuramat directed the affairs not only of her own kingdom but of the whole of the Assyrian Empire. Babylon came under her jurisdiction and she undertook numerous successful campaigns against other territories, including Armenia, Mesopotamia and Media. Her fame would also have spread with the mercenary soldiers serving in her army: Chaldeans, Aramaeans, contingents from Elam and Namri. So it was inevitable that a legend about this great Queen of Nineveh should take root and flourish in those lands where she ruled, campaigned, or had been heard of.

Although the precise nature of these legends is a matter of conjecture, it is obvious that Sammuramat would have been the great central figure, overshadowing both her husband and her son. And it seems likely that their names would have been forgotten in the passage of time. Since they were associated with Nineveh, the old pronunciation of which was Nina, it is possible that they were designated with some such name, which later became Ninus and Ninius. [34] The Babylonians in particular would have emphasised the Babylonian origin of the Queen and may well have stressed her husband's early death since

[29] Frazer, *op. cit.*, Part VI, 355, 408.
[30] Gilmore, *op. cit.*, 733.
[31] Frazer, *op. cit.*, Part IV, 162.
[32] *Cambridge Ancient History* (Cambridge 1929), III, i, 26-7.
[33] See G. Rawlinson, *The Five Great Monarchies of the Ancient Eastern World* (London 1864), II, 383.
[34] A. H. Sayce, *op. cit.*, 105-13.

3

it increased her responsibility and heightened the greatness of her deeds.. The central part of the legend would consist of her conquests in Media, Mesopotamia, and other lands. With minor variations the legend of Queen Sammuramat, who, after her husband's death and in the minority of her son, led her armies in battle, must have existed in many countries.

The similarity between the myth of the goddess Semiramis and the legend of Queen Sammuramat led to a natural fusion, to the creation of a hybrid legend which contained both religious and historical elements.[35] The name of the Queen disappeared, leaving the name of the goddess. The voluptuous character of the heroine derived from fertility associations. So did her relationship with Atargatis, with water and with doves. One of her husbands, Onnes, retained his religious name, while the other, Nina or some derivative, owes his name to history. But the allusion to his death five days after his marriage to Semiramis was evidently religious in origin. Similarly, the son's name, again a derivative of Nina, came from history, but the portrayal of his character as pleasure-loving — he is said to idle away his time with his concubines — was again based on the religious myth. The list of Semiramis's victories, combining the conquests of the Queen and the goddess, grew much longer. The city of Nineveh and the empire of Assyria, previously associated with Sammuramat, found their way into the story. Over a long period of time and over an extensive area, then, it is possible to see the emergence of a legend pertaining to the beautiful and warlike Semiramis, her two husbands, her son and her great empire. Even in pre-Grecian times the principal characters and numerous details which future ages were to develop were present in a recognizable form.

The Greek historians, Ctesias and Diodorus Siculus, were mainly responsible for casting this material into a literary or 'historical' form. Herodotus had mentioned Semiramis briefly in his Assyro-Babylonian 'history' as the ruler of Babylon and the author of certain embankments along the Euphrates.[36] His contemporary, Ctesias, then attempted to outdo Herodotus by writing a much more detailed account of the famous queen, based undoubtedly on the Babylonian legend but rewritten with great freedom in order to provide an Assyro-Babylonian history which would prove acceptable to the Greeks.[37] Unfortunately, Ctesias's writings have not survived. But it seems that the content has been largely preserved, on the one hand, in isolated quotations,

---

[35] The identification of Queen Sammuramat and the goddess Semiramis has been accepted by all the scholars who have investigated the matter. See Frazer, op. cit., Part VI, 370; C. F. Lehman-Haupt, Die historische Semiramis und ihre Zeit (Tübingen 1910), i, sq; W. H. Roscher, 'Semiramis' in Lexicon der griech. und röm. Mythologie, IV, 678 sq.

[36] Herodotus, Historiae, I, clxxxiv.

[37] See J. Gilmore, 'The Sources of the Assyrian History of Ktesias', EHR, No. V (1887), 97-8.

on the other, almost if not entirely in the *Bibliotheca Historica* of the Greek historian, Diodorus Siculus. [38]

Diodorus devoted twenty-one long chapters to Semiramis in the course of which he makes numerous references to his borrowings from Ctesias. It is interesting to note how, in the hands of the Greeks, the story underwent further changes, acquiring new features which distinguish other Greek legends and myths. Fertility associations are still evident in the manner in which Derceto gives herself to her lover and then murders him. But the exposure in a rocky desert area of the child born of the act, her preservation by doves, her discovery by shepherds, and her upbringing by Simmas, keeper of the royal herds, are highly reminiscent of the childhood of Oedipus, Telephus and Aegiathus, and are a central feature of Greek legend as a whole. [39] Otherwise Ctesias was probably responsible for giving the material of the Babylonian legend a new dramatic character, for developing the heroine's relationship with Onnes and Ninus, the enmity which their rivalry for her inspires, the King's attempt to obtain her by persuasion, then by threat of blindness, the despair and subsequent suicide of Onnes, the imprisonment of Ninus by Semiramis, her campaigns and conquests, and some detailed descriptions of Babylon as a backcloth to these events. Apart from some further conquests, notably in Bactra and India, Diodorus added little himself. One interesting detail in his 'history' is the use of the name Menones as an alternative form of Onnes.

In comparison with this lengthy narrative, the references to Semiramis by other Greek and Roman writers are brief and often repetitive. Such is the information given by Juvenal, Strabo, Philostratus, Arrian, Ammianus Marcellinus, Arnobius, Philo Byzantius, Propertius, Athenaeus, Quintus Curtius, Lucian, Eusebius, Cicero, Pomponius Mela, Athenagoras, Velleius Paterculus, Agathias and Paulus Orosius. Only a few writers added anything new: Justin described the physical resemblance between Semiramis and her son, the disguise which she used to rule instead of him, her desire for him, and her death at his hands; [40] Aelianus and Plutarch mentioned the death of Ninus at the command of Semiramis; [41] Valerius Maximus portrayed her abandoning her dressing-table to put down a Babylonian revolt; [42] and Pliny, quoting Juba, stated that her lust was such that she had intercourse with a horse. [43] But what remains very clear is the fact that repetition over a long period of time even of small incidents helped to make Se-

---

[38] Diodorus Siculus, *Bibliotheca Historica*, II, i-xxi, with an English translation by C. H. Oldfather, Loeb Classical Library (London 1933).
[39] See Frazer, *Folk-lore in the Old Testament, Studies in Comparative Religion, Legend and Law* (London 1918), 439.
[40] *Epitoma Historiarum Philippicarum*, I, ii.
[41] Aelianus, *Varia Historia Epistolae Fragmenta*, VII, i; Plutarch, *Amatorius*, ix.
[42] *Facta et Dicta Memorabilia*, IX, iii.
[43] *Naturalis Historiae Liber*, VIII, lxiv.

miramis a familiar and popular figure, one which the Renaissance took up with enthusiasm.

It would be tedious to give detailed facts and figures proving the popularity of the authors listed above during the Renaissance. To consider the most important, the *Bibliotheca Historica* of Diodorus, is more relevant to our purpose. Between 1470 and 1650 there were numerous editions in Latin in a large number of European cities including Venice, Paris and Basle. [44] In the sixteenth century there were translations into French, German and Italian. So there is no doubt about the availability of Diodorus's extremely detailed version of the story as well as the briefer bits of information contained in other writers. But the Renaissance saw, in addition, another important advance in the presentation of the story, for material which had hitherto existed in bits and pieces —with the exception of Diodorus— began to be joined together in a more coherent form, sometimes in the historical miscellanies which became so fashionable, sometimes in those equally popular books describing the careers of famous women.

Two such works by Jacobus Philippus Bergomensis, *Opus Preclarum Supplementum* and *De Claris Mulieribus,* appeared in 1483 and 1497 respectively. [45] The details of the texts prove conclusively that Bergomensis had not read Diodorus, but in spite of this the co-ordination of the bits of information given by Justin, Orosius, Eusebius and Pliny does, in the historical work, create the outline of the story. The history was also, it seems, quite a popular book. There were numerous reprints in Venice between 1483 and 1513, a Paris edition in 1538, and Italian translations published in Venice in 1520, 1524 and 1535. The *De Claris Mulieribus* presents the story in less detail and was also a less popular work.

In 1493 a story very similar to that given by Bergomensis appeared in Hartmannus Schedel's *Liber Cronicarum,* published at Nuremberg. There were further editions at Nuremberg in 1497 and at Augsburg in the same year. [46]

The first Spanish presentation of the story was a free-translation of Bergomensis' history by Narciso Viñoles, entitled *Suma de todas las crónicas del mundo.* [47] It was published in Valencia in 1510. Close reading of the text suggests, in fact, that Viñoles went from Bergomensis to the original sources and that he also discovered one or two not mentioned by the Italian. But once more there is no evidence of his having known the narrative of Diodorus, so the story remains an outline. The *Suma* does not seem to have been reprinted, but its existence at least points to an acquaintance with the Semiramis legend in Spain.

A far more popular and influential book was Pedro Mejía's *Silva*

---

[44]   See, for example, Robert Watt, *Bibliotheca Britannica* (Edinburgh 1824).
[45]   I have consulted the 1490 Venice edition of *Opus Preclarum Supplementum* and the 1497 Ferrara edition of *De Claris Mulieribus.*
[46]   I have looked at the Nuremberg edition of 1493.
[47]   Edition consulted: the Valencia text of 1510.

de varia lección, published first at Seville in 1540 and in many editions afterwards both in Spain and abroad.[48] The author gives as his sources Justin, Eusebius, Paterculus, and, above all, Diodorus. But in spite of this very interesting admission, all the existing editions up to the Madrid edition of 1669 deal only with the character of Ninus and with some of his conquests. The 1669 text contains an additional fifth and sixth part, and the first two chapters of the latter describe the birth of Semíramis, her nurture by doves, Menón's suicide by hanging, and the Queen interrupted at her dressing-table by a rebellion, most of this material clearly taken from Diodorus. The absence of an earlier edition containing this material is disappointing, but Nicolás Antonio, in the *Bibliotheca Hispana Nova,* does speak of such an edition being published at Zaragoza in 1554 or 1555.[49] There is thus the strong possibility that the account of Diodorus was known in Spain by this time.

Evidence to support this is afforded by the publication at Venice in 1498 of Marcus Antonius Coccius Sabellicus' *Rapsodiae Historicae Enneadum* and its subsequent dissemination.[50] In a more condensed form Sabellicus repeated, with the exception of a few minor details, what Diodorus had written. In addition, he brought together most of the information given by the other classical writers, so that his version represents the most complete form of the Semiramis story available in the Renaissance. This vast 'history' did not, in fact, go into many editions. After the first there were only three more, at Basle in 1515 and 1538, and at Lyon in 1535. But they evidently travelled far enough, for in 1550 a Portuguese translation was published at Coimbra entitled *Coronica geral de Marco Antonio Cocio Sabelico des ho começo do mundo ate nosso tempo.*[51] There does not seem to have been another edition, but it seems very probable that the Semiramis story as related by Diodorus was known in some form in Spain by the end of the mid-sixteenth century.

EARLY DRAMATIC TREATMENTS OF THE LEGEND

The story had doubtless appealed to classical and Renaissance writers because of its colourful and exciting character. With its description of the humble origins and subsequent rise to fame and power of the beautiful and ambitious heroine in circumstances involving trea-

[48] Edition consulted: the Seville edition of 1540 as published by the Sociedad de Bibliófilos Españoles (Madrid 1933); also the edition published at Lyons in 1556.

[49] See also Antonio Palau y Dulcet, *Manual del Librero Hispano-Americano* (Oxford-Barcelona 1956), under heading *Mejía;* M. Menéndez y Pelayo, *Orígenes de la novela,* II, 35.

[50] I have used the Basle edition of 1538. The material on Semiramis is given in Book I, 8-16.

[51] I have looked at this edition. It is also mentioned in the *Diccionario Bibliographico Portuguez de Innocencio Francisco da Silva, Lisboa, MDCCCLXI.*

son, intrigue, murder and incest, it was a tale to fire the imagination. And it is hardly surprising that, in view of the essentially dramatic character of the events, the dramatists should have wanted to put Semiramis on the boards as soon as drama, as an art, began to develop again in the Renaissance. The early dramatisations of the story were, as we might expect, rather crude, but they are interesting both because of the different ways in which different dramatists handled their material and because they illustrate the special requirements of dramatic treatment.

In 1593 there appeared at Bergamo a printed edition of a play by Muzio Manfredi entitled *La Semiramis Tragedia*. [52] The plot, briefly, is this: Semiramis, consumed with an overwhelming passion for her son, Nino, orders him to marry her. Knowing of his love for Dirce, a lady of the Court, Semiramis tries to marry her off to one of her generals, but Dirce and Nino, in a final attempt to thwart her plans, reveal that they have already been married for seven years. The Queen then pretends to forgive the young couple, promising that they shall have a public wedding, but she secretly has the girl bound, forces her to witness the murder of her two small children, and finally orders that she be executed. Nino is overcome with grief when his father appears to him in a dream, states that he too was murdered by Semiramis, and urges his son to kill her. Before he can perform the deed, Nino, to his horror, learns that Dirce was in reality his own sister. This knowledge, accompanied by the persistent advances of Semiramis, gives him sufficient courage to kill her. But, appalled at these terrible events, he becomes mad and dies.

The classical treatment of the subject, combined with the special requirements of the stage, has resulted in a considerable telescoping of the rather diffuse story as it appeared in the prose works already mentioned. The stage-action deals only with the last day in the life of Semiramis and with the tragic outcome of her lust. All the other momentous events of the legend are seen in retrospect: the events concerning Ninus and Menon and the triumphant rise to power of the Queen. Manfredi also introduced some new material, particularly the incidents concerning Dirce. The play is, in effect, a welding together of the themes of Oedipus, Phaedra and Orbeche, and it would seem that Manfredi's rather free handling of the legend was designed to produce something that would capture the dark spirit of Greek tragedy, suggesting the mysterious, inexplicable, and often horrific character of human destiny.

A similar purpose, at least in part, inspired Cristóbal de Virués' *La Gran Semíramis*, which was published with four other tragedies in 1609 in the *Obras Trágicas y Líricas del Capitán Cristóbal Virués*. [53] But

---

[52] I have consulted this and the Pavia text of 1598.

[53] The full title is: *Obras Trágicas y Líricas del Capitán Cristóbal Virués. En Madrid, Por Alonso Martín. A costa de Estévan Bogia, Mercader de libros. 1609.* I have used the text, from which I take the quotations, which appears

although Virués was one of the dramatists who attempted to create a taste for classical drama in Spain, and many aspects of his play can be traced to this aim, he also remained very much in accord with the conventions of the Spanish *comedia* in his concern with moral issues and their illustration through specific themes. In this respect his play may be regarded as an important forerunner of Calderón's and his treatment of his sources as highly interesting in the light of *La hija del aire*.

It is clear from the text that Virués drew much of his information from both Diodorus and Sabellicus and that he '...made careful, even scholarly, preparation of the historical material'. [54] But this was then carefully organised to exemplify the moral purpose suggested in the Prologue:

> ...todo para ejemplo con que el alma
> se despierte del sueño torpe i vano
> en que la tienen los sentidos flacos,
> i mire i siga la virtud divina...;

and to illustrate, in particular, the disastrous consequences of lust and ambition. In Act I, for example, Virués greatly expanded the relationship between Nino and Menón which the sources had dealt with in a few lines. Firstly he concentrates on the confidence and loyalty which exist between the two men and on the high position to which Menón has risen in the King's favour. Then, after Nino has met and become obsessed with Menón's wife, Semíramis, during the Bactrian campaign, Virués allows us to see the bonds of loyalty and friendship, indeed a whole range of moral values, destroyed by lust. Very soon the King is abusing his position to indulge his desire:

> no curéis de adelgazar
> tanto lo que haze un rei,
> pues es de considerar
> que su voluntad es lei...   (375-78)

He goes even further when he exiles Menón simply because he refuses to give up Semíramis. The punishment is that of a public enemy although Menón has committted no crime, and his good services are all forgotten in the interests of personal vengeance. Menón's suicide, at the end of the Act, must be placed directly at Nino's feet even though he has no hand in it.

The theme of destructive ambition runs parallel with that of lust. In Act I Virués portrays the happy relationship between Semíramis and

in *Poetas Dramáticos Valencianos,* in the series *Biblioteca selecta de clásicos españoles* (Madrid 1929).
[54] C. V. Sargent, *A Study of the Dramatic Works of Cristóbal de Virués* (New York 1930), 73.

Menón. We see his love for her and we are told that she has made a long and dangerous journey to be near him. Later on we observe her vigorous protest, both when Nino tries to wrest her from her husband and when he finally exiles him. Then, after Menón's death, Semíramis becomes Queen, and, tasting the fruits of power, ambition is whetted and the moral collapse begins. Virués, in the character of Semíramis, singles out ambition as the principal driving force behind her rise and fall. The sources had simply mentioned ambition as one facet of her character, without in any way seeing it as the mainspring of her career.

The corrupting influence of ambition is also illustrated in two completely new characters, Zopiro and Zelabo. At the beginning of the play Virués depicts them as morally upright individuals, wishing only to improve their lot according to their merits. We observe, in addition, their strong sense of justice when, ignorant of the circumstances of Menón's death, they express the hope that the person responsible for it shall be punished. Their initial goodness only throws their subsequent fall into greater relief.

The themes and situations expounded in the first Act are developed with relentless logic in the remaining two Acts. Nino's passion for Semíramis, which has already blinded his moral judgement, begins to have a damaging effect on public affairs. For Nino, now married to Semíramis and anxious to satisfy her every whim, gives her absolute power when she asks for it. And the consequences of placing his wife's pleasure above the interests of his subjects are disastrous: she murders him; conceals her son, Ninias, the heir to the throne; employs a disguise to rule in his place; indulges her fancies as she pleases and murders the numerous young men with whom she has affairs. In part, the chain of disorder is attributable to the King's moral decline.

Erotic passion has an insidious effect on Semíramis and Zopiro too. If at first Semíramis is portrayed as virtuous and chaste, the action of Act II, which takes place several years later, shows her desiring Zopiro. And once aroused, lust is insatiable. In Act III Semíramis even lusts after Ninias, and it is her persistence in this direction which leads him to kill her. Zopiro, also innocent in Act I, becomes Semíramis's lover, throwing caution to the winds, and for his recklessness he pays, like all her lovers, the price of being murdered.

In Acts II and III Virués powerfully depicts the effect of ambition on Semíramis. Her absolute ruthlessness is reflected in her imprisonment of Nino. Far from protesting against injustice, as she did in Act I, she now condones it for her own ends. The way in which she mercilessly forces her husband to commit suicide is comment enough on her savage cruelty. Subsequently, she sees the concealment of Ninias and the trick of the disguise as the perfect way of keeping power for herself, and here we clearly see how Virués is always adapting his source material to his own artistic purpose. In all the sources which mentioned the incident, the disguise was used because Semíramis considered Ninias too young to rule effectively and her people unwilling to be governed by a woman. What was, in effect, a praiseworthy motive there, becomes in Virués a self-centred and culpable one. Even Semíramis's followers know her reasons well:

> *Zopiro:*   ...su altivo coraçón
> ni tiene amor ni afición
> sino a ser Reina i mandar.   (483-85).

In Act II both Zopiro and Zelabo abandon their awareness of moral right in favour of self-advancement. They help Semíramis to arrest the King and to kidnap Ninias. They choose the path of treason because it seems more immediately profitable. In Zelabo's words:

> Llore quien llorare i gima
> como yo me vea encima
> de la rueda de fortuna.   (523-25).

Finally he becomes completely disillusioned with Court life and the ideals which he once possessed are gone forever. Zopiro, his partner, is killed, as we have seen, a victim of Semíramis.

Throughout the play Virués does more than illustrate the effect of these powerful passions on a few individuals. He relates them to the community in which those individuals live and over which they have influence, suggesting how the moral condition of the monarch affects his subjects. He echoes the view of Webster's the *Duchess of Malfi:*

> ...a prince's court
> Is like a common fountain, whence should flow
> Pure silver drops in general, but if it chance
> Some curs'd example poison't near the head,
> Death and diseases through the whole land spread.
>   (Act. I, i, 12-16).

Having seen Nino's unscrupulous treatment of Menón, his advisers meekly agree to his wish to hand over complete authority to Semíramis although they privately disapprove of it. By shirking their responsibilities, they eventually become puppets, granting his every wish. The last stage is reached in the reign of Semíramis when they accept her wicked deeds without protest.

Complete disorder is finally righted by Ninias when he kills his mother, and Virués evidently wished to portray the prince as the person who restores harmony by putting public duty first and foremost. If Ninias is rather weak at first, accepting his mother's domination, he later emerges as a more determined character, condemning his procrastination and justifying his mother's death:

> Yo, yo tengo la culpa, que permito
> que reine una muger engañadora.
> Pues muera yo si el reino no le quito.   (115-17).

With his accession to the throne, the play ends on a note of confidence in the future.

La Gran Semíramis deals with people who are not so much victims of an implacable fate as moral examples, victims of their own failure to control their fierce desires. While the horrific character of certain events — Menón's suicide, Nino's betrayal and murder, and Semíramis's incestuous passion and death — are very much within the tradition of Greek tragedy, Virués never manages to convince us that the tragic vision of his play is a deeply felt personal one. The moral element blunts whatever impact the catastrophe might have had. If the dramatist's aim was to put tragedy firmly on the Spanish stage, his principal achievement was to organize and shape the loose, episodic character of the Semiramis legend in order to develop certain themes. Calderón clearly benefited from a knowledge of this play.

It appears that Lope de Vega, whose plays so often provided Calderón with his material, wrote a play called *Semíramis* in 1603.[55] It is a great pity indeed that it has been lost. While it is pointless to conjecture the extent of its influence on Calderón, it seems highly probable that he would have known it and would have drawn on it to some extent.

Before the first performance of *La hija del aire* two plays on the subject appeared in France: *Sémiramis,* by Gabriel Gilbert, performed first in 1646 or 1647, and *La Véritable Sémiramis,* by Desfontaines, in 1647.[56] While neither bears any great resemblance to Calderón's play,

---

[55] See H. A. Rennert and Américo Castro, *Vida de Lope de Vega* (Madrid, 1919), 518. Lope refers to Semíramis in *El villano en su rincón:*

> Plutarco hace mención, y por testigo
> pone a Herodoto, del sepulcro insigne
> que en la puerta mayor de Babilonia
> hizo la gran Semíramis de Nino...

(Act I).

Also in *Las bizarrías de Belisa:*

> mujeres celebra el mundo,
> que han gobernado escuadrones:
> Semíramis y Cleopatra,
> poetas e historiadores
> celebran...

(Act I).

[56] See Eleanor J. Pellet, 'A Forgotten French Dramatist, Gabriel Gilbert (1620?-1680?)', *The John Hopkins Studies in Romance Literatures and Languages,* XIII (1931). The author also discusses Desfontaines' play.

they are, nevertheless, very interesting as examples of further variations on a theme.

Both works are typically classical in treatment. Gilbert's *Sémiramis* concentrates the action within the space of one day. King Ninus, attracted by Ménon's wife, Sémiramis, tries to force him to give her up in exchange for his daughter Sosarme, but Ménon kills himself before the wedding can take place. Sémiramis immediately plans vengeance, persuades Ninus to allow her to rule for five days, and, by a clever trick, obtains an order for his execution from the royal counsellors. But Ninus, anticipating the sentence, takes his own life, and the people demand that Sémiramis shall be their ruler.

Gilbert made no mention of Sémiramis's incestuous passion. His emphasis is upon the heroine's chastity and devotion to her wronged husband, and she is completely devoid of personal ambition. She uses her beauty to obtain power, but only so that she can avenge Ménon's death. The emphasis is shifted from one aspect of classical drama —the insistence on the horrific workings of destiny manifested in matricide, incest, etc., — to another — the concept of the loyal and devoted wife. [57]

Desfontaines, on the other hand, returned to the theme of incest in *La Véritable Sémiramis*. If Gilbert had dealt with the story in a rather unconventional way, his rival was anxious to give a true version of it, to follow the outline of the sources. But if the title suggests this, Desfontaines actually handled the source-material with great freedom. Sémiramis has fallen in love with Melistrate, a general in the army of King Ninus. In order to marry him she plans to remove her husband, and she succeeds in having him killed after he has given her power for three days. Melistrate is, however, shocked by the murder of the King and refuses to comply with the wishes of Sémiramis. She resolves to take vengeance on him, but before she can put her plans into effect Melistrate is revealed to be her own son. The play ends with Sémiramis, disgraced and unhappy, longing for death. [58]

Desfontaines handled his material more freely than any of his predecessors. His main aim, and the purpose of all his changes in the source-material, was to focus on the theme of incest, to suggest the mysterious character of human destiny, and to evoke the dark mood of Greek tragedy.

These, then, were the dramatic treatments of the theme prior to *La hija del aire*. They indicate the variety of approach with which individual dramatists proceeded, and, if they are not particularly distinguished, they at least suggest the permanence of Semiramis as a figure in literature. It was left to Calderón to write a really great work around her. In his play he achieves both a tragic intensity and a theatrical virtuosity which were inherent in earlier attempts but which were largely unrealized.

[57] Eleanor J. Pellet, *op. cit.*, particularly 116-20.
[58] I consulted the 1647 version of this play.

CALDERÓN'S TREATMENT OF THE SOURCES

A close examination of *La hija del aire* reveals that Calderón drew on Diodorus, Sabellicus and Virués (and possibly Lope) for much of his material, and that, as was his practice in adapting sources, he made sweeping changes. A careful analysis of what was retained and what was recast suggests the particular emphasis which Calderón sought and the new dimensions which the Semiramis story acquired in his hands.

The *Primera Parte* commences with King Nino's triumphant return to Nineveh after a series of brilliant victories, and, in the midst of the celebrations, suggests the great loyalty between Nino and Menón. The list of Nino's conquests undoubtedly came from Diodorus and the affection between King and general from Diodorus and Sabellicus and, in particular, Virués. [59] But this is the sum of Calderón's borrowing. The triumphal march with its splendid music, the relationship between Irene and Menón — already married to Semiramis in the sources —, and the imagery which runs through the scene, are all original.

Interwoven with the triumph of Nino is the despair of the imprisoned Semíramis. In all the sources which Calderón used we are told that Semiramis's mother, Derceto (or Derceta), seduced a young man, murdered him, abandoned the baby to which she gave birth, and then killed herself, all out of shame; and that afterwards the child was fed by doves, discovered by shepherds, and reared by Simmas, keeper of the royal herds, who looked after her until she married Menon. [60] Calderón made substantial changes here. For seduction he substituted rape, making Arceta an innocent victim of the young man's lust, she having been a chaste worshipper of Diana and he of Venus. The birth of Semíramis is now accompanied by an eclipse, the birds and beasts are locked in mortal combat, and a fateful prophecy is issued concerning Semíramis and the avowed vengeance of Diana. Semíramis will escape her wrath only by being locked away and carefully guarded by Tiresias, a priest of Venus. All reference to the upbringing of Semíramis by Simmas has been omitted. In addition, Calderón placed far greater emphasis on the physical beauty of Semíramis which, in all the sources, was coupled with great intelligence as a principal reason for her attraction. [61]

Menón meets Semíramis for the first time when, midway through Act I, he visits her prison, listens to her story and becomes captivated by her beauty. The circumstances of their meeting are completely different from those of the sources because Calderón presents Menón

---

[59] Ninus's victories are described at length in Diodorus, II, ii; the friendship of Ninus and Menones in Diodorus, II, v.; Sabellicus, I, 10; and Virués, Act I, 65-7.

[60] Diodorus, II, iv.; Virués, Act III, 590-604.

[61] Diodorus, II, v.; Sabellicus, I, 10; Virués, Act I, 271-3.

not as the husband but as an ardent suitor of Semíramis. [62]   Secondly, they meet at the prison of Semíramis, set in a rugged maze of rocks and trees through which Menón has to force his way.   The setting is wholly Calderonian. [63]

The first half of Act II owes very little to the sources.   Calderón, at the beginning of the Act, portrays Menón concealing Semíramis while he seeks the King's permission to marry her.   Later we see him at Court, praising Semíramis in the presence of Irene and incurring her wrath.   Only when Nino and Semíramis meet for the first time is Calderón dealing with something that occured in the sources, and he alters the incident significantly.   Diodorus, Sabellicus and Virués all refer to the famous meeting at Bactra between Nino and Semíramis, when she was already Menón's wife, and to the King's immediate infatuation with her. [64]   In Calderón's play they meet during a royal hunt when the King's horse bolts and Semíramis rescues him.   Nino is immediately attracted to her but she runs off, anxious not to displease Menón.   The latter then tries to conceal her from the King, is prevented from doing so by Arsidas, and the King learns who she is.   In addition to the greater complexity and the more dramatic nature of the action —the compression in time whereby both men meet Semíramis in quick succession is a striking innovation—, the motif of the runaway horse and the maze-like setting in which the hunt takes place are again typically Calderonian. [65]

The remainder of Act II deals with Nino's growing infatuation with Semíramis, his attempts to possess her, and the growing rift between him and Menón.   Diodorus and Sabellicus had alluded briefly to the enmity between the two men and Virués, although expanding the relationship, had dealt with it in a relatively straightforward way. [66]   Calderón's treatment of the disintegrating friendship is therefore very much his own.

The outline of Act III — Menón's mental anguish and Nino's attempt to obtain Semíramis by force— comes from the sources, but Calderón again developed the source-material in a highly individual way, creating something both more complex and more subtle out of it. [67]   His own contribution in this Act consists of: Semíramis's triumphant arrival at Nineveh and her indifference to Menón; Nino's increasing hatred of his general; the complex garden scene involving the four lovers, Semíramis, Irene, Nino and Menón; Nino's sentence of death on Menón and his rapid changes of mind to please Semíramis; Menón's attempt to enter her bedroom; his exile at Nino's command; Nino's advances to Semíramis and his vision of his death at her hands; the

[62]   Diodorus, II, vi; Sabellicus, I, 10; Virués, Act I.
[63]   Cf. the rugged and maze-like landscape surrounding the prison of Segismundo.
[64]   Diodorus, II, vi; Sabellicus, I, 10; Virués, Act I.
[65]   Cf. Rosaura's bolting horse at the beginning of *La vida es sueño*.
[66]   Diodorus, II, vi; Sabellicus, I, 10; Virués, Act I.
[67]   Diodorus, II, vi; Sabellicus, 1, 10; Virués, Act I.

appearance of the blind Menón during the coronation of Semíramis and his prophecy; and the violent storm ending the Act. Together with the complex action, there is also a coherent pattern of imagery which is nowhere apparent in the sources.

The character of Semíramis, as it appears in the *Primera Parte,* underwent important modifications in Calderón's hands. While the sources portrayed her as beautiful, intelligent, ambitious and lustful, Calderón selected beauty and ambition as her predominant characteristics. [68] Her beauty excites others but she is ambitious to the almost complete exclusion of erotic feeling and simply exploits their attraction to her in a cold and calculating manner. The conception of her character is, therefore, a different one. But it is also more rounded. In Virués, for instance, the innocent girl of Act I has become a ruthless queen by the beginning of Act II, the transition taking place between the two Acts. Calderón depicts the gradual emergence of ambition, the conflict between loyalty to individuals and more exalted aims, the growing cunning of Semíramis. It is an altogether more impressive and convincing portrayal.

There are a number of characters in the *Primera Parte* who have no prototype in the sources: Lidoro (Arsidas), Irene, Tiresias, Lisías, Chato, Sirene and Floro. Calderón, as we shall see, assigned to each a quite specific role.

The *Segunda Parte* depicts the tyrannical rule and the eventual fall of Semíramis, and Calderón used the source-material quite considerably when it fitted in with his own purpose. In the long exchange between Semíramis and Lidoro at the beginning of Act I, the allusions to Menón's suicide, to Nino's murder at his wife's command, to Ninias's concealment, and to the various conquests and achievements of Semíramis, are all borrowed from the sources. [69] But there are, nevertheless, interesting changes. While Calderón took from Virués the concealment of Ninias and the use of a disguise by Semíramis whereby to rule instead of him, he disassociated the two things, introducing the disguise later on when Semíramis seizes power a second time. The single act of usurpation becomes a double one. The manner of Menón's suicide was altered. While all three sources state that he hanged himself, Calderón has him die by drowning himself in the Euphrates.

After the opening dialogue the action begins with the battle between Semíramis and Lidoro, for which purpose Semíramis quickly leaves her dressing table, her hair still dishevelled. This formed an important episode in the legend of Semíramis but it was associated

[68]   Diodorus, II, vi, vii, xiii; Sabellicus, I, 10, 11, 15; Virués, Act I, 130-34, Act II, 483-7, Act III.

[69]   Menón's suicide, Diodorus, II, vi; Sabellicus, I, 10; Virués, Act I; Nino's death, Virués, Act II; the concealment of Ninias, Diodorus, II, xx; Virués, Act II; the achievements of Semíramis, Diodorus, II, vii-xv; Sabellicus, I, 10, 11; Virués, Act III.

with her desire to put down a rebellion in her own kingdom.[70] Calderón transferred the famous incident to the encounter with Lidoro.

Another example of the way in which the source-material has been reshaped is afforded by the episode concerning the rebellion of the Babylonians in favour of Ninias. In the sources there was mention of a rebellion, as indicated above, but is was quite isolated and without specific motivation. There was another completely unrelated allusion to a conspiracy by Ninias against his mother.[71] Calderón took the two separate incidents and brought them together, changing them in the process. The rebellion is given the motivation of the conspiracy since it is aimed at removing Semíramis, but Ninias ceases to be an active conspirator and becomes an innocent bystander.

Act I draws to its conclusion with the abdication of Semíramis in favour of Ninias when she agrees to the wishes of her subjects. In Diodorus the abdication was associated with Ninias's conspiracy. Calderón related it directly to the revolt of the people.

The second Act revolves around the kidnapping of Ninias and the disguise employed by Semíramis to rule in his place. The basis of the episode, as has been observed, existed in the sources, but Calderón's treatment of it is very much his own.

The last Act is almost entirely original. Only the death of Semíramis may be compared with anything in the sources, and in this respect Calderón made a very significant change. In Diodorus Semíramis's death was a natural one, in Sabellicus and Virués a violent one at the hands of Ninias.[72] Calderón retained the violent aspect but altered the circumstances: she dies in the final battle with Lidoro, her arrow-filled body plunging to the foot of a great precipice. The other events of the Act, largely concerned with Semíramis's treatment of certain individuals, are completely original.

In the *Segunda Parte* the figure of Semíramis overshadows all else. Her character is basically that of the sources, but through a plot which is complex and full of dramatic incident Calderón portrays her in much greater depth.

As far as Ninias is concerned, the sources spoke of his similarity in appearance to his mother, his timidity and his effeminacy.[73] Calderón retained these characteristics but also made him merciful and generous.

A number of 'original' characters are carried over from the *Primera Parte:* Lidoro, Lisías and Chato. On the other hand, Irán, Licas, Friso, Libia and Astrea are new.

Such, then, is the extent of Calderón's borrowing and originality.

---

[70] Virués, Act III, 700-7; Valerius Maximus, *op.* cit., IX, iii; Boccaccio, *De Claris Mulieribus,* ii.

[71] Diodorus, II, xx.

[72] Diodorus, II, xx; Sabellicus, I, 15; Virués, Act III.

[73] For the resemblance of mother and son, Sabellicus, I, 10; Virués, Act II; for the timid and effeminate nature of Ninias, Diodorus, II, xxi; Virués, Act II.

A great deal of material was, in fact, derived from the sources, but it was handled with such freedom that it was often completely transformed. It now remains for us to consider Calderón's purpose in doing this.

THE PLAY AND ITS THEMES

To assert that Calderón wrote his play purely for the purpose of moral instruction would be to fail to recognise much else that it contains which places it extremely high in the list of his dramatic achievements. At the same time, Calderón's use of Virués as a source meant that he was building upon an interpretation of the Semiramis story whose main emphasis was upon the moral aspect of the characters' actions, and it was therefore inevitable that, inasmuch as he expanded and elaborated that play, the moral element should also remain. Indeed, to begin by examining Calderón's play on this level, while appreciating that it is only one method of approach, has the decided advantage of seeing precisely in what way *La hija del aire* was an expansion of and a departure from Virués. One is able to observe Calderón's methods and estimate his success in more concrete terms.

Calderón followed Virués in his choice of themes for dramatic treatment but at the same time developed them on a far bigger scale. In the *Primera Parte* it is lust or erotic passion which forms the principal theme, ambition being a secondary one, while in the *Segunda Parte* the theme of ambition comes to the forefront. Like Virués, Calderón related the faults and shortcomings of his characters to their function as rulers, but went much further than his predecessor in this respect. And, unlike Virués, he portrayed many characters who exemplify virtue and moral goodness.

Calderón's changes and innovations in the opening triumphal scene have the effect of underlining both the good fortune and the moral goodness of the principal characters, so that their subsequent downfall through passion can be portrayed all the more effectively. This then begins with Menón when he visits the prison of Semíramis, and all the changes which Calderón made in the circumstances of their meeting can be regarded as underlining the dangers and the disastrous consequences of physical passion. In the first place, he singled out the physical beauty of Semíramis to emphasise the purely physical nature of her hold over men. Secondly, the presentation of Menón as a suitor rather than a husband enabled Calderón to suggest the all-consuming nature of passion all the better. And thirdly, the maze through which Menón approaches the tower of Semíramis is a clear pointer to his imminent emotional confusion. [74]

[74] I have already mentioned the maze-like landscape surrounding the prison of Semíramis and its relationship to *La vida es sueño*. It reflects, in part, Segismundo's own spiritual and emotional turmoil, in part the emotional confusion

Calderón's version of the birth and the upbringing of Semíramis also stresses the theme of lust and its violent consequences. Seduction is replaced by rape. Venus, a symbol of physical passion, and Diana, a symbol of chastity and reason, are introduced as the two forces who influence human action. As a result of the triumph of passion, disorder is let loose in the human and the natural sphere. The young man is murdered by the woman he has raped, she dies in childbirth to the accompaniment of a fearsome eclipse. Subsequently, her child, protected by Venus on the one hand, threatened by Diana on the other, will be a continuing source of the evil which surrounded her origin. Only continued seclusion will eliminate the threat to mankind and to a famous king in particular.

At the beginning of Act II Menón's deliberate concealment of Semíramis is already an indication of his growing blindness and selfishness. Calderón allows his determination to have Semíramis for himself to emerge from his very laboured justification of his action —1085-94. And from this point on he illustrates at every stage of the action Menón's increasing self-centredness and obliviousness to all other considerations.

Menón's appearance at Court is a further indication of this. He seems unaware of the danger of openly praising such a beauty as Semíramis even though he wishes to conceal her from the world. He seems either unaware of or unconcerned by the possible reaction of Irene. Passion has already turned him away from the woman he once loved, has put into motion a process of alienation which is now confined to Menón and Irene, but which Calderón soon extends to embrace Nino as well. The happy, harmonious world of the play's first scene is quickly falling apart.

Nino's first meeting with Semíramis, like Menón's, is designed by Calderón to show the powerful and immediate effect of physical attraction upon the King. The placing of the action in a maze of rocks and tangled undergrowth is a pointer to Nino's emotional entanglement, just as it was the background to Menón's in Act I. Nino's bolting horse suggests uncontrolled passion, while his fall from it indicates the unruliness of such feelings and points to the King's ultimate downfall. [75] From this point on, in fact, Nino's infatuation with Semíramis grows, and Calderón develops in great detail the relationship between King and general in order to show the insidious and destructive conse-

---

of Rosaura, lost and dishonoured in a strange country. See *La vida es sueño* ed. A. E. Sloman (Manchester 1961), xxviii, ed. E. W. Hesse (New York 1961), 19.
[75] In Golden Age drama a fall of this kind invariably suggests the unruliness of passion and its consequences. Rosaura's fall in *La vida es sueño* follows her submission to passion. Here it anticipates Nino's involvement, as indeed it does Enrique's in *El médico de su honra*, Act I. Cf. also the Comendador's fall at the beginning of Lope's *Peribáñez*. For a discussion of symbolism in Calderón, see A. A. Parker, 'Metáfora y símbolo en la interpretación de Calderón', *Actas del Primer Congreso Internacional de Hispanistas* (Oxford 1964), 141-60.

quences of erotic feeling. Nino is now resolved to have Semíramis for himself but he realises that he risks being called a tyrant. He therefore suggests that a wedding between Menón and Semíramis be postponed so that it may be celebrated with greater splendour at Nineveh. He succeeds both in delaying the marriage and in gaining universal approval for his consideration. Nino's political gifts begin now to acquire a ruthless cunning, and as the Act draws to its close his personal obsession with Semíramis starts to affect him in his capacity as a ruler. His personal moral decline is inextricably bound up with his office, for he sees royal authority as a means to achieving purely personal ends, and he fails more and more to differentiate between private and public issues.

Act III, for most of which Calderón owed very little to the sources, takes the situation of Act II to its logical conclusion. Nino's blurring of private and public issues is evident when Menón is demoted simply because he refuses to forget Semíramis. The triumph of non-reason continues when, after the complex garden scene, Menón is sentenced to death merely because he has ignored the King's command to spurn her. Nino, the great King of Act I, lives now in the narrow and distorted world of his own desire, interpreting all actions in terms of it. The remainder of the Act depicts a gradual loss of individual will and a growing compliance with the wishes of Semíramis so that his will becomes hers, the King an instrument in the hands of a subject. His changes of mind with regard to Menón's fate, his complete submission to Semíramis, are indeed a sorry sight. Again the King's political gifts and diplomacy are continually prostituted to private interests. Thus, realising that to kill Menón will lead not only to a charge of tyranny but also to a suggestion that he has done it to obtain Semíramis, Nino cleverly disposes of both possibilities: he exiles Menón and openly gives Semíramis the opportunity to go with him, though he is safe in the knowledge that she will not. Finally, as the only sure way of possesing Samíramis, Nino weakly and irresponsibly agrees to her becoming his Queen. He is completely enslaved by passion and, although King in name, is in effect powerless. He is, in addition, completely degraded. In order to please Semíramis he had released Menón, but in private he has his eyes put out. Devoid of reason, the once great Nino is an animal in the ruthless satisfaction of his desires.

The theme of ambition, a passion just as powerful as lust, is personified in the *Primera Parte* in the character of Semíramis herself. Calderón, as we have seen, modified the source presentation of the heroine precisely in order to underline the ambitious side of her nature, and he allowed ambition to emerge and to dominate her more slowly so that we may observe its effects more clearly. If Semíramis expresses ambitious aims early on, she is nevertheless torn between such aims and loyalty to Menón, to whom she is extremely grateful. The subsequent growth of ambition stifles her attractive qualities and cultivates ruthlessness and cunning in much the same way as lust encourages those vices in Nino. Thus, when Semíramis flees from Nino during the hunting scene, she does so not only because she wishes to remain loyal to Menón but also because she is not aware of Nino's identity. As soon as she knows who he is, during the fight between Menón and Arsidas, she ignores Menón's advice that she should run away. Aware now of Nino's interest in her, she makes the point that she is under no real obligation to Menón, and a sense of cunning previously unsuspected in her character begins to reveal itself:

> conviene que sepan todos
> que antes de ver que me llama
> Menón su esposa, no tuvo
> de mí más que confianza
> de que, en siéndolo, sería
> suya...   (2135-40).

She shares Nino's opinion that her wedding to Menón would be better postponed, and, as in the King's case, there is a striking disparity between her avowed reasons and her real intention.

By the beginning of Act III she is ever more forgetful of Menón and even dissatisfied with her magnificent surroundings, so ambitious has her spirit become. When Nino gives Semíramis a chance to accompany Menón in exile, she seizes this opportunity to abandon him yet justifies her decision with a devastating display of logic and an apparent concern for his interests:

> No puedo hacer por ti más
> hoy que el no ser tu esposa;
> que hermosa mujer, no hay cosa
> que tanto a un hombre le sobre...   (2887-90).

This reasoning comes, very significantly, just after Nino has revealed his feelings for Semíramis. Her request, later on, that Menón be set free is not motivated by any concern for his welfare but by a desire to be relieved of all obligations to him:

> que si una vida le debe
> mi ser, dándole otra vida,
> ya ningún derecho tiene
> contra mí...   (3110-13).

And finally we observe Semíramis rejecting Nino's amorous advances, feigning chastity to make sure that he will make her his Queen. The final move in the game is made as Semíramis, so beautiful yet so frigid, coolly exchanges her virginity for power.[76] At the peak of good

---

[76] Calderón's conception of the character of his heroine is one reason for the playing-down of lust, which was one of her traditional characteristics. There were, however, others, such as the prevailing principle of literary de-

fortune politically, Semíramis has already deteriorated spiritually. The *Segunda Parte* completes the process, which is already mirrored in the decline of Nino.

Of the additional characters in the *Primera Parte,* Sirene and Floro undoubtedly exemplify erotic feeling. On a lower level their relationship and the disruption it causes in the life of Sirene's husband, Chato, parallel the Semíramis-Nino-Menón affair. [77] It is quite clear from Chato's cynical attitude to women in general that Sirene is not averse to a fleeting romance, while her own observations reveal that she is fully aware of her weakness for good looking young men. Floro, of course, takes his pleasure where he can find it, in typical soldierly fashion, and moves on when he must. The consequences of yielding to such passions are far less serious than in the main plot —we could not expect anything else — but the general unhappiness felt by Sirene and Chato suggests the folly of seeking the pleasure of the moment in preference to a more stable marital relationship.

Chato parallels in a minor key the ambitions of Semíramis. It is significant that he should become her servant at Nineveh. At the same time his motives in seeking greater things are entirely different from hers. Weary of his marital wranglings yet too cowardly to try to put things right, Chato prefers to turn his back on married life and to seek satisfaction in a full stomach and a fine uniform. His aspiration to better things is a means of escape from the problems of domestic life. Yet though the quality of his ambition is different from that of Semíramis, its keynote is basically the same selfish preoccupation.

Tiresias, the priest of Venus, is, of course, a symbol of passion. Entrusted with the safe-keeping of Semíramis, he opposes Menón's attempt to release her and, as a last resort, commits suicide. His action is impulsive and extreme, as Chato observes:

La última necedad hizo.   (772).

It is also completely negative and pointless since it achieves nothing apart from self-destruction.

Lisías, Lidoro and Irene form quite a different group. [78] If the cha-

---

corum, described by A. A. Parker, 'History and Poetry: The Coriolanus Theme in Calderón', *Hispanic Studies in Honour of I. González Llubera* (Oxford 1959), 211-24, and Duncan Moir, 'The Classical Tradition in Spanish Dramatic Theory and Practice in the Seventeenth Century', *Classical Drama and its Influence* (London 1965), 193-228. It was, in fact, this principle of literary decorum which caused Antonio Coello to alter the relationship of Elizabeth and Essex in *El conde de Sex.* In Calderón's case there is the added factor that by the time of the play's performance he was a priest. From this time on there is nothing in his plays to suggest lasciviousness.

[77] In *El mágico prodigioso* the lasciviousness of the comic characters, Clarín and Moscón, for Livia reflects on a lower level the passion of Cipriano, Floro and Lelio for Justina. See A. A. Parker, 'The Role of the 'graciosos' in *El mágico prodigioso*', *Litterae Hispanae et Lusitanae* (Munich 1968), 317-30.

[78] The two-group pattern may also be seen in *La vida es sueño.* Clotaldo, for example, parallels Lisías and Lidoro in the sense that in the action of the

xliv

racters examined so far are over-passionate and self-indulgent, lacking the guidance of reason and good sense, Lisías possesses precisely these virtues. In Act I, when he is replaced by Menón as governor of Ascalon, he accepts his disappointment philosophically:

> (Aunque el ver he sentido
> que mi patria hoy a ser haya venido
> vasalla del vasallo,
> callaré, pues no puedo remediallo.)　　　　　(329-32).

On another occasion his good counsel forms a striking contrast to the temerity of Menón in trespassing near the prison of Semíramis:

> ...y así, te pido
> te vuelvas, señor, sin que
> profanes los vaticinios.　　　　　(658-60).

He is always the man of prudence and sound judgement, commenting on the ill-considered actions of others.

Lidoro (called Arsidas in the *Primera Parte*) is a particularly important character and Calderón clearly intended that he should be considered in relation to Nino. When we first meet Lidoro he has, in fact, been defeated in battle by Nino and their respective fortunes could not be more divergent. Lidoro's predicament is the inverse of Nino's triumph. From this point onwards their careers run parallel and the initial situation is slowly reversed until Lidoro's triumph coincides with Nino's fall. If passion destroys the one, steadfastness and the exercise of reason contribute to the other's victory over misfortune. After his early setbacks, the inspiration of Lidoro's life is his love for Nino's sister, Irene. But unlike the King's obsessive passion for Semíramis, which considers nothing beyond its own satisfaction, Lidoro's love for Irene is distinguished by selflessness and humility which guide all his actions. To win Irene's love, for example, Lidoro journeys to Nino's Court disguised as Arsidas, thereby forfeiting an alliance with Nino's great enemy, Estorbato, which would enable him to regain his kingdom. This is selfless love, and in Lidoro it inspires loyalty just as Nino's self-centred desire breeds treachery and deceit. Thus Lidoro tries to prevent Menón concealing Semíramis from the King:

> ...llevártela solicito,
> donde mi lealtad me mueve.　　　　　(2047-8).

play he illustrates the right use of free-will. Astolfo, Clarín and the rebel soldier are like Chato, Sirene and Floro because they illustrate the wrong use, or the abuse, of free-will. Basilio and Segismundo initially belong to the latter group, indulging their desires in one way or another, but finally recognise the error of their ways and look beyond their own selfish interests.

Precisely because of such virtues Lidoro prospers in the King's service. He is promoted to a position of responsibility and ultimately entrusted with the command of Nino's army in the campaign against Estorbato. Although this offers him the opportunity to turn the tables on Nino once and for all, he resists the temptation, refusing to abuse the trust placed in him and remarking with supreme irony:

> Tus plantas
> beso humilde; que bien puedes
> creer, mïentras te sirvo,
> que Lidoro no te ofende. (2993-6).

Throughout the *Primera Parte* Lidoro's scrupulously honest and selfless conduct is deliberately contrasted with the ruthlessness and cunning of Nino. Lidoro is an exemplary character, possessing the virtues of the ideal king: fortitude, resolution, honesty, loyalty.

Irene, Lidoro's beloved, may be contrasted morally with Semíramis. That a link was intended by Calderón is suggested, in fact, by their physical, as opposed to their moral, perfection, for Irene, like Semíramis, equals the sun in beauty:

> de tanto humano sol divina aurora... (222).

The superficial comparison merely reinforces the fundamental difference in character, for while Semíramis's relationship, first with Menón, then with Nino, reveals her ruthless ambition, her treachery and duplicity, Irene's love for Lidoro is warm, generous and unselfish, a love of the head as well as the heart.

The *Segunda Parte* deals mainly with the insatiable ambition and the abuse of power by Semíramis, revealing the moral corruption which ultimately brings about her fall. All Calderón's borrowings from his sources and the changes which he made in his source-material were designed to pinpoint the theme of ambition. Thus, Nino has been murdered on the orders of Semíramis, and Ninias, his heir, has been locked away so that she can continue to rule. Furthermore, as in the case of Nino, Calderón was deeply concerned with indicating the ills that attend a ruler's confusion of private and public interests. Semíramis's ambition is for herself, not for her people, and her actions are determined solely on that basis. The danger inherent in this is suggested in the first encounter with Lidoro. In the sources Semíramis leaves her dressing-table to subdue an internal revolt, a situation in which speed is essential and commendable. Calderón, by associating this action with an external threat and at the same time emphasising Semíramis's motive of personal revenge, makes us see the incident as impetuous and ill-advised. Semíramis, for purely personal motives, exposes her army and her kingdom to unnecessary risk, and an episode which in the sources reflects the heroism of the Queen is now used to reveal how dangerous her ambition and its attendant egotism make her.

On this occasion disaster is avoided because Semíramis defeats Lidoro, but in the following scenes Calderón illustrates clearly the growing pattern of disorder. Firstly, Semíramis's treatment of Lidoro shows that justice for her is simply a convenient instrument with which to extract personal revenge. Secondly, Calderón presents the possibility of civil war or rebellion as a spontaneous response to the Queen's tyrannical rule, cleverly adapting the source-material to underline this point. And thirdly, he shows in her abdication how the whims of a ruler may threaten the very safety of a country. Semíramis, piqued by the show of opposition to her, gives the people their wishes by abdicating in favour of Ninias. But far from being well-intentioned — it at least averts civil war —, the decision is made with the deliberate intention of imposing upon the country a King whom Semíramis knows is weak and incompetent. For she has observed on a previous occasion:

> no le doy corona y cetro,
> hasta que disciplinado
> en el militar manejo
> de las armas y en las leyes
> políticas del gobierno,
> capaz esté de reinar. (438-43).

Her abdication, like the encounter with Lidoro, is impulsive and emotional, the act of a morally irresponsible individual.

Act II centres around the kidnapping of Ninias and the return to power of Semíramis disguised as her son. By making Semíramis usurp power on this second occasion and in this ruthless way, Calderón suggests more powerfully the insatiable nature of ambition. Furthermore, as it grips Semíramis like a disease, Calderón presents it as continually more perverse and degenerate, revealing the same kind of moral collapse that lust occasioned in Nino. The use of a disguise, for example, indicates the growing cunning of Semíramis, for it enables her to assume absolute power without the risk of civil war which an open statement of her intentions might produce. Again, the spectacle of Semíramis, a woman in man's dress, and the allusions which she makes to the reversal of roles, like some kind of sex change, conjure up a picture of something debased and distasteful:

> del femenil adorno haciendo ultraje... (2112).

> ...yo, desmentido el sexo, gobernando. (2145).

And her part in the abduction is significantly compared with the low, furtive activities of a thief working under cover of darkness. The whole impression of Act II is of someone who once had a certain goodness becoming ever more hideous and monstrous.

Act III, which owes very little to the sources, depicts Semíramis at her most perverse, taking the opportunity which her disguise affords her of avenging herself, in the name of justice, on anyone who has offended her. The rebel soldier claims the reward promised him by Ninias and is immediately sentenced to death by the angry and resentful Semíramis. Chato requests a sum of money promised by Ninias as security for releasing Lidoro and expresses his opinion of the former Queen. Angered beyond endurance, Semíramis rejects the reward on the grounds that it is given only to soldiers, and, when Chato protests, takes the opportunity of punishing him more severely. Lidoro is another victim of her spite. Having succeeded, as he believes, in freeing Babylon from the tyranny of Semíramis, Lidoro offers to cut off his army which is now advancing on the city, led by his son, Irán. Instead of accepting this chivalrous offer, Semíramis commands that Lidoro be put to death for maligning the former Queen, basing her decision on Lisías's recommendation that Lidoro be treated with firmness. A burning desire for revenge and the thought that Lidoro's intervention will prevent her from winning a glorious victory over his army are, of course, the real motives behind all the rational justifications of her actions. For supporting Ninias, Licas is deprived of his position, which Semíramis gives to her own favourite, Friso. She also turns down Licas's request for Libia's hand in marriage on the grounds that she is intended for Ninias, while her real motive must clearly be sought in the fact that she was herself once attracted to Licas. And again, although she is perfectly aware of Astrea's love for Ninias, she arranges that she shall marry Friso, thus rewarding him for past support and ensuring his future loyalty. Her actions throughout the act represent the perverse exploitation of power which is the consequence of ever-growing self-interest and which is as morally destructive in Semíramis now as it was in Nino in the *Primera Parte*.

The end of the play completes the picture of Semíramis's moral and political fall. Lidoro escapes from his prison and hurries to intercept his son's army, ordering them to make for home again. Enraged by Lidoro's escape and spurred on by visions of a great personal victory, Semíramis forces him into battle. But this time she pays for her recklessness, her army is massacred, and she dies a violent and horrible death, her mangled body crashing to the bottom of a precipice. Calderón, in changing the sources where she dies either peacefully or at the hands of Ninias, relates her death directly to her revengeful and ambitious aims. Furthermore, the fall of Semíramis recalls Nino's fall from his horse when he first encountered Semíramis, and the two themes of erotic passion and insatiable ambition, as well as their moral effects, are firmly linked.

In his presentation of Ninias, Calderón took certain things from his sources: the similarity between mother and son, Ninias's timidity and effeminacy. In addition, he attributed to the young prince clemency and generosity. The overall picture is, in fact, of a weak ruler, someone in whom what are apparent virtues turn out to be weaknesses because they are exercised without restraint or moderation. News of Irán's advance on Babylon causes such fear in Ninias that he suggests freeing Lidoro as a means of avoiding conflict, and is prevented from doing so only by the advice of Lisías:

> En ningún tiempo, señor,
> te importa tenerle preso
> más que ahora...   (1871-3).

However generous and merciful his acts may seem, they are ill-considered and are usually tempered only by prudent advisers. Although Lidoro's release seems generous, it could be dangerous were he a less loyal prisoner, as Lisías suggests:

> Señor, que con él piadoso
> andes, en noble clemencia,
> mas no le des libertad
> absolutamente...   (1369-72).

Ninias's appointment of Licas over Friso is a highly imprudent act in spite of the latter's disloyalty. It is effected regardless of Licas's protests, it enrages Friso, and it is the cause of his helping Semíramis to kidnap Ninias, which in turn occasions the disorders of Act III. Ninias, while he is different from his mother in the sense that he is not self-seeking, nevertheless displays a moral weakness which threatens to produce disasters just as great.

Of the additional characters, Chato, Lisías and Lidoro survive from the *Primera Parte* while Friso, Licas, Irán, Libia, Astrea, and the rebel soldier are new. Chato is no longer troubled by matrimonial problems because Sirene is dead, but he continues to be the same selfish person, putting his own interests above all else. Calderón again makes him a reflection of the ambition of Semíramis, showing how he is constantly motivated by a desire to improve his lot and how he is prepared to change his allegiances accordingly. He supports Semíramis, for example, only because he believes that she is going to be successful:

> ...porque ya
> sabía que habías de ser
> la que había de vencer,
> según declarada está
> en tu dicha la fortuna.   (643-7).

What he really thinks of her can be seen in the disparaging remarks which he makes out of earshot. When she abdicates, Chato transfers his loyalty to Ninias, the man in power, and becomes openly critical of his former mistress — his remarks to the disguised Semíramis in Act III:

...como un perro
a la Reina serví en tantas
fortunas...   (2609-11).

His actions at the end of the play, highly reminiscent of Clarín's in
La vida es sueño, are intended by Calderón to reveal Chato's complete concern with self-preservation. [79]   Having escaped from his confine-
ment, he sees the battle in progress between the forces of Lidoro and
the disguised Semíramis and considers it prudent to seek refuge.
While in hiding he hears the groans of the dying Semíramis, whom
he believes to be Ninias, but offers no assistance although he is in
a position to do so.   Perhaps we cannot expect to find nobility of spirit
in the *gracioso,* but at the same time it is clear that Chato does exemplify an excessive concern with his own safety.   The extreme stage is
finally reached when he abandons the idea of escape as being too dangerous and returns to what he regards as the safety of his prison.

Friso, the brother of Licas, is another who seeks only self-advancement.   His philosophy of life consists of seizing any advantageous
opportunity which presents itself.   Consequently, he rejects reason
and justice as the influences which guide his actions because they have
no place in his ambitious plans.   For him, as for Chato, loyalty is
equated with serving whoever happens to be in power.   He initially
supports Semíramis because she is an opportunist whom he sees as a
means of self-advancement.   He turns to her again when he is rejected
by Ninias and helps her to regain power.   But finally, like the other
characters who put selfish motives above all else, he falls.   When
Ninias is finally established as the rightful king, it is clear that Friso,
on account of his past actions, will be allowed no part in the new
regime.

A minor character who nevertheless suffers for his self-seeking is
the rebel soldier, again reminiscent of the soldier in *La vida es sueño.* [80]
Having been promised a reward by Ninias for successfully leading the

---

[79]   There are clearly many parallels with *La vida es sueño,* some of which
I have already indicated: the prison motif, the maze-like landscape, the bolting horse, the two-group pattern of characters. Certain incidents also appear
to be taken from the source-play for *La vida es sueño, Yerros de naturaleza
y aciertos de la fortuna,* written by Calderón and Antonio Coello. Matilde,
bold and ambitious, removes her rather weak brother, Polidoro, and disguises
herself to rule in his place. She is aided in concealing him by Filipo, and at
the end of the play she is killed and Polidoro is again released. The whole
affair anticipates the events involving Semíramis, Ninias and Floro, and *La
hija del aire* can clearly be seen to be the culmination of *Yerros* and *La vida
es sueño.* It is yet another fascinating example of Calderón's rewriting of
earlier material.

[80]   An interesting comparison of the two incidents has recently been made
by H. B. Hall, 'Segismundo and the Rebel Soldier', *BHS,* XLV (1968), 189-200.
While many critics have argued that in *La vida es sueño* the self-seeking soldier
brings his punishment upon himself and that Segismudo's treatment of him
is therefore just, Mr Hall suggests that it is, in fact, an example of his incipient
ruthlessness and that the parallel incident in *La hija del aire,* which is designed
to highlight the injustice of Semíramis, proves the point.

1

rebellion in his favour, the soldier claims the reward from Semíramis, mistaking her for Ninias, and is promptly sentenced to death for sedition. Quite clearly the punishment is out of proportion to the offence because justice is mishandled by Semíramis, but the soldier is responsible for his fate in the sense that he tries to profit materially from his actions, and his original idealism appears to have been tainted by baser concerns.

Lisías, as we have seen, is the man of prudence and good advice, largely concerned with tempering the excesses of Ninias. He is guided always by a sense of what is right, never by the whims of the moment or personal desires. In the final Act he protests against the injustices of Semíramis and, after her death, will clearly have a role to play in the new reign.

Licas is a complete contrast to his brother Friso. While Friso is concerned only with self-advancement, Licas always believes in what is morally right. For this reason he supports Ninias as the rightful heir to the throne:

> Yo sigo
> la parte de la justicia,
> que Ninias es del Rey hijo. (1170-2).

If he once supported Semíramis, it was because he then considered her to be the rightful ruler. His support of Ninias is reflected in the way he accepts the situation and still vows to do his best after he has been removed from his position:

> Ya yo os obedezco; y pues
> tanta mi desdicha es,
> que os enoja mi presencia,
> en albricias de mi ausencia,
> me dejad besar los pies.
> De soldado os serviré
> en la guerra... (2930-6).

Licas's constant condemnation of injustice, his protest at Semíramis's treatment of Lidoro, his arguments with his brother over the folly of placing one's faith in opportunism, reveal him as another character whose actions are guided by a sense of what is morally right. And, as Friso falls, so Licas prospers, for when Ninias regains power it is Licas who will be restored to his former prominence.

Lidoro, in the *Segunda Parte,* must be seen in relation to the ruthless, tyrannical and ambitious Semíramis. At the beginning of Act I, for example, his purpose in confronting the Queen is to accuse her of Nino's murder and to uphold the claims of Ninias, the rightful heir, to the throne. Calderón presents him as the instrument of justice, acting, unlike Semíramis, not from self-interest, but from a sense of moral rectitude. When Semíramis defeats and abuses him, her injustice merely helps to accentuate Lidoro's moral goodness and to clarify his role in the play. Later, during the reign of Ninias, Lidoro displays

li

exemplary loyalty to the young King. He gives his word that he will not attempt to escape; he even offers to go out in order to halt his son's attack on Babylon, promising to return to his prison afterwards. At the end of the play Lidoro escapes from the custody of Semíramis, whom he believes to be Ninias, and orders his advancing army to return home. If Ninias is on the throne, Lidoro's purpose in putting him there has been achieved, regardless of the injustices which are now being committed, and to continue the attack on Babylon would merely be to seek revenge for those injustices. Lidoro's conduct here must be contrasted with that of Semíramis when she learns of his intentions. Her motive in forcing him into battle is largely coloured by a desire for revenge. Lidoro, although he is sufficiently provoked to want to teach the enemy a lesson for their ingratitude, soon has a change of heart when he discovers that Semíramis, not Ninias, has been responsible for everything. And finally, through his agency, good relations are again established with Babylon and a reign of order begins.

Irán, Lidoro's son, possesses all his father's virtues. His sole purpose in leading the army against Babylon is to liberate his father from captivity. When Lidoro escapes by his own efforts, Irán displays exemplary obedience in handing over to him command of the army:

> Da las órdenes tú que yo, al saberlas,
> sólo trataré ya de obedecerlas.   (3125-6).

At the end of the play Irán endorses his father's announcement of peace. He is, indeed, a 'retrato de amor' (205), a reflection of the moral and spiritual goodness of his parents.

The two female characters, Libia and Astrea, have very minor roles, but they may clearly be regarded as a contrast to Semíramis. Their love for Licas and Ninias is essentially good and the attempts of Semíramis to thwart their hopes call attention in themselves to her ruthless and unjust methods.

To sum up this analysis of *La hija del aire* from the point of view of its themes: the three source-characters, Nino, Menón and Semíramis, illustrate the disastrous consequences of erotic passion and ambition; secondary characters like Chato, Friso, Sirene, Floro, and the rebel soldier, also reflect these evils but with less serious consequences; and set against both groups are the men who are good and who prosper on that account, Lidoro, Licas, Irán and Lisías, and the women who are associated with them, Irene, Libia and Astrea. Ninias belongs strictly to neither group but shows distinct signs of turning out favourably by the end of the play.

Put in these terms, *La hija del aire* sounds like a morality play in which the characters symbolize particular universal vices and in which good is automatically rewarded and evil punished. On another level it may, like so many works of the period, be regarded as a play dealing with the theme of kingship, in which the moral question is also extremely important. But Calderón's play is certainly much more than this, as the next section is intended to show, just as *Macbeth* is much more than a morality play although it is firmly rooted in the morality tradition. If I have chosen here to analyse the work through its themes, this is because it is, on this level, an expansion of Virués's *La gran Semíramis,* and such an approach reveals very clearly the consummate skill and artistry with which Calderón developed his source-material. The canvas of his play is vast, the action complex and the characters numerous. Yet every incident and every character in the elaborate structure has its precise meaning, fitting into the overall pattern with wonderful precision. Calderón proceeds with a sure touch and complete command over his material, revealing at every step his mastery in handling dramatic form. And yet, skilful as Calderón's working of themes in terms of situation and character may be, it still remains rather mechanical, and, on the evidence so far presented, we can hardly term the play great in the strictest sense. Greatness in literature seems to lie in the artist's ability to explore in some way the human condition and to arouse in the process a response from his audience. If *La hija del aire* is, in fact, a great play, it is by these standards, not by its treatment of moral themes, that it must finally be measured.

THE PLAY AS TRAGEDY

Calderón perceived in the Semiramis story much more than an opportunity to expound mere moral and doctrinal attitudes. Earlier dramatists, after all, had seen the subject as a convenient vehicle for the expression of tragic sentiments, and Calderón, following Virués, could hardly fail to be influenced by the tradition. At the same time, as has been suggested, the tragic element in Virués's play is ultimately subordinated to the moral purpose, and at no stage does the dramatist give the impression that he is attempting to explore and to express the tragic nature of human life. Calderón, on the other hand, does precisely this, and it is what gives his play its real depth and capacity to move us. While the actions of individuals may indeed be considered as moral examples of what we should or should not do, they have the further and more important function of illustrating man's tragic predicament. It is this which raises the play above a simple mechanical working-out of the principles of poetic justice whereby the wrongdoer is automatically punished, the virtuous rewarded, and gives it the quality of a deeply felt and moving work.

The preceding analysis of the play through its moral themes makes it quite clear that there are three well-defined groups of characters in the play: the Nino-Menón-Semíramis group composed of characters in whom passion is so strong that it ultimately sweeps them to their doom; the converse group, made up of characters like Lidoro and Licas, in whom reason is able to control passion and guides them to a life of happiness; and an intermediate group, consisting of people like Chato and Sirene, who simply ignore reason and common-sense because it would prevent them from enjoying the pleasures of the moment and who, in the end, encounter only frustration and unhappiness. Of the three groups it is clearly the first —Nino, Menón and Semíramis— which grips our attention, and it does so in a manner very reminiscent of Greek tragedy. The three characters all fall, at various stages, from the peak of good fortune to the direst misfortune; a fatal flaw exploited by circumstance seems to have a hand in their fall; and its violent character arouses strongly the emotions described by Aristotle as essential to the tragic experience, pity and fear. [81] If a moral is implicit in these events, reprobation is a poor second to the emotions just mentioned. But if the main plot has the character of a classical-type tragedy, which implies perhaps something non-Christian, we should be careful to place it firmly within the context of Calderón's Christian ideas. [82] The other two groups of characters suggest in their different ways the virtues of reason, and, to the extent that reason is invariably bound up with Christian thought in Calderón's plays, may be regarded as constituting a broad framework which is a Christian one. If Calderón then placed his classical-type tragedy within this framework, he did so simply to suggest that in the modern, Christian world, man's predicament is quite as tragic as it was in the ancient, pagan world. Of Euripides, H. D. F. Kitto has said:

> ...he believed reason to be the guide to life; but he knew too that along with reason the individual possesses non-rational emotions which may run wild, overthrow reason and bring calamity. Euripides' tragic hero was mankind. Some natural passion breaks its bounds, and the penalty has to be paid, either by the sinner, or by those around him or by both... [83]

[81] See *The Poetics*, ed. I. Bywater (Oxford 1909). Calderón may or may not have read *The Poetics* but he would certainly have read one or more of the commentaries on them which appeared in Spain between 1596 and 1633; López Pinciano's *Filosofía antigua poética* (1596), Francisco Cascales's *Tablas poéticas* (1617) and González de Salas's *Nueva idea de la tragedia antigua* (1633). The ways in which they interpreted Aristotle, which consisted mainly of fitting his ideas into a Christian background without changing their fundamental character, have been fully dealt with by Margarete Newels, *Die dramatischen Gattungen in den Poetiken des Siglo de Oro* (Wiesbaden 1959); A. Hermenegildo, *Los trá-gicos españoles del siglo XVI* (Madrid 1961); Sanford Shepard, *El Pinciano y las teorías literarias del Siglo de Oro* (Madrid, 1962); A. I. Watson, 'El pintor de su deshonra and Neo-Aristotelian Theory', *BHS*, XL (1963), 17-34; and Duncan Moir, *op. cit.*

[82] I mean by this that the Semiramis story is a pagan one, just as the tragedy of Oedipus is pagan. At the same time, we cannot divorce Calderón's treatment of the story from his Christian outlook. Similarly, we could regard the praise of reason and virtue in the work as purely Stoic —there is no explicit suggestion of its being Christian—, but once more we have to relate it to Calderón's essentially Christian background.

[83] *Greek Tragedy* (London 1939), 194-5. The plays of Euripides were not, in fact, unknown in Spain. Boscán translated one play that was never printed; Hernán Pérez de Oliva based his *Hécuba triste*, printed in 1586, on Euripides'

Calderón's view differs only in the sense that the chaos and disorder stemming from the overthrow of reason may be attributed to something specific: Original Sin. In the modern Christian world tragedy occurs when reason is blinded because man, born in a state of sin, is imperfect, prone to error, and may, to a greater or lesser degree, be pre-disposed to a passion which leads him to disaster.

As far as the main plot is concerned, the essence of Calderón's tragic vision lies in the simple fact that the predicament of Nino, Menón and Semíramis is a hopeless one. On the one hand man, to the extent that these characters symbolize mankind, is flawed and imperfect in such a way that he can never escape his imperfections. On the other he aspires to ends in life, such as wealth, happines and power, which are both natural and good and to attain which he is endowed with certain qualities like ambition and initiative which are equally natural and good. The terrible and inescapable fact, however, is that, given his basic and inborn imperfection, even man's aspirations to what is good and desirable end in creating a perversion of that good, and even what seemed in themselves to be qualities are transformed into evils which contribute to his downfall. This is the fundamental problem of human life which Calderón presents to magnificent effect in his three main characters and which evokes the tragic emotions of pity and fear.

The opening scene of the *Primera Parte,* presenting Nino in triumph and Semíramis in despair, immediately presents the theme of human happiness from two points of view and suggests the imperfection in human nature which will destroy it. The triumphal scene epitomises complete joy and happiness. For Nino, Menón and Irene all is at this moment in time sweetness and light. They are supremely confident, they exude charity, generosity, love and affection. Nino exults in his victories, prides himself on his achievements and expresses confidence that his good fortune will continue:

> El sol testigo
> será de una privanza
> a quien nunca se siga la mudanza. (288-90).

Continued success over a long period has developed in him the quite natural human feelings of pride and self-confidence. There is nothing wrong in this, but even at this moment, in the midst of the rejoicing, it appears that, as a result of his triumphs, Nino is being deluded into a sense of infallibility and a conviction that he is fortune's favourite. Menón, sharing Nino's successes and happy in winning Irene's love, is equally convinced that his luck will hold and boldly commands Fortune to maintain its present course:

Hecuba; and Jerónimo Bermúdez's *Nise lastimada,* published in 1577, and Virués's *Elisa Dido* both reveal Euripidean rather than Senecan influence.

lv

> y tú, diosa Fortuna,
> condicional imagen de la luna,
> estáte un punto queda;...   (365-7).

Both men react naturally to their circumstances and cannot be blamed for doing so. But later, when the tragic events of the play are pondered over, is there not a direct link between the tyranny of Nino and the pride and self-confidence evident in the opening scene? Does not Nino's mistaken sense of infallibility there eventually lead to a belief that he can act as he wishes in any circumstances? And similarly, does not Menón's initial feeling of self-importance lead quite naturally to wilful disobedience of his King? Viewed in retrospect, the natural and human feelings of the two men are what, in part at least, set the tragedy in motion. And the pity of it all lies in the fact that tragedy here springs not from deliberate and conscious moral error but from the inescapable fact that human beings, being imperfect, are unconscious of those flaws in their nature which are potential sources of evil.[84]

If the triumphal scene epitomises human happiness, its accompaniment — the scene depicting Semíramis in her prison — represents the aspiration to it. She lives in her miserable cave, deprived of the freedom and the exercise of choice which she believes could enable her to live a full and happy life. She has beauty in full, one of the greatest blessings of nature and a source of great potential joy to mankind. She has reason and strength of will to guide her through life's difficulties. Measured against such attributes, mere prophecy that her beauty will be a source of danger and that her ambition will destroy others as well as herself seems insignificant:

> ...pues advertida
> voy ya de los hados míos,
> sabré vencerlos; pues sé,
> aunque sé poco, que impío
> el Cielo no avasalló
> la elección de nuestro juicio.   (969-74).

In the midst of adversity Semíramis expresses the perfectly natural desire, evidencing her free-will and the right of everyone to freedom, to partake of the goodness of life. Like Nino and Menón she has confidence in herself. But, even at this early stage, it is clear to us that, although she knows what is predicted and is resolved to avert it, Semíramis is endowed with a nature so passionate that the sustained exercise of reason is extremely unlikely. The end to which she aspires is good and natural, but her character is detrimental to that

---

[84] This view of tragedy as something which springs from the natural, human weaknesses of mankind has been discussed by A. A. Parker in relation to *La cisma de Inglaterra*: 'Henry VIII in Shakespeare and Calderón, An Appreciation of *La cisma de Inglaterra*', MLR, XLIII (1948), 327-52.

end. Once more the seeds of her tragedy lie in the pitiful fact that, being human, she is imperfect.

The themes outlined above are continually underlined and reinforced in these early scenes by Calderón's use of imagery and symbol. The predominant image in the triumphal scene is that of the sun. The chorus acclaims Nino:

> A tanta admiración
> suspenso queda en su carrera el sol. (33-4).

Menón describes the supreme beauty of Irene:

> Feliz fuera
> amante que a adorar un sol se atreve... (326-7).

On one level the image simply signifies the greatness and majesty of the King and the unrivalled beauty of Irene. But on another deeper level the sun in the sky has always been seen as the source of the fullness and abundance of life and nature, shedding its vital warmth and light over the world. Or as a symbol of man's enlightenment, dispelling the dark ignorance in which he gropes. All these meanings are suggested by the simple yet dense imagery of the opening scene. These great and splendid people experience the fulness of life with unsullied joy, and we, the spectators, are moved as human beings to share their happiness.

The image of the sun, applied later to Semíramis by Menón, links her with Irene and reinforces the suggestion of her potential contribution to the happiness of her fellow-men as well as of her own share in life's abundance:

> ... el sol de tu hermosura,
> cuya luz ardiente, pura,
> vence al rosicler del día... (1020-22).

But the dominant symbol in the prison scene is not one of light but of darkness: the symbol of the gloomy cave where Semíramis is imprisoned and the wild, confused landscape surrounding it. The cave, of course, represents man's spiritual prison, the chains of Original Sin and imperfection with which he is born and which he has to bear throughout his life, strive as he might to reach the light of understanding. If Semíramis, possessing such beauty, is a potential source of happiness and part of life's fullness, her spirit still dwells in that beast-like state from which it has never awakened, savage, violent and resentful, and this will turn into an evil whatever potential good she has. [85]

---

[85] For an analysis of the same type of imagery, representing the same concept of the human condition, see A. A. Parker's 'Henry VIII...', 340-43 and 'Metáfora y símbolo...'; also A. Valbuena Briones, *Perspectiva crítica*, 35-69; A. E. Sloman, *The Dramatic Craftsmanship of Calderón* (Oxford 1958), 52-5, 151-3, 185, 200-03, 246-7, 275-6, 299-301; P.N. Dunn, 'Honour and the

Calderón not only employs images and symbols which are meaning-
ful; he also creates out of them a kind of progression which accords
with the movement of his drama and awakens specific emotional res-
ponses in the spectator. The skillful interweaving of the triumphal
and the prison scenes corresponds, in terms of the imagery and the
physical aspects of the stage, to an alternation of light and darkness,
which, as the first Act progresses, takes on more and more degrees
of darkness. In terms of theme, goodness and evil alternate until evil
begins to cast its dark shadow over all and the worlds of Nino and
Semíramis, at first clearly differentiated, begin to overlap. If the
initial juxtaposition of the two is forbidding and ominous, their gradual
overlapping evokes a chill of fear.

It begins as Menón approaches the prison of Semíramis, forcing his
way through the maze of rocks and tangled undergrowth:

> Nunca vi
> tan confuso laberinto
> de bien marañadas ramas
> y de mal compuestos riscos. (701-04).

In symbolic terms, the labyrinth represents man's entanglement in the
darkness of error, of which the cave is the final stage. [86] Menón, stub-
bornly maintaining his course, moves away from a world of spiritual
light, groping through the dark and twisting corridors that lead to
spiritual night.

The full significance of what awaits him emerges clearly from the
horrific account which Semíramis gives of the circumstances of her
birth and upbringing, crowning the Act and creating ominous overtones
that even now cast their dark shadows forward into Act II. The rape
of which Semíramis was born is an act of evil and treachery. In turn,
it breeds treachery and murder: the violater is himself destroyed, the
bed of love becomes a bed of death. The child conceived of the
rape kills, in childbirth, the mother who bears it. The world of
Nature, echoing the world of man, is torn asunder. The sun, lord
of the heavens, is unceremoniously stripped of its supremacy:

> ...estaba todo
> ese globo cristalino,

Christian Background in Calderón', BHS, XXXVII (1960), 84-7; W. M. Whitby
'Rosaura's Role in the Structure of La vida es sueño', Critical Essays on the
Theatre of Calderón, ed. B. W. Wardropper (New York 1965), 105-07; Mar-
garet S. Maurin, 'The Monster, The Sepulchre and the Dark: Related Patterns
of Imagery in La vida es sueño', HR, XXXV (1967), 161-78.

[86] I have already referred to the labyrinth image in La vida es sueño. It
occurs too in Act III of El Alcalde de Zalamea and Act II of La niña de Gómez
Arias and should be considered in relation to the plight of Isabel and Dorotea,
abducted, raped, abandoned. In Act I of El mágico prodigioso it is the setting
for the quarrel between Floro and Lelio, captivated by the beauty of Justina;
in El mayor encanto amor for the plight of Ulysses, enslaved by passion for
Circe.

> por un comunero eclipse,
> que al sol desposeerle quiso
> del imperio de los días,
> parcial, turbado y diviso... (853-8).

The world is submerged in darkness, the birds and beasts are locked in unnatural combat, and man himself, far from being a little lower than the angels, is equated with the most treacherous and poisonous of reptiles:

> la serpiente que con silbos
> halaga para morder;... (838-9).
> pues víbora humana yo,
> rompí aquel seno nativo... (875-6).

Once in the labyrinth, such is the wave of evil which threatens to engulf man, releasing the most destructive elements in his nature.

One important point remains to be made regarding the first Act. In pressing on to the prison of Semíramis, Menón displays, in fact, very positive qualities: courage and a taste for adventure and experience. To deter him he has only the warnings of Lisías and Tiresias, founded on a prophecy which may well be groundless, and of Chato, who is an obvious coward. In the light of subsequent events, Menón's actions turn out to be reckless, but at this moment in time, faced by a choice, he very naturally elects to be guided by his own curiosity rather than be deterred by vague rumour. His curiosity to see Semíramis is not that of a fool or hot-head but that of a brave, self-confident man:

> Llamado
> de mi valor he venido,
> aquí, Tiresias... (739-41).

When he sees and falls in love with Semíramis and resolves to take her with him, he seeks what any red-blooded man might seek: to rescue her from her misery and to enjoy her beauty. He does not know for certain that this can be a source of evil. He has only been told that it will. Like each one of us, Menón must learn by experience. And even if things become difficult, he observes, cannot human will and reason overcome the decree of the stars? Like Semíramis, Menón puts his faith in the essential goodness of life and in the attainability of happiness:

> ...y aunque en ti previno
> el hado tantos sucesos,
> ya tú doctamente has dicho
> que puede el juicio enmendarlos;
> ¡dichoso el que llega a oírlos!
> Y así, Semíramis, hoy
> he de llevarte conmigo,

donde tu hermosura sea,
aun más que escándalo, alivio
de los mortales.   (994-1003).

It is an inspiring assertion of the power of human beings to fashion their own happiness. [87] Their tragedy, ironically, is that, sharing a common aim, they should be brought together by sheer circumstance in an attempt to realize that aim. For it is disconcertingly clear, that, although they aspire to an end which is good and natural, their individual natures, through no fault of their own, are such as will pervert the good into an ill which will destroy them both.

The beginning of Act II restates the aspiration of Menón and Semíramis to happiness in terms that again suggest the fullness and abundance of life. The dazzling beauty of Semíramis outshines that of Nature herself:

En esta apacible quinta,
adonde el mayo gentil
los países que el abril
dejó bosquejados, pinta,
aunque es esfera sucinta
para el sol de tu hermosura,
cuya luz ardiente, pura,
vence al rosicler del día,
bella Semíramis mía,
es donde estarás segura...   (1015-1024).

The freshness of Spring fills the countryside and all seems perfect for love. Indeed, Menón is the typical lover, wanting to keep Semíramis for himself, concealed from the eyes of other men:

Pues si ocultarte pudiera,
tanto mi amor te ocultara,
que ni el sol viera tu cara
ni el aire de ti supiera...   (1085-88).

There is no conscious moral error here, for Menón, in seeking his own happiness, is doing nothing that he knows to be dangerous to his King. On the contrary, his behaviour, though selfish and secretive, is the expected and predictable behaviour of an ardent lover. It is entirely natural and blameless. But if love or passion are not bad things in themselves, and if the pursuit of happiness through love is a desirable end, at what stage do they assume dangerous proportions? Surely

---

[87] Segismundo is another who asserts his faith in the ability of the individual to overcome the prediction of the stars and to fashion his own happiness. Unlike Semíramis he is eventually able to exercise reason, to dominate his passions, and to avoid the predicted tragedy.

when passion becomes the centre of one's life to the extent that it
perverts one's sense of the true values, of duty, loyalty, respect for
one's fellow men, etc; when what begins as a natural passion develops
into an uncontrollable monster, so inward-looking and bent on its own
satisfaction that it pays attention to nothing else. If Menón has not
yet reached this stage, there are at least ominous hints of what might
happen.

In addition, it becomes increasingly clear that, although Menón
and Semíramis are seeking the common end of happiness, their interpretation of it is different and they are therefore inevitably working
or dreaming at cross-purposes. If Menón seeks her love, she seeks
only more freedom of choice, and this does not of necessity include
love for Menón. She is grateful to him but her aims are far more
ambitious:

> Confieso que agradecida
> a Menón mi voluntad
> está; pero ¿qué piedad
> debe a su valor mi vida,
> de un monte a otro reducida?
> Aunque si bien lo sospecho,
> la causa es, que de mi pecho
> tan grande es el corazón,
> que teme, no sin razón,
> que el mundo le viene estrecho... (1245-54).

Again the aspiration of Semíramis is perfectly natural and blameless.
She cannot change her nature any more than Menón can his, and there
is no reason at all why she should love him. Furthermore, the ambition
of Semíramis cannot possibly at this stage be considered a bad thing.
Like the passion of love, it will become so only when it craves satisfaction at any cost, when it becomes cold-blooded and calculating.
But if Semíramis has not yet reached that stage, at which point a
potential good becomes perverted, there are once more hints of things
to come. And, above all, a note of disquiet is struck by our clear
realization that, as good and natural as the aspirations of Semíramis
and Menón may be, they are directed to completely conflicting ends
for which there is no hope of resolution.

Menón's passion for Semíramis first begins to disrupt the status
quo when he goes to Court and sings the praises of Semíramis in the
presence of Nino and Irene. The once stable and happy relationship between Menón and Irene is ended. Irene remarks bitterly:

> ¿Qué retórico orador,
> qué enamorado poeta
> os dio para esa pintura
> tantas rosas y azucenas,
> tanto oro, tanto marfil,
> tanta nieve, tantas perlas? (1677-82).

For his part, Menón is now so infatuated with Semíramis that he completely lacks discretion. He fails to see, because he is no longer a rational man, the disparity between his desire to conceal Semíramis and the possible danger in praising her so wildly. There is a striking contrast here between Menón, so different already from the play's opening, and Nino, still the admirable and sensible King. It is the first time that we have seen the two men together since that opening scene and it serves to emphasise more strongly the change that has come about in one of them. But if Nino is still much the same and can warn Menón of his imprudence in openly praising the beauty of his beloved, Menón's transformation through passion is an ironic prelude to the fate of Nino. Soon all three main characters will be entangled in the tragic net of circumstance and human imperfection.

The symbol of the labyrinth heralds Nino's entanglement, as it did Menón's, linking him with humanity in general. During a hunt the King's horse bolts, carrying him into the maze-like wood:

> En lo intrincado del monte
> se ha metido.   (1795-6).

The wildly galloping horse symbolizes his imminent passion for Semíramis, so violent and uncontrolled that it will hurl him headlong into complete moral and emotional confusion. [88] And the image of fire, suggesting the power and destructive nature of Nino's passion, makes its appearance:

> No el golpe de la caída
> me aflije; otro más violento
> es el que siento en el alma;
> porque es un ardiente fuego,
> es tan abrasado rayo,
> que, sin tocar en el cuerpo,
> ha convertido en cenizas
> el corazón acá dentro.   (1875-82).

It has been used once before to describe Menón's reaction to Semíramis:

---

[88] The images of the galloping horse and the labyrinth are associated in a similar way in *La vida es sueño*, Act I, suggesting the unruliness of Rosaura's passion, and in *Los cabellos de Absalón*, Act III, symbolizing Absalón's uncontrollable ambition which at this point brings about his downfall:

> Mas, ¡ay de mí!, desbocado,
> sin obedecer al freno,
> por la espesura se entra
> de las encinas, que en medio
> se me ponen.
>
> (ed. Valbuena Briones, 700)

Sin luz quedaron los míos [ojos]
al oírlo; rayo fue
otra vez, que mis sentidos
frías cenizas ha hecho
acá dentro de mí mismo.   (724-8).

But from the time of Nino's meeting with her, the image becomes one
of the key ones in the play, corresponding to the growing anarchy of
passion. In this sense it may be regarded as a variation on the image
of light, of which the sun is the best example, and as indicating the
enormous change, therefore, which has taken place since the sun shone
in the heavens for Nino and Menón. If light represents illumination
and comprehension, the capacity to see the positive values of life and
to derive happiness from their perception, fire represents the destructive force which consumes that perception. Together with the other
symbols and images of entanglement, darkness and spiritual imprisonment, it forms a chain which is slowly being forged through the verse
of the play and which gives it added cohesion and reflects progressively
the experience of the tragic characters as they move from their once
golden world into one of darkness and suffering.

Two further points should be made in order to illustrate all the
tragic implications of Nino's meeting with Semíramis. Firstly, in wishing to rescue Nino from what might well be a fatal accident, Semíramis is motivated only by a concern that a fellow human being should
not come to any harm. She does not yet know Nino's identity. Secondly, Nino's passion for Semíramis is no less natural than was
Menón's. Menón has so far made no mention of marrying her, so
there is no reason why Nino should not want her for himself. And,
as in Menón's case, there is no reason why he should be deterred by
dubious prophecy. If man's inclination is to test by experience, there
is nothing more natural and human than that Nino should give free rein
to his feelings for such a beautiful woman. All three, therefore, behave
as their natures dictate, without any consciousness of moral error.
The unfortunate thing is that circumstance has thrown them together
in such a way that their own separate aims should prove not only in-
compatible but also mutually destructive. Nino and Menón pursue
the same end with such single-mindedness and ferocity that they are
both degraded and finally destroyed, and what was originally a potential
good becomes an evil. For her part, Semíramis pursues an entirely
different end, power, which can also be something good. Ambition
becomes a bad thing only when, in an attempt to obtain power, she
begins to take cold-blooded advantage of the feelings of Nino and
Menón for her, fanning their rivalry and exploiting their passion as a
springboard for her own ambitions. But even this is part of her
character, for, as we have seen, although she may talk of the power of
reason, she is in practice no more able to control her instincts than
are Nino and Menón. In the power of circumstance to exploit the

lxiii

weaknesses of these people, we are witnessing a spectacle not of mis-
guided folly but of tragic hopelessness. [89]

From this point, mid-way through the *Primera Parte,* the spectacle
of the perversion and destruction of the initial good arouses more and
more strongly our pity for the characters. To keep Semíramis, Menón
is prepared to murder Arsidas. His passion for her has become a
narrow, inward-looking thing. Significantly, the action now takes place
in a labyrinthine landscape:

> Discurrid de aqueste monte
> los enmarañados senos...   (1887-8).

Both Menón and Nino, ensnared by passion, grope through the maze of
rocks and tangled undergrowth to find the object of their desire. Nino
begins to reveal a dishonesty hitherto unsuspected: in suggesting that
the wedding of Menón and Semíramis take place not now but at a
future date in Nineveh, where the setting will be more worthy, he
wins not only public approval for his generosity but extra time for
himself in which to formulate his plans:

> públicas fiestas se hagan,
> que mis grandezas publiquen...
> *(aparte)* (y que dilaten mis ansias).   (2166-8).

Subsequently, in an open attempt to obtain Semíramis, he threatens
Menón, and we recall with sadness his vow at the beginning of the play:

> Dame, Menón, tus brazos,
> y cree que aquestos lazos
> nudo serán tan fuerte
> que sólo le desate...
> *Menón*   ¿Quién?
> *Nino*   La muerte. (303-6).

We recall too, even when all was harmony and light, those human
weaknesses which were revealed: vainglory, pride, over-confidence, self-
importance. Circumstance has now channelled them in another direction and Nino's pride and vainglory have become, because of his
passion, tyranny. It is not that men are suddenly and inexplicably
struck down but that their natures contain those imperfections, even
in some cases virtues, which will be exposed by circumstances and which
will immerse them in the suffering that is the lot of all mankind.

It is also in the labyrinthine landscape of the hunt that the ambition
of Semíramis begins to take on a more cold-blooded tone. Becoming
aware now of Nino's identity and of his real interest in her, she rejects
any obligation to Menón. Her agreement with Nino that her wedding

---

[89] Compare A. A. Parker, 'Henry VIII...', 342.

should be delayed, while appearing to be based on a desire to have a more splendid affair, really has an ulterior motive as devious as his. And if Semíramis is perfectly free to deny any relationship with Menón, she would clearly be justified in rejecting him for Nino only if she did it for love. From the timing of her decisions, however, and from the manner in which she matches her plans to those of the King, it is obvious that she regards the situation as a stepping-stone to greater things. She is beginning to manipulate people. Ambition becomes a perversion, and Semíramis, yielding to it, becomes a more pitiful character. By this time all three are groping in the darkness of error.

The beginning of Act III, depicting the triumphant arrival of Semíramis at Nineveh, is to all outward appearances an echo of the opening to Act I and once again suggests, therefore, the happiness and fullness of life. Music and the acclamation of the crowd fill the air; the great city of Nineveh and the beautiful gardens of Irene form a magnificent background; Semíramis, her beauty outshining the sun itself, spreads light and happiness over all:

> ... a cuyos rayos son
> tibios los rayos de Apolo...   (2385-6).

But there is more now that is sinister, suggesting the hollowness of these outer trappings. The sun image has an ominous counterpart in the image of fire, referring to Nino's passion:

> Recatad, afectos míos,
> la dulce llama que escondo;
> que aun no es tiempo que sopladas
> sus cenizas del favonio,
> de amor el fuego descubran
> que arde solamente sordo.   (2427-32).

In the midst of her finery, Semíramis's dark origins and animal nature are suggested by Chato:

> Pues yo me acuerdo de cuando
> eran pellejos de un lobo.
> Pero ¡cómo esas pellejas
> vemos hoy cubiertas de oro!   (2379-82).

When the crowd uses the words 'asombro' and 'monstruo' to pay tribute to her unique beauty, we think of the second meaning they can have, of disproportionate evil and danger. Goodness and evil, then, now run side by side, inextricably woven together. From this point forward evil becomes predominant and the symbols and images of darkness, danger and death proliferate as the three main characters move towards their doom.

Menón's fall is reflected in the manner in which he is stripped of office by Nino, and Nino's complete inability to divorce public from private issues indicates the extent to which his desire will destroy his awareness of public responsibility throughout the Act. Menón's offence can, at most, be regarded as a private one, yet he is punished as though he were a danger to the State. Later, as a consequence of ignoring Nino's command that he disdain Semíramis, Menón is sentenced to death. Nino, the once great king, the sun in the heavens of Assyria, lives in the dark and narrow confines of his passion, interpreting all actions in terms of it. The remainder of the Act reveals all too clearly the degree to which the potential goodness of love has become an obsessive sickness, finally depriving the King of will itself. To please Semíramis he will do anything, even reverse decisions he has already made. To please her he agrees that Menón shall not be killed but imprisoned, then that he be set free altogether. For her part, Semíramis is slowly becoming the slave of ambition, for it has already destroyed what was good in her. In requesting that Menón be set free, Semíramis is motivated purely by a desire to be free herself of all obligations to her former lover so that she owes him nothing and he can ask nothing of her. She moves now with clinical precision, with a cold-bloodedness that is perfectly exemplified in the way she becomes Queen. Nino evidently has no thoughts of marrying her. When he makes advances, Semíramis, coolly weighing up the situation, protests her chastity and states that only in marriage can Nino possess her. She coldly and deliberately exchanges her virginity for power. Her tragedy lies in the hardening of her ambition which will soon make her its slave. Nino, agreeing weakly to her demand, is a pathetic and tragic figure precisely because, having been a great and powerful King, he is now so abject and powerless.

The symbols and images of the final Act complement the sombre tone of the action. When Menón enters the bedchamber of Semíramis it is night, and Nino gropes and stumbles after him in the darkness. Both are lost in the spiritual darkness of passion. The torch which Nino bears is a symbol of blazing passion. Indeed, he is himself a burning fire, threatening to destroy the man he once loved:

> ...que a mucha luz
> te sigue mi fuego ardiente.   (3065-6).

For Menón the darkness symbolises his death:

> Pisando las negras sombras,
> imágenes de mi muerte...   (3009-10).

Nino, attempting to embrace Semíramis, has a vision of his own end:

> ¡Mi mismo cadáver, cielos,
> miro en el aire aparente!
> Pálido horror, ¿qué me sigues?
> Sombra infausta, ¿qué me quieres?   (3201-04).

But it is the distraction and blindness of Menón which is the most powerful and chilling symbol of all. He appears in the midst of the final
triumph of Semíramis, her coronation, when all is splendour and acclamation and the beauty of the Queen arouses wonder. In contrast to
the outward pomp, the presence of the ragged, half-crazed Menón, blind
and stumbling like Oedipus, is the most eloquent testimony of the depths
to which the human spirit, in this case Nino's, can sink. To please
Semíramis, Nino had freed Menón, but without her knowledge he
secretly had his eyes put out, thus securing his personal vengeance
and preventing him, literally, from seeing her again. It is a vile and
contemptible revenge, degrading the King completely yet sending a
shiver of fear through us when we recall what he once was. Ironically
Nino is now as blind as Menón and the darkness of the spirit is as
real as physical blindness.

The storm with which the *Primera Parte* ends symbolises the *confusión* that reigns in man and, by extension, nature:

> Los montes contra los aires
> volcanes de fuego escupen,
> y ellos pájaros de fuego
> crían, que sus golfos surquen.
> El gran Tigris encrespado,
> opuesto al azul volumen,
> a dar asalto a los dioses,
> gigante de espuma sube.   (3416-23).

Significantly, the sun, so much in evidence at the beginning of the play,
is now enveloped in darkness:

> Que se nos alejó el sol,
> que de nuestra vista huye.   (3424-5).

Nino, in spite of everything, clings to the hope that he will find happiness with Semíramis, and in the very futility of his hopes, in the aspiration to something which might have been good but which is now
clearly hopeless, only further degrading the once great King, lies the
full pity of the tragedy and the fear in each spectator's heart that, in
Nino's shoes, his own fate might well have been the same. The *Primera Parte* does not end in death — and death is not an essential in-
gredient in tragedy — but on a note of tragic hopelessness for Nino
and Menón. As for Semíramis, if she appears now to have fulfilled
her ambitions, her fall will come, for ambition is already her master.
In the *Segunda Parte* we will see how the freedom and the happiness
for which she once longed have become, through insatiable ambition,
mere exercises in tyranny and injustice until they finally destroy her.

In the *Segunda Parte* Semíramis becomes the dominant figure in the
action and acquires a Satanic grandeur, moving the spectator more
than she did previously. In the *Primera Parte* our awareness of her

lxvii

tragic fall was aroused, but the tragedies of Nino and Menón occupied us most. In the second play the excesses of ambition become so great and their effects so disastrous that the pity of the *Primera Parte* is transformed into terror, and Semíramis attains the tragic sweep of a Medea or a Phaedra as she is swept to her doom by passions she cannot control.

The first scene, in which she receives Lidoro, suggests very clearly her grandeur and her triumphs, and may be regarded in this sense as a parallel to Nino's triumphant arrival at Ascalón at the beginning of the *Primera Parte*. Semíramis appears to a chorus of acclamation, surrounded by her servants and musicians, in a setting of magnificent splendour. She reminds Lidoro of all her triumphs: of the scaling of the walls of Caria when she carried the standard herself; of the pursuit of the defeated army of Ptolemy across the Nile; of the construction of the great city of Babylon whose splendour rivals that of the sun itself:

> Babilonia, esa ciudad
> que desde el primer cimiento
> fabriqué, lo diga; hablen
> sus muros, de quien pendiendo
> jardines están, a quien
> llaman pensiles por eso.
> Sus altas torres, que son
> columnas del firmamento,
> también lo digan, en tanto
> número, que el sol saliendo,
> por no rasgarse la luz,
> va de sus puntas huyendo.   (359-70).

If ambition has motivated her, it has led her to do many things which are not only notable in themselves but which are also a source of greatness and prosperity to her country, and to this extent her ambition still possesses an element of goodness. On the other hand she stands accused by Lidoro of having murdered Nino and of having usurped her son's rightful inheritance. In the midst of her triumphs there are reminders of the evils of ambition too, and it is in this direction that the *Segunda Parte* will now move.

The battle in which Semíramis engages Lidoro presents her in a heroic light on the one hand, but on the other suggests the danger which comes from extreme self-interest. The spectacle of the Queen abandoning her dressing-table, her hair streaming behind her, has all the dynamism and bravado of the great tragic hero:

> Tocad al arma, y en tanto,
> vosotras tenedme puesto,
> mientras salgo a la campaña,

el tocador y el espejo,
porque en dando la batalla,
al punto a tocarme vuelvo.   [*Vase*].
                                              (529-34).

But the motive of personal revenge which inspires her gives the action
a rash, impetuous and ill-considered character. What is outwardly
heroic is not so on closer examination. Semíramis, accustomed to
getting what she wants, reacts with a childish peevishness when she
is criticised or crossed in any sense, and in the immediate and un-
thinking expression of her anger lies her ultimate undoing. Fortun-
ately for her she defeats Lidoro, but the incident is already an indication of the way in which her passions can lead her to court danger
— here to expose her army to needless risk — and of her increasing
tendency to become personally and passionately involved in matters
which she should, as a queen, view objectively and rationally.

The second important incident in the First Act, the abdication
of Semíramis in favour of Ninias, underlines the point. After her
great victory over Lidoro, Semíramis is enraged to find that her subjects no longer want her and are calling for Ninias, their rightful prince,
to rule them. Her decision to abdicate is immediate and impulsive
and once more distinguished by a burning desire to punish those who
find fault with her, regardless of the consequences. Ninias is a weak
and spineless creature, as Semíramis well knows. To place power in
his hands will be the most effective way of avenging herself on those
who have rejected her, no matter what the effect on the well-being of
the country. Such is her warped and emotional reasoning, and no
sooner is power given up than it is regretted with equal fervour:

Un basilisco
tengo en los ojos, un áspid
en el corazón asido.
¿Yo sin mandar? De ira rabio.
¿Yo sin reinar? Pierdo el juicio.
Etna soy, llamas aborto;
volcán soy, rayos respiro.   *Vase*. (874-80).

If Semíramis appears in the *Segunda Parte* as a grander and more impressive figure, it is also evident that her emotions are now more dangerous and unstable. The image of the volcano in particular may be linked
with the fire image in its destructive associations, and Semíramis may
now be compared with Nino and Menón in the completely self-centred,
narrow, and ultimately fatal character of her passions. Whatever qualities she once possessed — valour, resolution, ambition — become debased when they are employed in the service of an end which is itself
debased; the pursuit of power at all costs and the abuse of power
when it is obtained.

lxix

For most of the second Act Semíramis is off-stage. She appears towards the end of the Act relishing her plan to kidnap Ninias and to take his place on the throne, and, while there is an undoubted ingenuity in the plan and considerable boldness in its execution, there is also a low cunning and an enjoyment of the deception which degrades Semíramis in our eyes. The act is, significantly, compared with the activities of a thief:

> Ya he dicho que ladrona
> he de ser de su cetro y su corona.　　　　　　　(2126-7).

The physical appearance of Semíramis, a woman in man's dress, and the way she speaks of it, suggest something abnormal:

> del femenil adorno haciendo ultraje...　　　　　(2112).

> yo, desmentido el sexo, gobernando.　　　　　　(2145).

The darkness in which the kidnapping takes place is a symbol of the spiritual darkness in which Semíramis now lives:

> y pues la noche ya caduca baja,
> empañada en su lóbrega mortaja,
> declinando en bostezos y temblores
> la primera licción de sus horrores,
> hasta el cuarto pasemos
> del Rey...　　　　　　　　　　　　　　　　　(2182-7).

In the dark world of her ambition she is a creature who prefers darkness to light:

> ...Así se vea
> cuánto desalumbradas mis locuras
> aborrecen la luz y obran a escuras.　　　　　　(2193-5).

The third Act depicts Semíramis at her most perverse, taking advantage of her disguise to avenge herself on people who have angered her. As we have already seen, the rebel soldier, Chato, Lidoro, Licas, are all victims of Semíramis's spite and self-interest. Her ruthless exploitation of power reveals very clearly what has become of her early hopes and ambitions for better things, and the suggestion is once again of tragic hopelessness, of the pitiful gulf between the hope and the reality.

The play's final scene depicts Semíramis's gruesome end when she is killed in the battle with Lidoro's army. Her arrow-filled body plunges over a great cliff and, as she lies dying, her face covered with blood, she has visions of Menón, his face streaming blood, and of Nino, pale and emaciated. In her last moments she realizes that her life has merely ended in the way she was determined it should not. This climax,

violent and horrible and in the traditions of great tragedy, evokes pity
and fear, even terror in the spectator. We pity Semíramis because
her end is so terrible and because she once had some goodness in her;
we are made uneasy because, on a magnified scale, her faults are ours
and such could conceivably be our fate. It is this expression of the
human predicament which is Calderón's real achievement in this play,
this manifestation of the tragic manner in which the potential good in
man may, through circumstance and the shortcomings of his own
nature, be transformed into an evil which will lead him to destruction,
a destruction involving not only himself but his fellow men. The human situation is indeed a pitiful one when our very qualities somehow
become the source of our suffering. It is this which, in the Nino-Menón-Semíramis relationship, constitutes the heart of the tragedy and
makes us all 'fear for ourselves'.

The Nino-Menón-Semíramis group is the only one in the play which
can be described as tragic. The other characters who act from self-
interest because to do so is immediately rewarding — Chato, Sirene,
Floro, etc. — are able to make a clear-cut choice, are not predisposed
in the same way to a certain course of action, and their frustrations and
unhappiness therefore evoke a certain sadness rather than pity because
they reject the ultimate good in favour of the temporary pleasure.
The third group of men composed of the 'discretos', Lidoro, Licas, Lisías, etc., know exactly what they are doing, are in complete control
of themselves, and prosper as a result, reaching ultimately the peak of
good fortune from which Nino, Semíramis and Menón have fallen. The
obvious contrast between those who fall and those who succeed, far
from suggesting rather pious moral implications, sets the tragedy in
greater relief. The group to which Lidoro belongs reveals the heights
to which man can rise, the good of which he is capable and the happiness which can be his. This accentuates all the more the tragic plight
of those who fall, who, for one reason or another, are alienated from
the happiness that was once theirs. Here, indeed, are two worlds, one
contrasted with the other, and the gulf between them awakens in us
the tragic feelings aroused by those characters who, having lived in and
enjoyed the one, are slowly but relentlessly engulfed by the other.

THE TEXT

The problems confronting an editor of the two parts of *La hija
del aire* are not particularly difficult ones but are complicated somewhat by the fact that they are different in the case of each part. The
earliest available text of both parts of the play together is that of the
Tercera parte de comedias de D. Pedro Calderón de la Barca, dated
1664, of which, as E. M. Wilson has shown, there are two versions, the
one having the abbreviation *Excelmo* in the title-page dedication being
in fact the earlier and therefore having priority as a basic text over

the other, which spells *Excelentissimo* in full. [90] In the case of the second part of the play, mention has already been made of the text published in the *Parte cuarenta y dos de comedias de diferentes autores*, printed in Zaragoza and bearing the date 1650. Thus, as far as the *Primera Parte* of the play is concerned, we are concerned with the earlier *Excelmo* version of Calderón's *Tercera Parte* as the priority text (which I call TP1), and with the *Excelentissimo* as a second choice (TP2). In the case of the *Segunda Parte* of the play, the Zaragoza text, attributed to Enríquez Gómez, and which I therefore call EG, becomes the priority text, backed up by consultation of TP1 and TP2. And finally, both parts of the play appeared in Juan de Vera Tassis y Villarroel's edition of Calderón's *Tercera Parte,* one of the nine *partes* published by him between 1682 and 1691. [91] This (which I call VT) must be considered for its virtues as well as its faults. The present text has been prepared from the *Excelmo,* the Zaragoza, and the Vera Tassis texts contained in the British Museum, and from the *Excelentissimo* text of the University Library, Cambridge.

Close examination of the TP1 and TP2 texts of the *Primera Parte* reveals that one is, in fact, a page-for-page reprint of the other. The foliation of TP1 is imperfect, eg. 130 instead of 139, while that of TP2 contains no errors, suggesting but not proving that TP2 was corrected from TP1. The lay-out of the folios is identical. When TP1 splits a word into two because it cannot be contained in a line, TP2 retains the same characteristic: Fol. 119r. *Sale Tiresias viejo, vestido de pieles lar/gas...* Only very occasionally is there any divergence in the two texts in this respect, and this is very slight:

Fol. 123r.	Llevala de la mano.	(TP1)	Lleuala de la mano.	(TP2)

Grammatical errors contained in the one are preserved in the other — Fol. 119v. sepultado (alluding to Semíramis) —; nonsensical lines are repeated — Fol. 133v. serè vn monte; ya casò. —; and lines which are missing in one text are missing in the other too: Fol. 124r. la estancia examinando..., 135v. que nada te agrada?...

Where differences occur — and there are, in fact, many — they often indicate that TP1 was the earlier text and that, for editorial purposes, it is a better text than TP2. The following lines are from Fol. 137r.v.:

[90] 'On the *Tercera Parte* of Calderón - 1664', *Studies in Bibliography*, XV (1962), 223-30.

[91] For the contribution of Vera Tassis see M. A. Buchanan, 'Notes on Calderón: The Vera Tassis Edition; The Text of *La vida es sueño*' *MLN,* XXII (1907), 149; M. de Toro y Gisbert, '¿Conocemos el texto verdadero de las comedias de Calderón?', *Boletín de la Real Academia Española*, V (1918), 540; E. W. Hesse, 'The Publication of Calderón's Plays in the Seventeenth Century', *Philological Quarterly*, XXVII (1948), 50; E. M. Wilson, 'The Two Editions of Calderón's *Primera Parte*', *The Library*, 1959, 191.

TP1	*Men.*	Esta, señor, es mi espada,
		que no puedo en trance igual
		darte mejor memorial,
		que a ella de sangre bañada.
		Solo pido, que prudente
		aduiertas, que rayo ha sido,
		y que assi no avrà ofendido
		los laureles de tu frente
		(catch-word) la-
		la que fue rayo de Oriente.

TP2	*Men.*	Esta, señor, es mi espada,
		que no puedo en trance igual
		darte mejor memorial,
		que a ella de sangre bañada.
		La que fue rayo de Oriente,
		solo pido, que prudente
		aduiertas, que rayo ha sido,
		y que assi no avrà ofendido
		la que fue rayo de Oriente.

In both texts this is an imperfect *décima* of nine lines. In each case the first four lines are correct, then in TP1 the fifth and sixth lines are missing and the ninth or last line is misplaced. The correct *décima* verse-pattern for the last six lines — *a c c d d c* — is actually *c d d c c*. In TP2 line five is still missing but the sixth has been restored by bringing forward TP1's final line. At the same time it is retained in the final position and TP1's eighth line is omitted, the verse-pattern now being *c c d d c*. TP2 has corrected in one sense but corrupted in another, undoubtedly moving further away from Calderón's original lines. The omission of line eight, which is a perfectly good and sensible line, clearly suggests the priority of TP1, for it is most unlikely that, had TP1 been set-up from TP2, a line as good as this should have been introduced at that stage. A further point here is that VT's last line — à Iupiter eminente — is an attempt to improve the last line of TP2, which Vera Tassis sees as an undesirable repetition of line five. Had he been looking at TP1, he would surely have retained los laureles de tu frente. This points, therefore, to the fact that the VT text was based on that of TP2 rather than TP1.

Another interesting example occurs on Fol. 127v.:

TP1	*Men.*	...y para que mas constante
		fuesse mi Seramis bella...
TP2	*Men.*	...y para que mas constante
		fuesse mi Semiramis bella...

Menón is, in fact, saying: 'and in order that it (the tower) might be more steadfast, lovely Semíramis', but the word *Semiramis* has been garbled in TP1, giving *mi Seramis*. This, coupled with poor punctuation, led the compositor of TP2 to believe that the meaning was: 'so that *my* lovely Semíramis might be more steadfast', and to alter *mi Seramis* to *mi Semiramis*. The result is that in TP2 the lines have a different meaning and the second line has one syllable too many. Again TP1 is the earlier, if already corrupt text, and TP2, in attempting a correction, only makes matters worse. Had TP1 been set up from TP2 it seems unlikely that *mi Seramis* would have come from *mi Semiramis*.

To take one more example, from Fol. 135r.

TP1	Chat.	Señor madroño, es ya hora de que nos veamos nosotros?
	I.	Que priessa?
	Chat.	Vos sabeis que es auer de vestirse vn roto?
TP2	Chat.	Señor madroño, es ya hora de que nos veamos nosotros?
	Chat.	Vos sabeis que es
	I.	Que priessa? auer de vestirse vn roto?

As the result of a misplaced line, the TP2 version is once more a corruption of TP1. The Vera Tassis reading is also extremely interesting here:

Chat.	Señor Mandroño, es ya hora de que nos vamos nosotros?
Sold. I.	Vos sabeis que es?
Chato.	Què? priessa de auer de vestirse vn roto.

This is clearly an attempt to improve TP2, not TP1, and suggests once more that Vera Tassis had only the TP2 text at hand.

There are numerous examples where what is correct in TP1 has been corrupted in TP2. On the other hand there are instances where TP2 improves on TP1. In general the following observations can be made: TP1 is superior to TP2 although it has many errors. In most cases TP1 has the better readings when TP2 differs from it. TP2, indeed, corrupts TP1 more often than it improves it. Assuming that TP2 was set-up from TP1, mistakes already present in TP1 were corrected in part, but such corrections were usually of simple spelling and grammatical errors. Otherwise TP2 indicates that new spelling and grammatical errors were made, and that lines were misread and misplaced. [92] The gatherings of TP2 suggest the following conclusions:

[92] These conclusions bear out the main points made by E. M. Wilson in his article 'On the *Tercera Parte...*'

Gatherings	Corruptions	Improvements
P. (Fol. 119r-120v)	3	3
Q. (Fol. 121r-128v)	10	5
R. (Fol. 129r-136v)	13	8
S. (Fol. 137r-141v)	9	4
Total	35	20

There are frequent spelling differences in the two texts, of which the following are examples:

TP1: z ç u e ss v b v i
TP2: c z v i s b u u y

Thus, dulze, dulce; hechiço, hechizo; aduertido, advertido; mesmo, mismo; fuesse, fuese; voleta, boleta; alibia, aliuia; equivocar, equiuocar; juizio, juyzio. At the same time the differences do not form a consistent pattern.

There are generally more accents in TP2 than TP1:

TP1: ver saldras jamas azia rubi
TP2: vèr saldràs jamàs àzia rubì

Both texts contain numerous abbreviations: hõbre, encomiẽda, cõuiene. Once more there is inconsistency in this respect, but on the whole TP2 has more examples of this kind.

TP2 has many examples of words beginning with a capital which in TP1 have an initial small letter:

TP1: estado palacio astro sacerdote
TP2: Estado Palacio Astro Sacerdote

As far as punctuation is concerned there are gross errors in both texts, and whole sentences sometimes require repunctuation in order to make sense. For the most part the punctuation of TP1 and TP2 is identical and where differences occur they are minor ones. One text certainly cannot be said to be any better than the other.

Vera Tassis, in the introduction to his own edition of Calderón's *Tercera Parte,* referred to the text of *La hija del aire* as *desfigurado.*[93] His version of the play is lucid and readable because he 'corrects' the errors of the 1664 *Tercera Parte* and restores the missing lines. But because he was following a text that was already corrupt — probably TP2 —, his 'corrections' were of necessity guesses, however inspired, and may not represent what Calderón had originally written. His attempt to restore missing lines was pure conjecture. In addition, Vera

---

[93] '...las (comedias) de, *También ay duelo en las Damas,* y *La Hija del Ayre,* primera, y segunda Parte, tambien estavan dimunitas, y padecian la misma calamidad todas las otras...'

Tassis chose to introduce many arbitrary emendations of readings which are perfectly acceptable in TP1 and TP2. He had a tendency to 'polish up' the text, usually without real justification. He often altered the sense of a passage by meddling with the original punctuation; he changed the position of words within a line; and he even rearranged the order of lines when this seemed an easy way of solving a difficulty. The VT readings must therefore be treated with caution since they are often far removed from those of the earlier TP texts.

As far as the *Primera Parte* of *La hija del aire* is concerned, I have followed TP1 wherever possible, taking the TP2 reading only when it corrects an obvious error. When both texts are incorrect, I have taken the variant given by VT as the only alternative but I have chosen to discard VT's arbitrary variants, rearranged phrases and lines. Occasionally, when I have felt that all three texts are unsatisfactory, I have tentatively suggested an emendation of my own.

The principles and conclusions relating to the *Primera Parte* are, of course, true of the *Segunda Parte* in the case of TP1, TP2 and VT. But we now have to contend, in addition, with the Zaragoza text of 1650 (EG) as the priority text, employing the others to remedy its deficiencies. [94] In the first place, one notable feature of the Zaragoza text is — with the exception of one section — its comparative completeness. In the case of the *Primera Parte,* Vera Tassis attempted to restore many lines which were missing in the TP texts, but the need did not arise to the same extent in the *Segunda Parte* because there are very few lines missing. This, quite apart from the evidence which I offer later, suggests that the Zaragoza text was nearer in time to Calderón's original and that, in general, fewer corruptions were able to creep in.

There can be no doubt at all of a relationship between EG and TP1. [95] The latter was either based directly on EG, or both —and this is far less likely— followed a common source. The following examples, where TP1 merely repeats an existing mistake, make the point:

	EG		*TP1*
6	En la paz, quien las idiomas	Fol. 144v.	En la paz, quien las idiomas.

In both cases *las idiomas* should be *las dio mas.*

---

[94] I am grateful to Mr D. W. Cruickshank for allowing me to see, prior to publication, his 'The Printing of Calderón's *Tercera Parte'*. He comments on the relationship between the Zaragoza text and TP1, see my note below. After the completion of his article and the preparation of this edition, Mr Cruickshank has kindly informed me that further investigation into the date of printing of TP2 suggests that the volume was the work of three printers and that it appeared just before the expiry of the privilege in 1674.

[95] D. W. Cruickshank: 'I am quite certain that *Diferentes XLII* was used as the copy-text for *Excelmo...* the line-arrangement of the two texts is identical for the last twenty pages. The 115 'corrections' are sometimes quite ambitious but also, on occasion, obviously wrong'.

11. *Sale Semiramis, y la muger. Fol. 147r. Sale Semiramis, y la*
muger.
The correct reading is *Sale Semiramis, y la Musica.*

But the best evidence is undoubtedly the fact that for twenty pages
—EG 28-47, TP1 155v.-165r.— the format of the pages is indentical.
And in addition there is a section missing in EG —see my variant
to 2994 where I give VT's scene— which TP1 also misses out.
    The following examples may be taken to suggest that EG contains
many good readings; that TP1, in following EG, introduced corruptions; and that TP2 was printed in ignorance of EG:

EG 16   *Fri.*   Que salir no aya podido
                         de palacio, sin que todos
                         vean que del me retiro.
                Lic.   Pues llega a hablarle. *Fr.* Es en vano.
                Lic.   En tanto, Principe inuicto...

TP1 149v.   *Fri.*   Que salir no aya podido
                         de palacio, sin que todos
                         vean que del me retiro.
                Fri.   Es en vano.
                Lic.   En tanto, Principe invicto...

TP2   *Fri.*   Que salir no aya podido
                         de Palacio sin que todos
                         vean que dèl me retiro?
                Lic.   En tanto, Principe inuicto...

This is a fine example of how a whole line may be lost. EG has the
correct reading, TP1 accidentally misses out the first part of the line,
and TP2, thinking that there is an error in TP1 —and in ignorance
of EG— misses it out altogether. EG thus appears, from this example,
to be the earliest and best text. Another example confirms this:

EG 11   Y a vna batalla no es justo,
                dezir que me quite el gusto,
                que me tuuo entretenida.

TP1 147r.   y vna batalla no es justo
                dezir que me quitè el gusto
                que me tuuo entretenida.

TP2   y vna batalla no es justo
                dezir que me quitò el gusto
                que me tuuo entretenida.

Here there are progressive errors in both the mood and the tense and person of the verb until TP2 has moved away from the original sense and was obviously unaware of the original meaning.

On the other hand, EG has many bad readings which TP1 corrected:

EG 6   llaman perfiles por esso,...

TP1 145r.   llaman pensiles por esso;...

EG's 'perfiles' should clearly be 'pensiles' since Semíramis is talking about the hanging gardens of Babylon.

EG 13   edna soy, llamas aborto,

TP1 148r.   Ethna soy, llamas aborto

EG 22   mi alegria, y mi tristeza.

TP1 152v.   mi alegria, y tu tristeza.

Against this, TP1 has many small mistakes of the kind that could easily be made in the process of copying.

The punctuation of EG is extremely poor and is vastly improved by TP1. Undoubtedly the text of EG was printed without any concern for accuracy. The presence of so many good readings in it, in spite of the overall carelessness, suggests, therefore, that it was in fact nearer in time and in many details to Calderón's original.

Comparison of the EG text with the three others confirms the conclusions reached by comparing these with each other: that TP1 was earlier and often better than TP2, that Vera Tassis probably employed TP2 and that his text must be treated with caution because of its numerous arbitrary variants. It is also very clear that Vera Tassis had no knowledge of the EG text.

In preparing the text of the *Segunda Parte* I have used EG as the basic text, abandoning it in favour of TP1 only when I have considered it absolutely necessary. Where both are wrong I have then consulted TP2. VT has been used only when the three earlier texts are unsatisfactory, but I have again resisted any temptation to use VT's arbitrary variants. Very occasionally I have suggested a variant of my own.

In the text given here the spelling has been modernized except where such a procedure would affect the pronunciation. Thus *dice* for *dize, cuando* for *quando, eso* for *esso;* but *agora, mesmo, mojer, ponella, propria, priesa, haze* (second person plural imperative), *güeste, y* before a word beginning with *i*. The punctuation, which is acceptable only in the Vera Tassis text, has also been modernized. In the variants I have indicated only those examples of punctuation where differences affect the meaning. The accentuation, too, is my own since there are considerable variations in the four texts. Any word, phrase or stage-direction which does not occur in any of the early texts is enclosed within square brackets. I have sometimes felt it necessary, for example, to introduce an 'aside' where the dialogue does not make this clear, and there are numerous occasions on which at one moment a character is speaking to someome, at the next he is voicing his private thoughts. Finally, a row of dots indicates that a line is missing in the early texts. I have preferred to give the Vera Tassis 'correction' as a variant because of its arbitrary nature.

The stanza forms employed in *La hija del aire* are distributed as follows:

Primera Parte			*Segunda Parte*		
Act I.	1-200	Romance. (ó)	Act I.	1-26	Silva.
	201-370	Silva.		27-38	Romance. (o-a)
	371-534	Redondilla.		39-72	Silva.
	535-606	Octava.		73-534	Romance. (e-o)
	607-1014	Romance. (i-o)		535-730	Redondilla.
Act II.	1015-1274	Décima.		731-1182	Romance. (i-o)
	1275-1298	Redondilla.	Act II.	1183-1686	Romance. (e-a)
	1299-1976	Romance. (e-o, e-a, e-o)		1687-1694	Redondilla.
				1695-1714	Romance. (e-a)
	1977-2040	Redondilla.		1715-1886	Redondilla.
	2041-2080	Décima.		1887-1961	Quintilla.
	2081-2338	Romance. (a-a)		1962-2049	Redondilla.
Act III.	2339-2470	Romance. (o-o)		2050-2203	Silva.
	2471-2488	Silva.		2204-2436	Romance. (e-e)
	2489-2722	Romance. (o-o)	Act III.	2437-2482	Romance. (a-a)
	2723-2902	Décima.		2483-2502	Décima.
	2903-2916	Soneto.		2503-2904	Romance. (a-a)
	2917-2984	Redondilla.		2905-2984	Quintilla.
	2985-3260	Romance. (e-e)		2985-3040	Romance. (a-o)
	3261-3365	Quintilla.		3041-3166	Silva.
	3366-3449	Romance. (u-e)		3167-3348	Romance. (e-o)

In the *Arte nuevo de hacer comedias* Lope had made suggestions for the use of particular verse forms in particular situations, and these became, both in his own plays and in those of his successors, part of Golden Age dramatic practice. He had regarded the *romance*, for example, as perfectly suited to narrative passages. Thus, in *La hija del aire* it is used for Semíramis's description of her birth (*Primera Parte*, 797-988); for Menón's portrayal of Semíramis (*Primera Parte*, 1521-1650); for Lidoro's account of past events (*Segunda Parte*, 73-308) and for Semíramis's reply (309-509). At the same time, narrative passages of this kind often occur within a wider framework of dialogue which is itself in *romance*: Menón's portrayal of Semíramis in the *Primera Parte* extends from 1521-1650 but is framed in a section of dialogue, *in romance*, which extends from 1405-1730. In addition, *romance* is often used for straight dialogue alone: the initial exchanges of the *Primera Parte* between Semíramis and Tiresias, which take up 200 lines; and for the rapid dialogue of the hunting scene in Act II of the *Primera Parte*, 1792-1976. In fact, although Lope had specifically recommended *romance* for narrative, he used it more and more for straight dialogue until in his last period it accounted for almost fifty per cent of the lines. A count of the lines in *romance* in *La hija del aire* reveals that it makes up over sixty per cent of the verse.

Lope's specific preferences for straight dialogue were the *quintilla* and the *redondilla*. In the *Primera Parte* of *La hija del aire quintilla* is used for dialogue between Menón and Chato (3261-3365), in the *Segunda Parte* for the exchanges between Libia and Licas (1887-1961) and between Semíramis and Licas (2905-2984). Its use is fairly limited, as indeed it is in *La vida es sueño* where it occurs on only one occasion. *Redondilla,* on the other hand, is used much more often in both plays: in the *Primera Parte* for dialogue between Chato, Sirene and Floro, followed by a brief exchange between Chato and Arsidas (371-534); for the short altercation between Chato and Sirene (1275-1298); for a section of rapid dialogue in the hunting scene (1977-2040); and for the meeting of Chato and Sirene (2917-2984). The *Segunda Parte* follows a similar pattern: for example, *redondilla* is used for the dialogue between Lidoro, Semíramis, Licas and Friso (535-730). But an interesting feature is its use for the reading of a letter by Friso in Act II (1687-1694).

Silva had become a popular form in Lope's later period and proved to be a favourite with Calderón. Its combination of eleven and seven-syllable lines perfectly suited Calderón's more decorative and weighty style, and passages of *silva* contain many of his particularly colourful and brilliant images. In the *Primera Parte* the ceremonious arrival of Nino is in the *silva* form (201-370); in the *Segunda Parte* it gives great weight to the opening remarks of Semíramis (1-26), later it underlines the frustration of Semíramis and the daring of the scheme which she outlines to Friso (2050-2203); it serves to describe the great beauty of Babylon as Irán approaches it and the bold escape of Lidoro which immediately follows (3041-3166).

Yet another metre recommended by Lope for narrative was the *octava,* but at the same time he tended to use it in situations of gravity, particularly those involving a king. It is used only once in *La hija del aire,* in the *Primera Parte* where Arsidas, the vanquished King of Lidia, narrates his escape from the battlefield and his falling in love with Irene (535-606).

Décimas, said Lope, were good for 'quejas' whether in monologue or dialogue form. In the *Primera Parte* of *La hija* they are used in the love dialogue between Menón and Semíramis (1015-1274), in a brief yet intense passage in the hunting scene (2041-2080), and in the highly emotional exchanges between Semíramis, Nino and Menón (2723-2902).

The only other form which remains to be considered is the *soneto,* which Lope had suggested might be given to a speaker who is alone on stage. *La hija del aire* has one example of this, in Act III of the *Primera Parte* where Menón has a soliloquy (2903-2916).

SELECT BIBLIOGRAPHY

1. Recent criticism of *La hija del aire:*

Menéndez Pelayo, M., *Calderón y su teatro* (Madrid 1881. I have used the Emecé edition (Buenos Aires 1946), see 296.
Sargent, C. V., *A Study of the Dramatic Works of Cristóbal de Virués* (New York 1930), 78-80.
Valbuena Prat, A., *Calderón, su personalidad, su arte dramático, su estilo y sus obras* (Barcelona 1941), 128-30.
— *Historia de la literatura española* (Barcelona 1953), II, 554-6.
— *Historia del teatro español* (Barcelona 1956), 394-404.
Montero Díaz, S., 'Notas sobre *La hija del aire', Las Ciencias,* III, 1, 1936.
Croce, B., 'Calderón: 1. *La hija del aire;* 2. Sulla crìtica calderoniana', *La Crìtica,* XLI (Naples 1943), 173-88.
Valbuena Briones, A., *Calderón de la Barca, Obras completas,* I, *Dramas* (Madrid 1956), 1003-09.
— *Perspectiva crítica de los dramas de Calderón* (Madrid 1965), 230-8.
Edwards, Gwynne, 'Calderón's *La hija del aire* in the Light of his Sources', *Bulletin of Hispanic Studies,* XLIII (1966), 177-96.
— 'Calderón's *La hija del aire* and the Classical Type of Tragedy', *Bulletin of Hispanic Studies,* XLIV (1967), 161-94.
Ochse, H., *Studien Zur Metaphorik Calderóns* (Munich 1967), 99-123.
Roger, D., '«¡Cielos! ¿Quién en Ninias habla?»: The Mother-Son Impersonation in *La hija del aire', Bulletin of the Comediantes,* XX (1968), 1-4.

2. Textual studies:

Toro y Gisbert, M., '¿Conocemos el texto verdadero de las comedias de Calderón?', *Boletín de la Real Academia Española,* V (1918), 401-21, 531-549, VI (1919), 3-12, 308-31.
Heaton, H. C., 'On the *Segunda Parte* of Calderón', *Hispanic Review,* V (1937), 37-51.
Hesse, E. W., 'The Two Versions of Calderón's *El laurel de Apolo', Hispanic Review,* XIV (1946), 213-34.
— 'The First and Second Editions of Calderón's *Cuarta Parte', Hispanic Review,* XVI (1948), 209-37.
— 'The Publication of Calderón's Plays in the Seventeenth Century', *Philological Quarterly,* XXVII (1948), 37-51.
Oppenheimer, Jr., M., 'Addenda on the *Segunda Parte* of Calderón', *Hispanic Review,* XVI (1948), 335-40.

Wilson, E. M., 'Notes on the Text of *A secreto agravio secreta venganza*', *Bulletin of Hispanic Studies*, XXXV (1958), 72-82.
— 'The Text of Calderón's *La púrpura de la rosa*', *Modern Language Review*, LIV (1959), 29-44.
—'The Two Editions of Calderón's *Primera Parte* of 1640', *The Library* (1959), 175-91.
— 'On the *Tercera Parte* of Calderón', *Studies in Bibliography*, XV (1962), 223-30.
Cruickshank, D. W., 'The Printing of Calderón's *Tercera Parte*', seen prior to publication.

3. Background:

Pérez Pastor, C., *Documentos para la biografía de D. Pedro Calderón de la Barca* (Madrid 1905).
Cotarelo y Mori, E., *Ensayo sobre la vida y obras de Calderón* (Madrid 1924).
Chaytor, H. J., *Dramatic Theory in Spain* (Cambridge 1925).
Wilson, E. M., 'The Four Elements in the Imagery of Calderón', *Modern Language Review*, XXXI (1936), 34-47.
Valbuena Prat, A., *Calderón, su personalidad, su arte dramático, su estilo y sus obras* (Barcelona 1941).
Parker, A. A., *The Allegorical Drama of Calderón* (Oxford 1943).
— *The Approach to the Spanish Drama of the Golden Age*, *Diamante*, VI (1957).
— 'Towards a Definition of Calderonian Tragedy', *Bulletin of Hispanic Studies*, XXXIX (1962), 222-37.
— 'Metáfora y símbolo en la interpretación de Calderón', *Actas del Primer Congreso Internacional de Hispanistas* (Oxford 1964), 141-60.
Sloman, A. E., *The Dramatic Craftsmanship of Calderón. His use of earlier plays* (Oxford 1958).
Newels, M., *Die dramatischen Gattungen in den Poetiken des Siglo de Oro* (Wiesbaden 1959).
Hermenegildo, A., *Los trágicos españoles del siglo XVI* (Madrid 1961).
Shepard, S., *El Pinciano y las teorías literarias del Siglo de Oro* (Madrid 1962).
Hamilton, B., *Political Thought in Sixteenth-century Spain* (Oxford 1963).
Moir, D., 'The Classical Tradition in Spanish Dramatic Theory and Practice in the Seventeenth Century', *Classical Drama and its Influence* (London 1965), 193-228.
Wardropper, B. W. (ed.), *Critical Essays on the Theatre of Calderón* (New York 1965).
Shergold, N. D., *A History of the Spanish Stage* (Oxford 1967).

LA GRAN
COMEDIA
DE LA HIJA DEL AIRE

PRIMERA PARTE

De D. Pedro Calderón de la Barca

Personas que hablan en ella

Menón.	*Floro.*	*Sirene.*
Lisías.	*Chato.*	*Libio.*
Tiresias, viejo.	*Semíramis.*	*Músicos.*
Nino, Rey.	*Irene.*	*Acompañamiento.*
Arsidas.	*Silvia.*	

In the list of dramatis personae TP1 has Gnato for Chato. TP2 gives the author's name as *Don Pedro Calderon de la Barca*. Neither TP1 nor TP2 has JORNADA PRIMERA. VT has the following title and list of dramatis personae:

COMEDIA FAMOSA,

LA HIJA
DEL AYRE,

PARTE PRIMERA.

Fiesta que se representò à sus Magestades en el Salon Real de Palacio.

DE DON PEDRO CALDERON

de la Barca.

PERSONAS QVE HABLAN EN ELLA.

Menon, General.
El Rey Nino.
Lisias, Gouernador.
Tiresias, Sacerdote, viejo.
Floro, Soldado.
Chato, villano.
Sirene, villana.

Semiramis.
Irene, Infanta.
Siluia, criada.
El Rey Lidoro, con nombre de Arsi-
das.
Libio, criado.
Musicos.
Acompañamiento.

JORNADA PRIMERA

Dice Menón dentro los versos siguientes.

MENÓN   Haced alto en esta parte,
y en uno y otro escuadrón
divididos, saludad
con salva al Rey mi señor.

Tocan cajas, y dice Lisías a la otra parte.

LISÍAS   Cantad aquí, mientras llega   5
el Rey a estos montes hoy;
y a aquellas salvas de Marte
sucedan las del Amor.

MÚSICOS   Coronado de laureles,
lleno de fama y de honor,   10
vuelva el valeroso Nino
a los montes de Ascalón.

*Ha de haber una puerta de una gruta al
lado izquierdo, y dentro den golpes, y dice
Semíramis dentro.*

SEMÍRAMIS Tiresias, abre esta puerta,
o a manos de mi furor,
muerte me dará el verdugo   15
de mi desesperación.

    VT begins with the stage-direction *Tocan caxas, y dize Menon dentro*
  4+ VT *Tocan otra vez, y dize Lisias dentro al otro lado*
  7 y a aquellas salvas: VT *porque à las salvas*
  8+ VT has the stage-direction *Musica dentro*
  9 laureles: VT trofeos
  12+ VT *Ha de auer vna puerta como de gruta / al lado izquierdo, y dentro
       Semiramis / da golpes, y dize*

3

Sale Tiresias viejo, vestido de pieles largas,
como sacerdote antiguo, y dice los versos
siguientes con admiración.

TIRESIAS   Allí trompetas y cajas,
de Marte bélico horror;
allí voces y instrumentos,
dulces lisonjas de amor,   20
escucho; y cuando informado
de tan desconforme unión
de músicas, a admirarme
en las causas della voy,
estos golpes que a esta puerta   25
se dan, y en mi corazón,
a un tiempo me han detenido.
¡Confuso y medroso estoy!

Dentro Menón.

MENÓN   Haced salva, que ya el Rey   *Cajas.*
desde aquí se descubrió.   30

[Dentro Lisías.]

LISÍAS   Vuelva la música a dar
al aire su dulce voz.

[Dentro músicos.]

MÚSICOS   A tanta admiración
suspenso queda en su carrera el sol.

16+ VT *Sale Tiresias vestido de pieles largas, | como Sacerdote antiguo, y*
representa | como admirado
19 y: VT è
24 las causas della: VT la causa dellas
28+ *Dentro Menón:* VT *Menon dentro.* TP1 and TP2 do not subsequently
give the speaker before Haced salva
30+ *[Dentro Lisías]:* TP1, TP2, VT combine speaker and stage-direction
before Vuelva la música, VT inverting it to *Lisias dent.*
32+ As for 30+. VT inverts to *Music. dent.*

4

En la gruta Semíramis, y golpes.

SEMÍRAMIS   Tiresias, si hoy no dispensas   35
las leyes desta prisión,
donde sepultada vivo,
la muerte me daré hoy.

TIRESIAS   Del acero de mi vida
ya tres los imanes son;   40
éste llama con más fuerza,
a responder a éste voy.
¿Qué das voces?

Abre la puerta, y sale Semíramis vestida de
pieles.

SEMÍRAMIS   Dos acentos,
que a un tiempo el aire veloz
pronuncia, dando a mi oído   45
[coros] de equivocación,
por no haberlos escuchado
jamás, que jamás llegó
a mi noticia el ruidoso
aparato de su voz,   50
la cárcel romper intentan
donde aprisionada estoy
desde que nací; ¿porqué
confusamente los dos
me elevan y me arrebatan?   55
Este que dulce sonó,
con dulces halagos, hijos
de su misma suspensión;
éste que horrible, con fieros
impulsos, tras quien me voy,   60

34+ VT *Semiramis buelue a dar golpes dentro,* | *y dize*
37 sepultada: TP1, TP2 sepultado
46 [coros] de: TP1, TP2 globos de, VT ambos
53 The question is my own. TP1, TP2 and VT have a comma after nací,
a semi-colon after arrebatan.

sin saber dónde; que iguales
me arrancan el corazón
blandura y fiereza, agrado
y ira, lisonja y horror;
cuándo un estruendo a esta parte,   65
cuándo a ésta una admiración;
ésta adormece al sentido,
ésta despierta el valor,
repitiéndome los ecos
del bronce y de la canción.   70

Todo junto música y cajas.

MÚSICOS   A tanta admiración
suspenso queda en su carrera el sol.

TIRESIAS   No en vano yo me recelo
que fuese despertador
del letargo de tu vida   75
ese confuso reloj
de los vientos, que hoy ha hecho
desacertado el rumor.
Hablarte quise, porque
esas novedades dos   80
temí siempre que engendrasen
en tu altiva condición
nuevos deseos de ver
a quien las ocasionó;
y así, quiero prevenirte   85
de lo que es, para que no
te desespere tu vida,
y el influjo superior,
que a voluntad de los dioses
te tiene en esta prisión,   90

61   sin saber dónde; que iguales: TP1, TP2, VT sin saber donde, y que
      iguales
64   y ira: TP1, TP2 have no conjunction.
68   el valor: VT al valor
70+   VT *Las caxas, y la musica a vn tiempo*
78   desacertado: VT desacordado

le facilite, sin que
baste a embarazarle yo.
Sabrás, pues, que Nino, Rey
de Siria, ya vencedor
de las bárbaras naciones   95
del Oriente, vuelve hoy
a Nínive, corte suya;
por aquí pasa, y al son
de sus cajas y trompetas,
lenguas del sangriento dios,   100
los rústicos moradores
de los montes de Ascalón
le aclaman; y pues que ya
sabes toda la ocasión
del militar aparato   105
y la dulce elevación,
sosiégate, y vuelve, vuelve
a la estancia que te dio
por cuna y sepulcro el Cielo;
que me está dando temor   110
pensar que el sol te ve, y que
sabe enamorarse el sol.

SEMÍRAMIS En vano, Tiresias, quieres
que ya te obedezca, que hoy
la margen de tus preceptos   115
ha de romper mi ambición;
ya no he de volver a él,
si tu sañudo furor
me hiciese dos mil pedazos.

TIRESIAS Mira.

SEMÍRAMIS   Suelta.

TIRESIAS   ¿Ya olvidó   120
tu memoria cuán infausto
fue tu nacimiento?

---

117 ya no he de volver a él: TP1, TP2 ya no ha de boluer a èl, VT yo no
he de bolver à èl
120 ¿Ya olvidó: TP1, TP2 Ya ha oluidado...?

SEMÍRAMIS   No;
bien lo sé de ti, que fuiste
segundo padre, a quien yo
debí la vida.

TIRESIAS   ¿Pues cómo   125
no me obedece tu amor?

SEMÍRAMIS   Como mi obediencia ya
la última línea tocó
del sufrimiento, alentado
del discurso y la razón.   130

TIRESIAS   ¿Te acordarás qué te dije?

SEMÍRAMIS   Sí; que Venus te anunció,
atenta al provecho mío,
que había de ser horror
del mundo, y que por mí habría,   135
en cuanto ilumina el sol,
tragedias, muertes, insultos,
ira, llanto y confusión.

TIRESIAS   ¿No te dije más?

SEMÍRAMIS   Que a un Rey
glorioso le haría mi amor   140
tirano, y que al fin vendría
a darle la muerte yo.

TIRESIAS   Pues si eso sabes de ti,
y el fin que el hado antevió
a tu vida, ¿porqué quieres   145
buscalle?

SEMÍRAMIS   Porque es error
temelle; dudalle basta.

---

122   TP1 and TP2 incorrectly end the line with Bien. VT interpolates No,
transferring bien to the beginning of the next line.
131   ¿Te acordarás qué te dije?: TP1, TP2. Te acordaràs, que te dixe?
132   anunció: TP2 aeunció
140   glorioso: TP1, TP2 globoso
147   temelle; dudalle: VT temerle, dudarle

¿Qué importa que mi ambición
digan que ha de despeñarme
del lugar más superior,   150
si para vencerla a ella
tengo entendimiento yo?
Y si ya me mata el verme
desta suerte, ¿no es mejor
que me mate la verdad,   155
que no la imaginación?
Sí; que es dos veces cobarde
el que por vivir murió;
pues no pudiera hacer más
el contrario más atroz,   160
que matarle; y eso mesmo
hizo su mismo temor.
Y así, yo no he de volver
a esa lóbrega mansión;
que quiero morir del rayo,   165
y de sólo el trueno no.

TIRESIAS   Pues antes que te resuelvas
a tan temeraria acción
como darte a conocer,
sabré embarazarlo yo.   170

Cajas y música juntos.

SEMÍRAMIS   ¿De qué suerte, si ya vuelven
a alentar mi presunción
esas voces?

TIRESIAS   Desta suerte.
¡Guardas del monte!

149   digan: VT diga
161   mesmo: VT mismo
164   esa: VT esta
170+   VT *Las caxas, y la musica à vn tiempo*
173   esas: VT estas
174   ¡Guardas del monte!: TP1, TP2 Guardas del monte, VT Guardas del
       monte?

9

Salen soldados.

UNO   Señor.

TIRESIAS   Pues vosotros sois a quien   175
                este prodigio fïó
                mi confïanza, sin que
                el rostro viese a los dos,
                esa fiera racional
                reducid a su prisión.   180

SEMÍRAMIS   Tened, no lleguéis, villanos;
                que no quiere mi valor
                darse a partido; [*a Tiresias*] y así,
                para que no quedes hoy
                vano de haberme vencido,   185
                tengo de vencerme yo.
                Mira, Tiresias, a cuánto
                se extiende mi presunción;
                pues porque nadie me fuerce,
                voluntariamente voy   190
                a sepultarme yo misma
                en esta oscura estación
                de mi vida, de mi muerte
                tumba dijera mejor.   *Vase.*

TIRESIAS   Cerraré la puerta. Grande   195
                Júpiter, dame favor
                para que embarace tanto
                asombro como antevió
                Venus, prevenido en este
                raro prodigio de amor.   200

174+   VT *Salen dos Soldados*
174   *Uno:* VT *Soldad. I*
      Señor: VT Señor?
184   para que no quedes hoy / vano de haberme vencido: TP2 para que no
      quedeis yo / vano de auerme vencido, VT para que no quedeis oy / va-
      nos de auerme vencido. Semíramis is now addressing Tiresias.

10

Las cajas y Soldados por una puerta, Nino,
Rey, y Menón, General, e Irene con espada
y plumas; y por otra [puerta] músicos ves-
tidos de villanos, Lisías, Chato y Sirene.

LISÍAS   Vuelvas felicemente,
de laureles ceñida la alta frente,
a ver, de tan extraños horizontes,
hoy, gran señor, aquestos patrios montes
que ausente te han tenido edades tantas.   205

CHATO   Y a todos su merced nos dé las plantas,
pues de creer es que para tales fines
todos los reyes traigan escarpines;
y déselas también aquí a Sirene
mi mojer, que a besárselas hoy viene,   210
y se las besará con alegría,
por besar una cosa que no es mía.

SIRENE   ¿Que luego hobiese, Chato,
de ver el Rey que sois un mentecato?

NINO   Alzad todos del suelo.   215
Yo, Lisias, os estimo el noble celo
con que Ascalón recibe mi persona.

200+ Neither **TP1** nor **TP2** has *y por otra [puerta]* to suggest that the two
groups are approaching from different directions. **VT** reads *Tocan*
caxas, y salen por Vna puerta Soldados, / el Rey Nino, Menon Ge-
neral, la Infanta Irene, / y Damas con espadas, y plumas; y por otra
parte / los Musicos vestidos de villanos, Lisias, Chato, / y Sirene, y
buelven à cantar la primera / copla
201 felicemente: **TP1, TP2** felizmente
204 aquestos: **TP1** a aquestos, **TP2** a aquellos
205 ausente: **TP1** ansente
208 traigan: **TP1** traian, **TP2** traìan, **VT** traygan. The reading of **TP1** probably corresponds to trayan, an alternative form of traigan.
210 mojer: **TP2, VT** muger
210 besárselas: **TP1, TP2** verselos
211 las: **TP1, TP2** los
214 sois: **VT** sos
216 Lisias: the accentuation of the name varies through the play. Cf. **337**
Lisías, also **661**.

LISÍAS   Vuestra grandeza mi humildad abona;
que aunque es verdad que yo le he gobernado,
este amor no se debe a mi cuidado,   220
sino a su gran lealtad; y vos, señora,
de tanto humano sol divina aurora,
a todos dad la mano.

CHATO   Sino a Sirene, mi mojer, que es llano
que si llega en sus labios a ponella,   225
de asco en un mes no comeréis con ella.

SIRENE   Para ésta, picarote,
que los huéspedes idos, haya escote.

NINO   Puesto que ya mi gente
las fértiles provincias del Oriente   230
discurrió numerosa,
con tan grandes conquistas vitoriosa,
pues a sus armas yace la Fenicia,
y víctima la Siria, la Cilicia,
la Pr[o]póntida, Lidia, Egipto, y Caria,   235
donde apenas quedó nación contraria
que no me obedeciese
desde el Tanais al Nilo, cese, cese
el militar acento
de estremecer al sol, herir al viento,   240
turbar el mar y fatigar la tierra,
y hoy a la blanda paz ceda la guerra.
Desde hoy vivir en ella determino,
en la ciudad de mi nombre, Nino,

---

219   le: VT la
224   mojer: VT muger
230   provincias: TP2 Prouiocias
231   discurrió: TP2 discurrillo
232   vitoriosa: TP1, TP2 vitoriosas
233   la Fenicia: TP1, TP2 Fenicia. The word must rhyme with Cilicia
and cannot be pronounced Fenicía, which the TP reading, to give eleven syllables, would require.
234   y víctima: VT la Bitinia
234   Cilicia: TP1, TP2 Sicilia
235   la Pr[o]póntida: TP1, TP2 la Pripontida, VT la Prepontida
240   herir: VT de herir

Nínive se ha llamado,   245
a quien yo por grandeza he edificado.
Tú, Menón, que valiente
los sagrados laureles de mi frente
tanto has facilitado,
que a ti el mirarme dellos coronado   250
confesaré que debo,
si bien, bien a pagártelos me atrevo,
hoy con la gente en Ascalón te queda,
donde a tu orden disponerse pueda
ese despojo todo;   255
y en su distribución dispón el modo
de suerte, que el más mísero soldado
no vuelva sin que vuelva coronado
con trofeos marciales,
a pisar de su casa los umbrales;   260
y porque a dar hoy enseñado vivas,
quiero que antes recibas;
porque no sabe cuánto es lisonjero
el dar, el que primero
no supo cuánto fue, Menón, penoso   265
que liberal no fuera un poderoso;
quiero que en este punto
el dar y el recibir lo aprendas junto.
Esa provincia bella,
con cuanto en sí contiene, hinche, y es della,   270
es tuya; de Ascalón eres ya dueño,
aunque triunfo pequeño
a tus grandes servicios.
Pero éstos no son premios, son indicios
de mi amor; no te ofrezcas   275
a mis pies, ni esto poco me agradezcas.
Toma la posesión, paga la gente,
y todo esto sea brevemente;
porque tu aviso creo

245   se ha llamado: TP1, TP2 sea llamada
252   pagártelos: VT pagartelo
269   bella: TP1 bellla
274   son indicios: VT sino indicios
276   esto: VT esso

13

que te le está notando mi deseo;   280
que yo con la divina y soberana
beldad de Irene, mi gallarda hermana,
a quien, la Palas siendo deste Marte,
mis aplausos debieron tanta parte,
ir a Nínive quiero;   285
en ella, pues, te espero,
para partir contigo
mi cetro y mi corona. El sol testigo
será de una privanza
a quien nunca se siga la mudanza.   290

MENÓN   Invictísimo joven, cuya frente
no sólo de los rayos del Oriente
inmortal se corona,
pero de zona trascendiendo en zona,
de hemisferio pasando en hemisferio,   295
hasta el ocaso extenderá su imperio,
yo estoy de ti premiado
sólo con ver, señor, que hayas llegado
a dejarte pagar de mis deseos;
que nadie es acrêdor de tus trofeos,   300
sino tu aliento sólo,
Marte en la guerra y en la paz Apolo.

NINO   Dame, Menón, tus brazos,
y cree que aquestos lazos   305
nudo serán tan fuerte
que sólo le desate...

MENÓN   ¿Quién?

NINO   La muerte.   *Vase.*

IRENE   De mil contentos llena,
no a dar, a recibir la norabuena
me ofrezco yo, Menón, porque a ninguna
persona toca más vuestra fortuna.   310

---

288 mi corona: TP1, TP2 mi corona? el Sol..., VT mi Corona, el Sol...
303 Dame, Menón, tus brazos: VT Menon, dame tus braços
305 serán: TP1, TP2 serà
306 *Vase:* TP1, TP2 *Vanse.* Menón remains on stage.

14

MENÓN   En eso no hacéis nada,
que sois en ella muy interesada;
pues cuanto yo valiere,
no es más que un corto don que darme quiere
el Cielo, porque tenga   315
un sacrificio más que se prevenga
llegar con mudo ejemplo
al no piadoso umbral de vuestro templo.
Dadme a besar la mano,
si merezco favor tan soberano   320
en esta despedida.

IRENE   La mano no, los brazos y aun la vida
os doy, Menón, en ellos.

MENÓN   ¡Oh, si como adorallos, merecellos
hoy mi humildad pudiera!   325

IRENE   Hace breve esta ausencia.   *Vase.*

MENÓN   Feliz fuera
amante que a adorar un sol se atreve,
si él a la ausencia hacer pudiera breve.

LISÍAS *(aparte)*   (Aunque el ver he sentido
que mi patria hoy a ser haya venido   330
vasalla del vasallo,
callaré, pues no puedo remediallo.)
La merced que os ha hecho
el Rey, Menón invicto, ya mi pecho
por propria reconoce;   335
largas edades vuestra edad la goce.

MENÓN   No dudo yo, Lisías,
tendréis por vuestras las venturas mías;
mas lo que a vos y a todos juntos digo

316   se prevenga: TP1 te prevenga, TP2 te preuenga
326   Hace = the imperative with the final d omitted. VT has Hazed
329   Only VT has the aside.
335   propria: TP2 propia

15

es que en mí, no señor, tendréis amigo 340
que a todos os estime,
y sólo a honraros el poder me anime.

CHATO   Pues si hoy amigo y no señor tenemos,
justo es que como amigos nos tratemos.
¿Cómo estáis? Y pues es cosa asentada 345
que a un amigo no se ha de callar nada,
y más cosas de pena y de cuidado,
sabed que con Sirene estoy casado.
Llegad acá, verá mi amigo agora
con qué cara amanezco cada aurora. 350

SIRENE ¿Es la vuesa mejor?

CHATO   No, mas la mía
no es mi mujer.

MENÓN   Dejad para otro día
el gusto de escucharos.
Lisías, hoy fiaros
de mi cuidado espero 355
la parte principal; venid, que quiero
que me advirtáis en todo
el estilo y el modo
de alojar, mientras pago aquesta gente;
y quiero juntamente 360
que noticias me deis de aquesta tierra,
y qué es lo que en sus términos encierra.

LISÍAS En todo he de serviros.

MENÓN   Viento, llévale a Irene estos suspiros;
y tú, diosa Fortuna, 365
condicional imagen de la luna,
estáte un punto queda;
diviértela tú, Amor, para su rueda,
para que sean testigos
los cielos, que una vez han sido amigos. 370

---

340 VT: es, que en mi, no señor tendreis, amigo
y sólo a honraros: TP1, TP2 y no solo a honraros

Vanse, y se quedan Chato y Sirene.

SIRENE   Bien veis cuán desvergonzado,
sin Dios, sin justicia y ley,
delante del proprio Rey
hoy conmigo habéis andado,
diciendo males de mí.   375

CHATO   No os cause aqueso inquietud,
que pensé que era virtud.

SIRENE   ¿Cómo?

CHATO   A un sacerdote oí
del dios Baco el otro día,
que sus sacerdotes son   380
con quien tengo devoción,
que hace mal el que decía
de sus propias cosas bien;
y como sos propria cosa
vos, puesto que sos mi esposa,   385
dije mal para hacer bien.

SIRENE   Pues ¿cómo dicen de mí,
cuantos de fuera me ven,
siempre muchísimo bien?

CHATO   Como os ven de fuera; oíd: 390
sale al templo una mujer,
y como no ha de reñir
con los dioses, viéndola ir
tan devota, al parecer,
dice la gente: 'Una santa   395

371   desvergonzado: TP1, TP2 desvanecido
373   proprio: TP2 propio
380   sus sacerdotes: VT los Sacerdotes
390   oíd: VT oì. Cf. 326
393   viéndola ir: VT veenla ir
395   dice la gente: 'Una santa: VT y dizen todos: què santa / es fulana!

es fulana'; y es porque
dentro en su casa no ven
la condición con que espanta.
    Sale luego a una visita,
y como allá no ha de dar   400
en casa ajena pesar,
dicen della: 'Una angelita
    es por cierto'. Mentecato,
vive con ella ocho días,
verás esas angelías   405
demonios a cada rato.
    Venla en la reja tocada,
y dicen que es muy hermosa.
Tonto, ese jazmín y rosa
retama era [azucarada].   410
    Sale a la calle prendida,
y dicen que limpia es.
Bruto, ¿no ves que no ves
la pata que está escondida?
    Si la vieras descalzada,   415
sin medias y sin zapatos,
dedos con más garabatos
que una letra procesada,
    nunca que es limpia dijeras;
pues que habiendo de asistir   420
al desnudar y vestir,
y más si tal vez la vieras,
    por los hombros un manteo,
en chapines ir, andando
con los pies de águila, cuando   425
es necesario el deseo,
    llegarás a conocer
que tú mirándola estás

397   no ven: VT no ve
405   angelías: TP1, TP2 Angelicas
409   ese jazmín y rosa: TP1, TP2 es jazmin, y rosa
410   retama era [azucarada]: TP1, TP2 retama era azul dorada, VT es
      retama destocada
420   pues que: VT pues què... VT clearly implies a question: pues què
      [dixeras]... but omits the necessary question-mark. The TP reading
      is quite acceptable.

18

como una mujer no más,
y yo como mi mojer. 430

SIRENE   Todo aqueso no es disculpa;
y bien que llegamos ya
a casa, y que sabré allá
absolveros desa culpa
con la tranca de la puerta.   435

Sale Floro.

FLORO   Una, dos, tres, aquí es.

CHATO   ¿Qué es aquí una, dos, tres?

FLORO   La casa en que se concierta
mi alojamiento.

CHATO   ¿Pues qué?

FLORO   ¿Sois vos a quien llaman Chato?   440

CHATO   Yo, no.

SIRENE   Sí es tal.

FLORO   Mentecato.
¿porqué lo negáis?

CHATO   Porque
me da a mí tanto pesar
soldado huésped tener,
como a mi mojer pracer;   445
y así quisiera negar
quién soy y la casa mía.

---

434   desa: VT de essa
436   TP1, TP2 combine speaker and stage-direction: *Sale Flor.*
437   una, dos, tres?: VT vna, dos, y tres?

19

FLORO   Leed esta boleta.

CHATO   No
leo bien veletas yo,
mi mojer sí.

SIRENE   ¡Qué porfía!   450
¿Aquí hay más, señor, que vos?
¿Por huésped nos heis caído?
Pues seáis muy bien venido,
donde os sirvamos los dos.

FLORO   Cese ya vuestra porfía,   455
que dar yo pesar no intento
jamás con mi alojamiento.

CHATO   Pues ésta es mi alojería.

SIRENE   Sos villano malicioso.
Entrad presto a prevenir   460
vos adonde ha de asistir.

CHATO   Ya vo.   *Vase.*

FLORO   Mil veces dichoso
he sido en haber venido
a conocer la piedad
vuestra y la gran voluntad   465
con que me habéis recibido.

SIRENE   En viendo un soldado yo,
se me quitan los enojos;
tras él me lleva los ojos.

FLORO   Ya con aqueso me dio   470
vuestra hermosura licencia
para un abrazo que os pido.

---

449   leo bien veletas yo: TP1, TP2 No leo bien; ver letra yo? VT gives
an excellent reading, correcting the verse pattern in the previous line
by transferring *No,* and at the same time making an excellent pun.
451   señor, que vos?: TP1, TP2 que vos, señor?, VT que vos, señor...
In all three the verse pattern is incorrect.
469   tras él me lleva los ojos: VT tràs èl se me vàn los ojøs

SIRENE A ningún recién venido
fuera el negarlo decencia;
   pero esto es en cortesía.   475

FLORO ¿Quién vio tan villano agrado?

Sale Chato.

CHATO ¡Válame Dios, sor soldado!
¿Pues tanta priesa corría,
   que no asperarais a entrar
en casa? Venid, por Dios,   480
no deis que decir de vos
en la calle.

SIRENE   Maliciar...

CHATO ¿Yo malicio?

FLORO   ...es muy mal vicio;
en cortesía me dio
este abrazo; y así, no,   485
no malicies.

CHATO   ¿Yo malicio?
   Ya sé yo que es muy cortés
Sirene, y esto advertí,
que está muy seguro en mí;
no os enojéis; entrad, pues,   490
   en buena hora, señor.

FLORO Pues que es más vuestra que mía,
venid acá en cortesía.   *Llevala de*
                                 la mano.

---

477 TP1, TP2 combine speaker and stage-direction: *Sale Cha.*
     sor: VT seor
478 priesa: VT prisa
479 asperarais: VT esperarais
482 Maliciar: TP1, TP2 Maliciar? But VT gives the speaker as *Floro*.
483 es muy mal vicio: TP1, TP2 Es muy mal hecho
486 no malicies: VT no malicieis. Calderón employed indiscriminately
     second persons singular and plural, e. g. *La vida es sueño*, 1096-7.
491 en buena hora: VT en hora buena

CHATO   Ya estamos solos, honor.

            ¿Qué hemos de hacer? ¿Qué sé yo?   495
Si el mundo bajo me hizo
de barro tan quebradizo,
y de bronce y mármol no,
            ¿qué hay que esperar, si me ven
quebrar al primero tri?   500
¿Eso dices, honor? Sí;
juro a Dios que dices bien.
            ¿Qué pie o brazo me ha quebrado
su abrazo? ¿De qué me asusto?
Fuera que sentir el gusto   505
del prójimo es gran pecado;
            y entre éstas y otras, yo,
por estarme discurriendo,
aun estorbar no pretendo
lo que otra venganza no.   510

Salen Libio y Arsidas.

LIBIO   ¡Ah villano, deteneos!

CHATO   Tengo un poco que estorbar,
y por ahora no hay lugar.

ARSIDAS   Responded a mis deseos.
            Decidme, ¿el Rey Nino, cuándo   515
a esta provincia llegó?

CHATO   Hoy llegó, y hoy se ausentó.

ARSIDAS   ¿Y hacia dónde va marchando?

CHATO   Hacia Nínive.

ARSIDAS   Y decid,
            ¿qué tanto Nínive está   520
de Ascalón?

---

498   y mármol: VT ò marmol
502   juro a Dios: VT juro à ñòs
505   sentir: VT el sentir
506   prójimo: TP1, TP2 primero
507   otras: VT estotras
510   lo que otra venganza no: VT quien igual vengança viò?
510+   VT *Sale Libio, y Arsidas, y detienen à Chato*
514   For the speaker TP1, TP2 have *Tires.,* VT *Arsid.*

CHATO   Pienso que habrá
cien millas.

ARSIDAS   ¿Por dónde? Oíd.

CHATO   Todo eso es cosa perdida;
si es que a mi gusto buscáis,
y por ahora me estáis   525
dando con la entretenida,
     no hay para qué; entrad los dos,
y en amor, compaña, acá
habraremos.   *Vase.*

ARSIDAS   Idos ya,
que no os quiero más; adiós.   530

LIBIO   ....
Que buscar al que venció
tu reino, y te despojó,
da que dudar y temer.

ARSIDAS   Lidoro, rey de Lidia desdichado   535
soy; pues sin ver jamás victoria alguna,
siempre, Libio, ojeriza fui del hado,
siempre cólera fui de la fortuna.
Nino de Siria, el más afortunado
rey que vio el sol debajo de la luna,   540
de mi Estado y mi patria me destierra,
que éstos son los estragos de la guerra.
     Con el último encuentro expiró el día,
y en un bruto, veloz Belerofonte,
me salí huyendo de la gueste mía   545
a las piedades rústicas del monte;

---

524   gusto: VT huesped
528   No text has commas enclosing compaña
531   Missing in TP1, TP2. VT has Di, que pretendes hazer?, and makes
        Libio the speaker up to 534.
532   buscar: TP1, TP2 buscais
535   No indication in TP1, TP2 that Arsidas is the speaker since the
        omission of 531 gave the impression that Arsidas has been the speaker
        from 529. VT corrects.
        Lidia: TP1, TP2 Libia
537   ojeriza fui: TP1, TP2 ojariza fue
538   fui: TP1, TP2 fue
545   gueste: TP2, VT hueste

ni más destino ni elección tenía,
que las líneas tocar de otro horizonte,
y así dejé el caballo a su albedrío,
si el suyo era mejor que lo era el mío.   550
   Después de haber gran rato caminado,
cuando lejos del campo estar pensaba,
viendo el bruto del pecho fatigado,
—mas ¡qué mucho si a todo me llevaba!—,
de una áspera montaña en lo intrincado   555
me apeo, y en un tronco que allí estaba
le arriendo, pues al ver su furia inmensa,
no es poco don el ocio en recompensa,
   arrójome en el suelo, y suspirando,
que es el mejor idioma de la queja,   560
cerca de mí, la estancia examinando,

....

....

voy, por si acaso descubrirse deja,
y un bulto veo agonizando en una   565
maleza, a los cambiantes de la luna.
   Acércome con ánimo piadoso,
casi ya en mis desdichas consolado;
que un desdichado pienso que es dichoso
en topando otro que es más desdichado.   570
Ella, con un suspiro lastimoso,
al verme, dijo: 'Pues llegáis, soldado,
a socorrerme con piedad humana,
sabed que Irene soy, de Nino hermana.
   En este último encuentro mi caballo   575
perdí, y como la noche oscura y fría
cerró, sola y herida y a pie me hallo,
sin gente, sin favor, sin compañía.'

552   pensaba: VT juzgaua
554   VT: (mas què mucho, si huyendo me lleuaua?). TP2 omits the
      exclamation mark.
555   una: TP1 vn
556   me apeo: VT me apeè
559   arrójome: TP2 arrojòme
562-3 Missing in TP1, TP2. VT has oygo vna voz, que misera se quexa: /
      por entre la espesura caminando
569   pienso: VT juzga
570   topando: VT hallando

En mis hombros la puse al escuchallo,
sin acordarme de la pena mía, 580
y piadoso con ella, cruel conmigo,
en el cuartel me entré de mi enemigo.

A este tiempo, que ser antes no pudo,
ya su gente la había echado menos,
y con trémula voz y dolor mudo 585
ya se miraban de esperanza ajenos;
yo, que poblados de esplendor no dudo
de la noche los páramos amenos,
doy voces; llegan, y ella, agradecida,
con este anillo me pagó la vida. 590

Vila a la luz, y vi de su hermosura
el milagro mayor, y en un instante
su beldad adoré; mas ¡qué locura,
el día que fui pobre ser amante!
Pero como la vi en la noche oscura, 595
jurisdicción de estrellas, no te espante
que a amarla me obligase y a querella,
presente a todo cuando sé mi estrella.

Lleváronla a la tienda sus soldados,
y yo, por no ser dellos conocido, 600
me quedé, viendo ya de mis cuidados,
con amor, todo el número cumplido;
el infeliz influjo de mis hados
a Batria me llevó, donde admitido
de Estorbato, viví en confusa llama, 605
que en fin descansa mal el que bien ama.

Vanse Arsidas y Libio; salen Menón y Lisías.

MENÓN   De todas cuantas grandezas
desta provincia me has dicho,
ésta que buscando vengo
solamente es la que admiro. 610

---

585   y dolor mudo: TP1, TP2 el honor mudo
587   yo, que: TP1, TP2 y que
591   su: VT la
598   VT has pues à todo presente està mi Estrella.
606+   TP1, TP2 do not have an indication of the departure of Arsidas and
      Libio, only *Salen Menon, y Lisias.* VT reads *Sale Meno[n], y Lisias;*
      va[n]se Arsidas y Libio. I have reversed the order.

Y así, en tanto que llegamos
a tocar el primer friso
de aquese rústico templo,
tarde de los hombres visto,
vuelve otra vez a contarlo,   615
que quiero otra vez oírlo,
porque se informe mejor
mi ardimiento de tu aviso.

LISÍAS   Yace, señor, en la falda
de aquel eminente risco,   620
una laguna, pedazo
de Leteo, oscuro río
de Aqueronte, pues sus ondas,
en siempre lóbregos giros,
infunden a quien las bebe   625
sueño, pereza y olvido.
En una isleta que hay
en medio de su distrito,
hay una ninfa de mármol,
sin que hasta hoy se haya sabido,   630
de tres lustros a esta parte,
ni quién ni por quién se hizo.
De estotra parte del lago
hay un rústico edificio,
templo donde Venus vio   635
hacer[se] sus sacrificios
bien poco ha; pero cesaron,
porque Tiresias nos dijo,
su sacerdote, que nadie
pisase en todo este sitio,   640
ni examinase ni viese
lo que en él está escondido;
que es cada tronco un horror,

611 en tanto que: VT mientras que
613 aquese: VT aqueste
621-3 VT reads pedazo / del Leteo obscurecido / de Aqueronte
624 lóbregos: TP2 lobregros
635 vio: TP1, TP2 viuiò
636 hacer[se]: TP1, TP2 a hazerle, VT hazerla

cada peñasco un castigo,
un asombro cada piedra 645
y cada planta un peligro.
Con esto, y con añadirse
a esto que algunos vecinos
destos montes, que tal vez
se hallaron en él perdidos, 650
han escuchado en el templo
mil veces roncos gemidos,
lamentos desesperados
y lastimosos suspiros,
ha crecido en todos tanto 655
el pavor, que nadie ha habido
que se atreva a examinar
la causa; y así, te pido
te vuelvas, señor, sin que
profanes los vaticinios. 660

MENÓN   Dar un corazón, Lisías,
a admiraciones, rendido
a los hechos de los dioses,
más tiene de sacrificio
que de irreverencia; ven 665
talando lo entretejido
destas peñas y estos ramos;
no temas, pues vas conmigo.

LISÍAS   No temo yo, mas recelo,
y uno de otro es muy distinto; 670
y aun no recelo tampoco
los riesgos a que me animo,
tanto como a esta maleza
no saber bien el camino;
y así, de aquesos villanos, 675
para eso sólo venidos,
permite, señor, que llame
alguno.

MENÓN   Que llames, digo,
al más experto en el monte.

LISÍAS	Este dicen que lo ha sido,	680
	por haberse en él criado.	
	Llega, Chato.	

Sale Chato.

CHATO	¿Qué hay, amigo?	
	Un soldado me enviasteis	
	a mi casa, el más bonito;	
	tan hallado en ella está,	685
	que parece nuestro hijo.	

MENÓN	Dime, ¿tú sabes el monte?

CHATO	Sabíale, mas magino	
	que no le sabré después	
	que hay encantos y hay hechizos.	690

MENÓN	Guíame al templo de Venus.

CHATO	¡Ay, señor! Un desatino	
	tamaño como este puño	
	su merced agora dijo.	
	¿Al templo de Venus yo,	695
	habiendo Tijeras dicho	
	que allá no vamos, porque	
	hay potrentos y prodigios?	

MENÓN	Sí, villano, guía presto.

CHATO	Si ha de ser, venid conmigo,	700
	que por aquí es.	

MENÓN	Nunca vi
	tan confuso laberinto
	de bien marañadas ramas
	y de mal compuestos riscos.

687 VT reads Dime, sabes bien el monte?
698 potrentos y prodigios?: TP1, TP2 postreros, y prodigios?, VT potrentos, y proligios?

Dentro Semíramis.

SEMÍRAMIS	¡Ay infelice de mí!	705

CHATO   ¡Ay de mí!

MENÓN   ¿No habéis oído
una voz?

CHATO   ¡Plubiera a Baco!...

LISÍAS   ¡Qué temeroso suspiro!

MENÓN   Oigamos por si otra vez
se oye el eco más distinto.   710

SEMÍRAMIS   ¡Oh monstruo de la fortuna!
¿Dónde vas sin luz ni aviso?
Si el fin es morir, ¿porqué
andas rodeando el camino?

LISÍAS   Mujer es la que lamenta   715
de la fortuna.

CHATO   Un hechizo
tiene que se entra en el alma.

MENÓN   ¿Con quién hablará?

SEMÍRAMIS   Contigo,
contigo, fortuna, hablo.

MENÓN   Ya me equivocó el aviso.   720

SEMÍRAMIS   Pero no me has de vencer;
que yo, con valiente brío,
sabré quebrarte los ojos. .

717 TP1, TP2 sentra en ellalma, VT se entra en ellalma

29

MENÓN	Sin luz quedaron los míos	
	al oírlo; rayo fue	725

MENÓN   Sin luz quedaron los míos
al oírlo; rayo fue   725
otra vez, que mis sentidos
frías cenizas ha hecho
acá dentro de mí mismo.
¡Qué frenesí!, ¡qué locura!
¡Qué letargo!, ¡oh qué delirio!   730

LISÍAS   Vuélvete.

MENÓN   ¿Volverme yo
sin haberlo todo visto?
Entra en lo más intrincado.

CHATO   No puedo, porque me intrinco
yo también.

Sale Tiresias.

TIRESIAS   Detén el paso,   735
oh ignorante peregrino,
que deste sagrado coto
osas penetrar el sitio.

CHATO   Este es Tijeras.

MENÓN   Llamado
de mi valor he venido,   740
aquí, Tiresias, no a hacer
sacrílegos desperdicios
de las leyes de los Dioses,
sino como su ministro
yo también, pues soy señor   745
desta provincia, a cumplirlos.

725-6 rayo fue / otra vez: TP1, TP2 vano fue / otra vez, VT rayo fue / otra voz
729-30 TP1, TP2 have a question-mark after delirio, VT an exclamation after each phrase but omits the oh in 730
739 Este es Tijeras: TP1, TP2 Espera, Tixeras
741-2 no a hacer / sacrílegos desperdicios: TP1, TP2 no hazen / sacrilegios, desperdicios

Y así vengo a que me des
parte de aqueste prodigio
que guardas, para saber
si la causa que has tenido   750
para alterar esta tierra
es religión o es delito.

TIRESIAS   En vano lo has intentado,
porque yo no he de decirlo.

MENÓN   ¿Qué mujer es la que llora   755
de la fortuna castigos?

TIRESIAS   No sé de ninguna yo,
ni la he hablado ni la he visto.

SEMÍRAMIS   ¡Ay infelice de mí!

MENÓN   Aquí dentro es el gemido;   760
negarlo todo, ya es
de tu grave culpa indicio;
abre esa puerta.

TIRESIAS   Primero
que las llaves, que conmigo
están, a hombre humano entregue,   765
cumpliendo los vaticinios
de mi diosa, me daré
la muerte; y así, atrevido,
ese lago a mi cadáver
le dé sepulcro de vidrio.   *Vase.* 770

LISÍAS   En el lago se arrojó.

CHATO   La última necedad hizo.

---

752   es religión o es delito: TP2 es religion ò delito, VT es Religion, ù
      delito
758   ni la he visto: VT ni visto
759   SEMÍRAMIS: TP2 Lem, VT *Sem.dent.*
770   le dé sepulcro de vidrio: VT dará sepulcro de vidrio

MENÓN   Nada me causa pavor;
a romper me determino
las puertas. Horrible monstruo,   775
que aquí encerrado has vivido,
sal a ver el sol.

Sale Semíramis.

SEMÍRAMIS   ¿Quién llama?

MENÓN   Mejor dijera divino
monstruo, pues truecas las señas
de lo rústico en lo lindo,   780
de lo bárbaro en lo hermoso,
de lo inculto en lo pulido,
lo silvestre en lo labrado,
lo miserable en lo rico.

SEMÍRAMIS   No menos me admira a mí   785
confundir, cuando te admiro,
las equivocadas señas
de lo piadoso y lo altivo,
de lo gallardo y lo fuerte,
de lo amable y de lo esquivo.   790

CHATO   Si todos los monstruos son
como aqueste monstruocico,
yo pienso llevarme uno,
dos o tres, o cuatro o cinco.

MENÓN   ¿Quién eres? Cómo o porqué   795
aquí encerrada has vivido,
me cuenta.

SEMÍRAMIS   Lo que de mí
sé, por lo que otro me dijo,
escucha: Bizarro joven,
a quien con vergüenza miro,   800

776   encerrado: TP1, TP2 encerrada
795-7   VT reads Quien eres, como ò porquè / aquí encerrada has viuido, / me cuenta. The only error in TP is a question-mark after cuenta.
799   Punctuation in VT is escucha, bizarro jouen,...

porque el segundo hombre eres
que hasta hoy cara a cara he visto,
Arceta, una ninfa bella
que en estos campos floridos
fue consagrado a Diana   805
en todos sus ejercicios,
festejada de un amante,
fue pagando con desvíos
las finezas; que lo ingrato
sólo en la mujer no es vicio.   810
El, a este templo de Venus
una y muchas veces vino,
como era madre de amor,
a rendirle sacrificios.
Venus, del culto obligada,   815
ya que quererle no hizo,
hizo que hallarla pudiese
en el despoblado sitio
deste monte, donde necio
hizo el mérito delito.   820
Bajo género de amor
debe de ser en los ritos
suyos, que yo hasta agora ignoro,
la violencia, si imagino
que no quiso como noble   825
quien como tirano quiso;
pues no es victoria del alma
aquella que yo consigo
sin la voluntad de quien
no me la dé por mí mismo.   830
Desta especie de bastardo
amor, de amor mal nacido,
fui concepto. ¿Cuál será
mi fin, si éste es mi principio?
Mañosamente quejosa,   835

807-8 VT reads festejada de vn amante / fue,
814   rendirle: VT rendirla
823   VT brackets que yo hasta aora ignoro
834   éste es: TP2 es este
835   quejosa: TP1, TP2 quejoso

Arceta se satisfizo
de sus disculpas, bien como
la serpiente que con silbos
halaga para morder;
y fue así, pues divertido   840
le aseguró con blanduras,
hasta que rosas y lirios
que se hizo tálamo torpe,
torpe túmulo ella hizo.
Dióle muerte con su acero,   845
y pasando los precisos
términos que estableció
Naturaleza consigo,
llegó severo el infausto,
el infeliz, el impío   850
día de su parto, en tal
horóscopo, según dijo
Tiresias, que estaba todo
ese globo cristalino,
por un comunero eclipse,   855
que al sol desposeerle quiso
del imperio de los días,
parcial, turbado y diviso,
tanto, que entre sí lidiase[n]
sobre campañas de vidrio   860
las tropas de las estrellas,
las escuadras de los signos,
acometiéndose airados,
y ensangrentándose a visos.
En civil guerra los dioses   865
vieron ese azul zafiro,
en sus ejes titubeando,
desplomado de sus quicios.

836   satisfizo: TP1 sasisfizo
838   con silbos: TP2 con sus siluos
844   torpe túmulo: TP1, TP2 torpe talamo. A play on words seems to be
      intended; VT is therefore preferable.
845   Dióle muerte: TP1 Diò la muerte, TP2 Diola muerte
859   lidiase[n]: TP1, TP2 lidiasse, VT lidiaron. The TP reading could be
      an abbreviated form of the plural subjunctive.
863   airados: VT à rayos

34

Arceta, temiendo más
su opinión que su peligro,   870
sola al monte se salió,
y en el más hondo retiro
llamó a Lucina, que al parto
vino tarde, o nunca vino;
pues víbora humana yo,   875
rompí aquel seno nativo,
costándole al cielo ya
mi vida dos homicidios.
Aquí fue donde Tiresias
me contó, mas indeciso,   880
de la suerte que me halló.
¡Quién supiera repetirlo!
A los últimos alientos
de Arceta y a mis gemidos
acudieron cuantas fieras   885
contiene el monte en su asilo,
y cuantas aves el viento;
pero con fines distintos,
porque las fieras quisieron
despedazarnos y herirnos,   890
y las aves defenderlo,
estorbarlo y resistirlo.
En esta lid nos halló
Tiresias, que había salido
a hacer del mortal eclipse   895
no sé qué astrólogo juicio;
y viendo de fieras y aves,
en dos bandos divididos,
un duelo tan desusado,
un tan nuevo desafío,   900
llegó al lugar, vióme en él,
y llevándome consigo,
vio que le seguían las aves,
llevando en garras y en picos

871   sola al monte: TP1, TP2 totalmente
882   VT brackets quien supiera repetirlo!
885   cuantas: TP1 quautas

de las rústicas majadas　　　　　　　905
hurtados los lacticinios,
que ser pudiesen entonces
primero alimento mío.
A tanto portento absorto,
fue a consultar el divino　　　　　　910
oráculo de su Venus,
que desta suerte le dijo:
'Esa infanta, alumna es mía,
y como siempre vivimos
opuestas Diana y yo,　　　　　　　915
la ofende ella, y yo la libro.
Corrida de ver violada
una ninfa suya, quiso
que las fieras la ocultasen
hoy en los sepulcros vivos　　　　　920
de sus vientres; pero yo,
que a defenderla me animo,
porque fui primera causa
que alma y vida la dedico,
las aves, como, en efecto,　　　　　925
diosa del aire, la envío
a que la defiendan; ellas,
a ley de preceptos míos,
serán desde hoy sus neutrices,
trayéndola a aqueste sitio　　　　　930
cada día su alimento,
bien que a costa del aviso
que no sepan nunca della
los hombres; porque he temido
que Diana ha de vengarse　　　　　935
de mí en ella, y con prodigios
ha de alterar todo el orbe,
haciendo que sea el peligro
más general su hermosura,
que es el don que tiene mío.　　　　940

927　TP1, TP2 have a que la defiendan ellas,... The semi-colon in VT gives
a better reading.
930　trayéndola a aqueste: TP2 trayendola aqueste
932　bien que: TP1, TP2 qual
934　he temido: TP1, TP2 han temido

Excusa, pues, los insultos,
los escándalos, los vicios,
los alborotos, las ruinas,
las muertes y los delitos
que han de suceder por ella,   945
hasta que al rey más invicto
haga tirano, hasta que
muera en fatal precipicio'.
Dijo la diosa, añadiendo
que al yerto cadáver frío   950
de Arceta lo colocase,
ya en un mármol convertido,
en medio de esa laguna.
Todo Tiresias lo hizo,
y así, en aquesta prisión   955
tantos años me ha tenido,
sin que sepa más que aquello
sólo que enseñarme quiso;
y como en la lengua siria,
quien dijo pájaro, dijo   960
Semíramis, este nombre
me puso, por haber sido
hija del aire y las aves,
que son los tutores míos.
Pues que tú, gallardo joven,   965
hoy la cárcel has rompido
que fue mi centro, te ruego
que allá me lleves contigo,
donde yo, pues advertida
voy ya de los hados míos,   970
sabré vencerlos; pues sé,
aunque sé poco, que impío
el Cielo no avasalló
la elección de nuestro juicio.
Esto postrada te ruego,   975
esto humillada te pido,
como mujer te lo mando,

946   hasta que: TP1, TP2 desde aqui
951   lo: VT le
969   pues: TP2 pude

como esclava lo suplico;
porque si hoy la ocasión pierdo
de verme libre, mi brío   980
desesperado sabrá
darse la muerte a sí mismo,
donde la misma razón
de excusar mi precipicio
será la que le apresure;   985
pues nada se vio cumplido
más presto que lo que el hombre
que no fuese presto quiso.

MENÓN   Alza, Semíramis bella,
del suelo, porque es indigno   990
que esté en el suelo postrado
todo el cielo que en ti he visto.
Prodigiosamente hermosa
eres, y aunque en ti previno
el hado tantos sucesos,   995
ya tú doctamente has dicho
que puede el juicio enmendarlos;
¡dichoso el que llega a oírlos!
Y así, Semíramis, hoy
he de llevarte conmigo,   1000
donde tu hermosura sea,
aun más que escándalo, alivio
de los mortales.

SEMÍRAMIS   Adiós,
tenebroso centro mío,
que voy a ser racional,   1005
ya que hasta aquí bruto he sido.

MENÓN   Ea, vuelve tú a guiarnos.

CHATO   Yo era un tonto, y lo que he visto
me ha hecho dos tontos; no sé
si he de acertar el camino.   1010

987 lo que: TP2 la que

LISÍAS   ¿Contigo la llevas?

MENÓN   Sí.

LISÍAS   ¡Plegue a Júpiter...

MENÓN   ¿Qué? Dilo.

LISÍAS   que, gusano humano, no
                labres tu muerte tú mismo!

1012 Plegue: TP1, TP2 Plega
1014+ TP2 has *Semirams*

JORNADA SEGUNDA

Salen Menón y Semíramis, de villana.

MENÓN
En esta apacible quinta, 1015
adonde el mayo gentil
los países que el abril
dejó bosquejados, pinta,
aunque es esfera sucinta
para el sol de tu hermosura, 1020
cuya luz ardiente, pura,
vence al rosicler del día,
bella Semíramis mía,
es donde estarás segura,
    en tanto, ¡ay de mí!, que yo 1025
vuelvo a la Corte a asistir.

SEMÍRAMIS
¿Luego no tengo de ir
contigo a la Corte?

MENÓN
                    No.
Mi amor tus hados temió,
y así, aquí a vivir disponte, 1030
pues este florido monte,
verde emulación de Atlante,
no está dos millas distante
de Nínive, su horizonte.
    Y así, sin que los divida 1035
más que esa punta elevada,
que está de nubes tocada

1021 ardiente, pura: VT ardiente, y pura
1025 VT brackets ay de mí!
1036 esa: VT esta
      elevada: TP1, TP2 eliuada

40

y de flores guarnecida,
en ese traje vestida
por sus campos te divierte,   1040
que yo, mi bien, vendré a verte
cada noche.

SEMÍRAMIS   Bien, Menón,
muestras así cuántos son
los acasos de mi suerte,
    vasallos de tu albedrío;   1045
pues el mío en este día,
sólo hacerme compañía
es lo que tiene de mío.

MENÓN   Bien de tus finezas fío
todo aquese rendimiento,   1050
y bien de mi pensamiento
fío que te le merece,
pues sólo a vivir se ofrece
a tanta hermosura atento.
    Tú a mi amparo agradecida,   1055
y con mi amor enojada,
mi amparo te halló obligada
y mi amor te halló ofendida.
Dijísteme que tu vida
hija de un delito era   1060
de amor, y que así no era
posible tener amor
a quien primero tu honor,
que su gusto, no quisiera.
    Palabra de ser tu esposo   1065
te ofrecí; con que no alcanza
mi fe más que la esperanza
de que seré tan dichoso;
si en este estado amoroso
hoy a la Corte me voy,   1070

1044   acasos: TP1, TP2 ocasos
1052   TP1 has fío que que te le merece
1053   sólo a: TP1, TP2 sola a
1054   atento: TP1 atente
1066   con que: TP2 con quien

y dejo tu beldad hoy
aquí, bien me ha disculpado
el ver cuán amenazado
de tus influjos estoy.

Yo no me puedo casar, 1075
que esto es obediencia y ley,
sin dar cuenta dello al Rey;
mientras lo voy a tratar
y lo vuelvo a efectuar,
que en esta quinta te estés, 1080
prevención, no prisión es;
aunque todo lo es, señora,
que no he de negarte ahora
lo que has de saber después.

Pues si ocultarte pudiera, 1085
tanto mi amor te ocultara,
que ni el sol viera tu cara
ni el aire de ti supiera;
si hacerla pudiera, hiciera
una torre de diamante; 1090
y para que más constante
fuese, Semíramis bella,
a todas las llaves della
quebrara luego al instante.

Pero esto es encarecer 1095
mis afectos, y no más,
que dueño, mi bien, serás,
llegando mi esposa a ser,
de alma, vida, honor y ser;
que mal de [tu] libertad, 1200
para mi seguridad,
yo, Semíramis, pretendo
tener las llaves, teniendo
tú las de mi libertad.

1079 efectuar: TP2 afectuar
1092 fuese, Semíramis bella,...: TP1 fuesse mi Seramis bella,... TP2 fuesse
mi Semiramis bella,... It is clearly the tower, not Semíramis, which
should be *constante*.
1200 que mal de [tu] libertad: TP1, TP2 que mal de mi libertad, VT que
mal oy de tu lealtad

SEMÍRAMIS   Tan sagrado es el precepto   1205
tuyo, que humilde y postrada,
vivir del sol ignorada,
y aún de mí misma prometo.
Yo de mí misma, a este efecto,
no sabré; porque si a mí   1210
yo me pregunto quién fui,
yo a mí me responderé
que yo no lo sé, y iré
a preguntártelo a ti.

MENÓN   Los villanos que vinieron   1215
de Ascalón para servirte,
aquí podrán divertirte,
pues tanto gusto te dieron.

SEMÍRAMIS   Es verdad, porque ellos fueron
en quien lisonja hallé alguna,   1220
cuantas veces importuna
atormenta mis cuidados
la tormenta de mis hados
y el rigor de mi fortuna.

Sale Lisías.

LISÍAS   Ya, señor, la gente espera   1225
que contigo ha de partir.

MENÓN   ¡Oh, quién se pudiera ir
de suerte que no se fuera!
Adiós, dueño mío, y espera
que presto a verte vendrá   1230
quien sin ti y sin alma va,
aunque siempre será tarde.

1208   y aún: TP1, TP2 aun
1209-10   Yo de mí misma, a este efecto, / no sabré...: TP1, TP2 yo misma,
     a este efecto, / no sabrè;...
1211   fui: TP1, TP2 fuy?
1212   yo a mí me responderé: TP2 yo à mi responderè

SEMÍRAMIS Júpiter tu vida guarde.

MENÓN Y la tuya aumente.

Vase Menón y Lisías.

SEMÍRAMIS Ya,
 grande pensamiento mío,   1235
que estamos solos los dos,
hablemos claro yo y vos,
pues sólo de vos confío:
mi albedrío, ¿es albedrío
libre o esclavo? ¿Qué acción,   1240
o qué dominio, elección
tiene sobre mi fortuna,
que sólo me saca de una
para darme otra prisión?
 Confieso que agradecida   1245
a Menón mi voluntad
está; pero ¿qué piedad
debe a su valor mi vida,
de un monte a otro reducida?
 Aunque si bien lo sospecho,   1250
la causa es, que de mi pecho
tan grande es el corazón,
que teme, no sin razón,
que el mundo le viene estrecho,
 y huye de mí. En fin, ¿jamás   1255
más que un bruto no he de ser?
Cielos, ¿no tengo de ver,
sino imaginar no más,
cómo es el vivir?

[Dentro Chato.]

CHATO Sí harás.

1258+ TP1 combines speaker and stage-direction *Dentr. Chat.* before
   Si haràs. TP2 has *Dent. Chat.*, VT *Chat. dent.*

SEMÍRAMIS   ¿Quién me ha respondido?

SIRENE   Dios,   1260
que en eso el mundo a los dos
oirá.

CHATO   Sí oirá, que ya sé...

SEMÍRAMIS   Si hablas conmigo, di, ¿qué?

CHATO   Que todo el mundo con vos
       no se podrá averiguar,   1265
porque sois una atrevida;
pero costaráos la vida.

SEMÍRAMIS   Ya me deja ese pesar
que temer y que dudar.

SIRENE   El mesmo Rey sabrá presto   1270
quién sois.

SEMÍRAMIS   En dudas me ha puesto
una cosa.

CHATO   Claro está;
pero a alguna pesará
más que a mí.

SIRENE   ¡Ay de mí!

Sale Sirene huyendo y Chato tras ella.

SEMÍRAMIS   ¿Qué es esto?

1260   *Sirene:* VT *Dentro Sirene.*
1261   que en eso el mundo: VT viue, que el Mundo
1268   ese: TP2, VT este
1270   *Sirene:* TP1, TP2 *Lis.*
       mesmo: TP2 mismo
1271   En dudas: VT En duda
1272   una cosa: VT vn acaso
1273   alguna: VT alguno
1274   *Sirene:* TP1, TP2 *Lis.* The stage-direction, which seems desirable, occurs only in VT.

45

CHATO   Un poco es.

SEMÍRAMIS   Mirad que yo   1275
estoy aquí.

CHATO   Y aun por eso,
si la verdad os confieso,
quijera que agora no
    me veais, cuando agora llego
al garrote.

SEMÍRAMIS   ¿No os tenéis?   1280

CHATO   Dejadla pegar; veréis
[la gracia con] que la pego.

SIRENE   Tenle, señora.

SEMÍRAMIS   Mirad.

CHATO   Este está ya levantado
y ha de caer hacia algún lado;   1285
porque no os coja, apartad,
    que así quedarme no es bien
toda mi vida, señora.

SEMÍRAMIS   Pues ¿porqué reñís agora?

SIRENE   Yo lo diré.

CHATO   Yo también.   1290

SIRENE   No lo habéis vos de decir
porque sos un embustero.

CHATO   No me quedo a vos zaguero
en materia de embestir.

SIRENE   Yo habraré.

1279-80 me veais, cuando agora llego / al garrote: VT os vais, quando à aga-
     rrar llego / el garrote
1282 [la gracia con] que la pego: TP1, TP2, VT con la gracia que la pego
1284 está ya: VT ya està
1293 No me quedo: VT Yo me quedo
1294 embestir: VT embustir

CHATO	No, sino yo.	1295
SIRENE	No conviene.	
CHATO	Sí conviene.	
SEMÍRAMIS	Decid vos; callad, Sirene.	

CHATO
Oíd si tengo causa o no.
    Finalmente quiso Dios,
como digo de mi cuento,   1300
si no lo habéis por enojo,
que a vivir en nueso puebro,
cuando allí estuvo el Rey Nino,
le dieron alojamiento
en nuesa casa a un soldado,   1305
cariñoso por estremo;
pues desde el primer instante
que entró, nos entró diciendo
que abrazaba en cortesía
si en ella se abraza recio.   1310
He aquí que Menón se estuvo
algunos días, primero
que despachase la gente.
He aquí que el soldado nueso
también se estuvo; llegó   1315
de la despedida el tiempo;
fuéronse todos, y a él solo
le pareció que era presto;
estúvose un poco más
que los otros, que, en efeto,   1320
quien no hace más que otro, más
no vale, dice un proverbio.
Mostrábale mala cara
yo —bastaba la que yo tengo—,
y buena Sirene, si es   1325
que la suya puede serlo.

1302   a vivir: VT al viuir
        nueso: TP1, TP2 vuesso
1308   nos entró diciendo: VT nos vino diziendo
1317   todos: TP1, TP2 los dos

El, que no estaba muy ducho
en entender bien a gestos,
el de Sirene entendía,
y no el mío; con aquesto   1330
comía como un descosido,
que es poco como un hambriento.
Harto ya, o por no hacer falta
en la guerra, trató luego
de partirse, mas mandó   1335
que le vengamos sirviendo.
Bien pensé yo, y pensé mal,
que fuera la ausencia medio
para que el señor soldado
mos dejara; pues fue yerro;   1340
que entrando a comer ahora,
me le hallé en casa, diciendo:
'¿Era hora de venir?
Amigo, un siglo ha que espero'.
No [abrí] la puerta, que diz que   1345
el reñir no es buen acuerdo
a las horas del comer;
comimos, y él muy contento
se fue, hasta hora de cenar,
a pasear por esos cerros.   1350
Yo, en viéndome solo, dije:
'Ah, Sirene, ¿cómo es esto?
¿Fuera de las cinco leguas
tiene aqueste alojamiento
jurisdicción?' Ella entonces   1355
me dijo que, si la aprieto,
que ha de huir de mí. 'Sí harás',
la dije un poco más recio,
y aquí comenzó el amago.
Vióle y dijo: 'Sobre eso   1360
el mundo nos ha de oír'.

1345 No abrí la puerta: TP1, TP2 No abra la puerta, VT No habrè palabra
1352 ¿cómo es esto?: TP1, TP2 como en esto,...
1355 jurisdicción?: TP1, TP2 jurisdicion:...
1357 que ha de huir: VT se ha de huir

'Sí oirá', dije, 'porque es cierto
que no se ha de averiguar
con vos todo el mundo entero,
porque sos una atrevida'.   1365
'El Rey', dijo, 'ha de saberlo'.
'Sí sabrá', la respondí,
'pero pesaréle deso
más a otro'; y cayó el amago,
dio gritos, vino corriendo,   1370
llegasteis vos, y quedóse
por hoy remitido el pleito
hasta que el señor soldado
venga y diga qué hay en esto.

SEMÍRAMIS   ¡Cuánto, si agora estuvieran   1375
con gusto mis pensamientos,
de aquesta simplicidad
me riera!; mas no puedo;
que fuera hacer de la risa
desaire a mis sentimientos.   *Vase.* 1380

CHATO   Fuese sin hablar palabra.
¿Si es el soldado su deudo?

SIRENE   ¿Qué había de hablar a un hombre
que tiene tan mal pergeño,
que de su mujer legítima   1385
aún es malo lo que es bueno?

CHATO   ¿Pues es bueno que otro coma,
y yo calle?

SIRENE   Deteneos.
Si éste es un pobre soldado,
¿no ha de buscar su remedio?   1390

1368-9 pesaréle deso / más a otro: TP1, TP2 pesaràme desso; / mas a otro,
        VT pesaràle dello / mas à otro
1382   Only VT makes this an interrogative.
1385-6 VT reads que haze de su muger propria / que sea malo lo que es
        bueno?

CHATO   ¿Digo yo que no le busque?
            Mas búsquele en el infierno.

SIRENE   ¿Porqué no le decís vos
            que se vaya?

CHATO   No me atrevo.

SIRENE   Pues si vos no os atrevéis,   1395
            ¿qué puedo hacer yo?

CHATO   Atreveros,
            y decirle que se vaya;
            que por vos lo hará más presto.

SIRENE   ¿Yo decirle tal? ¡Mal año!   *Vase.*

CHATO   Será por tenerlo bueno.   1400
            ¿Qué haré yo deste soldado?
            Vulcano, a ti me encomiendo;
            dímelo tú, pues que tú
            eres dios que entiendes desto.

Vase, y sale Menón y Nino por otra puerta, y gente.

MENÓN   Hasta llegar a tus plantas,   1405
            que son mi centro y esfera,
            violento diré que estuve.

NINO   Con bien, noble Menón, vengas;
            alza del suelo; a mis brazos,
            que son centro tuyo, llega.   1410
            ¡Oh, cuántas veces mi amor
            te ha culpado tanta ausencia!

MENÓN   ¿Cómo en Nínive te hallas?

1398 lo hará más presto: TP1, TP2 lo hará mejor
1404+ VT has *Vase, y sale Menon, y Nino / por otra parte, y gente.*
1406 y esfera: VT y mi esfera
1409 alza: TP1, TP2 alçad

NINO   Muy mal hallado se muestra
                mi corazón en el blando   1415
                monstruo que en la paz se engendra.
                Por ser su imagen la caza,
                cada día salgo a ella;
                y así, para aquesta tarde
                los monteros se prevengan.   1420
                ¿Cómo la gente partió?

MENÓN   Rica, señor, y contenta.

NINO   Y dime, ¿Ascalón no es
                una provincia muy bella?

MENÓN   Es dádiva de tu mano;   1425
                no hay más con que la encarezca.
                Fuera de que, cuando no
                fuese fértil y opulenta
                de cuantos dones reparte
                  1430
                todo lo fuera, señor,
                por un tesoro que en ella
                he descubierto, que a ti
                traición negártelo fuera.

NINO   ¿Qué tesoro?

MENÓN   Una mujer   1435
                prodigiosa.

NINO   ¿Encarec[e]s
                una mujer por tesoro?

MENÓN   Sí, señor.

1416   After 1416 VT has Por ser imagen la caza, / de la guerra, salgo a
       ella;... Calderón clearly had a reference to the hunt as an image of
       war — see my note to 1417 — but in this passage of *romance* it is impos-
       sible to tell how many lines were actually lost.
1430   Missing in TP1, TP2. VT has prodiga naturaleza
1436   ¿Encarec[e]s: TP1, TP2 Encareceis, VT Y ay quien tenga

NINO   Por más que sea
bella y sabia, que son partes
que hacerla pueden perfecta,   1440
¿será más de una mujer?

MENÓN   Más será.

NINO   ¿De qué manera?

MENÓN   Siendo un asombro, un prodigio;
y así, me has de dar licencia
para pintártela, siendo   1445
hoy el lienzo las orejas,
mis palabras los matices,
y los pinceles mi lengua.
Estaba de toscas pieles...

DENTRO   ¡Plaza, plaza!

NINO   Tente, espera;   1450
no prosigas la pintura
hasta que quién causa sepas
ese rumor que he sentido.

MENÓN   Mi señora la Princesa
de su cuarto pasa al tuyo,   1455
y ya en esta sala entra.

Salen Irene y Silvia.

IRENE   A daros la bienvenida,
o recibiros pudiera...

MENÓN   Guárdeos el Cielo, aunque ya
tarde lo uno y lo otro sea.   1460

IRENE   Dame, gran señor, tu mano.

1446   las orejas: VT tus orejas
1460   sea: TP1, TP2 cessa

NINO   ¡Oh, Irene divina y bella!,
bien este favor merece
mi amor.

IRENE   No me lo agradezcas,
que una pretensión me trae.   1465

NINO   ¿Qué habrá que negarte pueda?
Sin saberla, la concedo;
di agora, pues.

IRENE   Ya te acuerdas
que en la batalla de Lidia
quedé en el campo por muerta;   1470
que me dio vida un soldado
y me llevó hasta mi tienda.
Pues este soldado agora,
por no volverse a su tierra
sin que el socorro le pague,   1475
me ha hecho contigo tercera
de su pretensión.

NINO   ¿Qué ha sido?

IRENE   Servirte, señor, intenta
en la Corte.

NINO   Tú, después,
infórmate de quién sea,   1480
y, conforme a su persona,
oficio en mi casa tenga.

IRENE   ¡Silvia!

SILVIA   Señora.

1483   VT has question-marks after Silvia and Señora.
A un criado: TP1, TP2 Vn criado

IRENE   A un criado
di que le dé la respuesta.
Con esto, señor, si estás   1485
divertido en tus diversas
obligaciones, no es justo
que estorbe; dame licencia.

NINO   Nunca tú, Irene, has podido
estorbar, y más en esta   1490
ocasión, donde no son
los despachos la materia
que se trata; antes, agora
estimo que a tiempo vengas
en que, escuchando a Menón,   1495
algún rato te diviertas;
porque pintándome está
una divina belleza,
no perturbemos aora
al gusto con que lo cuenta.   1500
Prosigue desa hermosura
muy por extenso las señas.

IRENE   Sí, señor, y yo también
me holgaré ya de sabellas.

MENÓN   Ya no podré yo decirlas,   1505
que retórica muy necia
será, habiendo vos llegado,
que otra hermosura encarezca.

NINO   La que es deidad no es mujer,
ni hace número con ellas.   1510
Irene es deidad, Menón;
di lo que dices, y piensa
que será ofenderla más
la atención de no ofenderla.

1501   desa: VT de essa
1503   Sí, señor, y yo también: VT Si Menon, que yo tambien
1504   sabellas: VT saberlas

IRENE	Si no os riñera mi hermano,	1515
	yo de otra suerte os riñera.	
	Decid; que yo ser no puedo	
	para nada consecuencia.	
MENÓN	Sí haré. (Aparte). (¿Qué temo, si ya	
	poco importa que se ofenda?)	1520
	Digo, señor, que en el centro	
	hallé de una oscura cueva	
	bruto el más bello diamante,	
	bastarda la mejor perla,	
	tibio el más ardiente rayo,	1525
	y la más viva luz, muerta.	
	Estaba de toscas pieles	
	vestida, para que hicieran	
	lo inculto y florido a un tiempo	
	armonía más perfecta;	1530
	bien como un bello jardín	
	en una rústica selva,	
	más bello está cuando está	
	de la oposición más cerca.	
	Suelto el cabello tenía,	1535
	que en dos bien partidas crenchas,	
	golfo de rayos al cuello	
	inundaba; y de manera	
	con la libertad vivía	
	tanta república de hebras	1540
	ufana, que inobediente	
	a la mano que las peina,	
	daba a entender que el precepto	
	a la hermosura no aumenta,	
	pues todo aquel pueblo estaba	1545
	hermoso sin obediencia.	
	Ni bien rubio, ni bien negro	
	su variado color era,	
	sino un medio entre los dos:	
	como en la estación primera	1550

1519-20 TP1, TP2 have Si harè; que temo, si ya / poco importa que se ofenda..., VT Si harè: què temo? si ya / poco importa que se ofenda. Only VT gives an aside. The question-mark is clearly preferable after ofenda.

del día luces y sombras
confusamente se mezclan,
que ni bien sombras ni luces
se distinguen; así, hecha
del azabache y del oro   1555
una mal distinta mezcla,
crepúsculo era el cabello,
siendo sus neutrales trenzas
para ser negras, muy rubias,
para ser rubias, muy negras.   1560
No de espaciosa te alabo
la frente, que antes en esta
parte sólo anduvo avara
la siempre liberal maestra;
y fue sin duda porque   1565
queriendo, señor, hacerla
de una nieve que hubo acaso,
la hubo de dejar pequeña,
porque no le fue posible
que entre la más pura y tersa   1570
se hallase ya un poco más
de una nieve como aquélla.
Una punta del cabello
suplía la falta, y era
que a las cejas acechaba,   1575
como diciendo: 'Estas cejas
hijas son de mi color,
y quiero bajar por ellas
porque el amor no se alabe
de que las llevó por muestra'.   1580
Los ojos negros tenía:
¿quién pensara, quién creyera
que reinasen en los Alpes
los etíopes? Pues piensa
que allí se vio, pues se vieron   1585
de tanta nevada esfera
reyes dos negros bozales,
y tan bozales, que apenas
política conocían.

Su barbaridad se muestra   1590
en que mataban no más
que por matar, sin que fuera
por rencor, sino por uso
de sus disparadas flechas.
Para que no se abrasasen   1595
los dos en civiles guerras,
su jurisdicción partía,
proporcionada y bien hecha,
una valla de cristal,
sin que zozobrase en ella   1600
la perfección, siendo así
que la nariz más perfecta,
[en] el mar de las facciones,
escollo es, donde las velas
del bajel de la hermosura   1605
corren la mayor tormenta.
De sus mejillas la tez
era otra unión de diversas
colores. ¿Viste la rosa
más encendida y sangrienta   1610
en la púrpura de Venus?
¿La azucena viste en ella
con el candor de la aurora?
Pues tú allá te considera
esa azucena, esa rosa,   1615
ajadas entre sí mesmas,
y sus mejillas verás
al mismo instante que vea;
a la rosa desteñida,
o teñida al azucena.   1620
La boca, corte del alma,
donde la hermosura reina,
ya severamente grave,
ya dulcemente risueña,

1603 [en] el mar: TP1, TP2, VT es el mar
1611 de Venus?: VT de Adonis?
1618 al mismo instante: TP1, TP2 al instante
1620 al azucena: VT la azucena

era, no digo una joya   1625
de corales y de perlas,
que esta alabanza común
ya es particular ofensa,
sino un archivo de todo
cuanto la Naturaleza   1630
pudo asegurar; y así
grande hubo de ser por fuerza.
El cuello, blanca coluna
que este edificio sustenta,
era de marfil al torno;   1635
de cuya hermosa materia
sobró para hacer las manos,
a emulación de sí mesma.
Este, pues, monstruo divino,
Venus mandó que estuviera   1640
oculto, porque Diana
le amenazó con tragedias.
Nació de una ninfa suya,
y entregándola a las fieras,
la defendieron las aves,   1645
de quien el nombre conserva,
pues Semíramis se llama,
que quiere en la siria lengua
decir la hija del aire.
Este es su nombre y sus señas.   1650

NINO   Tú la has pintado de suerte,
y de suerte encarecerla
has sabido, que ya al más
dormido afecto despiertas
para que verla desee;   1655
y en mí es esto de manera,
Menón, que deseo tanto
el verla, que no he de verla;
porque quiero hacer por ti
una tan grande fineza,   1660
como el excusar, Menón,
que tan bien no me parezca.

1633 El cuello: TP1, TP2 Al cuello

[Del] primor de la pintura
quiero pagarte la renta:
veinte talentos te doy,   1665
que a ella en mi nombre le ofrezcas.
Pero quiérote advertir
que en tu vida no encarezcas
hermosura a poderoso,
si enamorado estás della;   1670
porque quizá no hallarás
otro que vencerse sepa;
y alabar lo que se ama
puede ser que sea fineza;
pero no puede dejar   1675
de ser fineza muy necia.   *Vase.*

IRENE   ¿Qué retórico orador,
que enamorado poeta
os dio para esa pintura
tantas rosas y azucenas,   1680
tanto oro, tanto marfil,
tanta nieve, tantas perlas?

MENÓN   Todo esto fue desvelar,
llegando vos, la sospecha
del Rey.

IRENE   Y antes que llegase,   1685
¿porqué fue el encarecerla
tanto, que ya la atención
a oír estaba dispuesta?

MENÓN   Porque el modo del hallarla,
que no oistes, le hizo fuerza   1690
para que se la pintara.

1663-4 [Del] primor de la pintura / quiero pagarte la renta: TP1, TP2 el
       primor de la pintura, / quiero pagarte la renta VT. El primor de la
       pintura / quiero pagartele à renta
1666   le: VT la
1682   Only VT has a question.
1686   el encarecerla: TP1, TP2 al encarecerla
1688   No question-mark in TP1, TP2 or VT.
1689   Porque el modo del hallarla: TP1, TP2 Porque del hallarla
1690   oistes: VT oisteis

IRENE	¡Buena disculpa!
MENÓN	¿No es buena?
IRENE	Sí debe de serlo; pero aunque yo quiera creerla, no puedo.
MENÓN	¿Porqué?

IRENE   Porque   1695
acción, semblante, ni lengua
no os disculpa como a quien
tiene gana que le crean,
sino como a quien no importa;
y para mí mejor fuera   1700
no disculparos que no
disculparos con tibiezas.

MENÓN   ¿Vos desconfïanza?

IRENE   ¿Quién
os dijo que yo la tenga?

MENÓN   Los celos que...

IRENE   ¿Qué son celos?   1705
Callad; que es segunda ofensa.
Una llave que tenéis
de mis jardines, ¿qué es della?

MENÓN   Yo os la volveré; y estimo
de miraros tan exenta   1710
de los celos, pues con eso
podré...

1697   os disculpa: TP1, TP2 es disculpa
1704   os dijo: TP1 o dixo
       la tenga: TP1, TP2 le tenga
1710   tan exenta: TP1, TP2 tanta afrenta

IRENE   No podréis. La lengua
tened, porque habrá sin mí
quien castigue esa soberbia.

MENÓN   ¿Sin vos?

IRENE   Sí.

MENÓN   ¿Pues puede haber   1715
quien sin vos a mí me ofenda?

Sale Arsidas.

ARSIDAS   Yo, Menón, vengo buscándoos,
por ser vos a quien apelan
mis fortunas del piadoso
tribunal de Irene bella.   1720

MENÓN   En mala ocasión venís;
después podréis dar la vuelta.

IRENE   Haced lo que el Rey os manda,
que no viene sino en buena.

MENÓN   Yo lo haré: venid conmigo.   1725

IRENE   Ved que es mía esta encomienda.

MENÓN *(aparte)*   ¡Cuánto hay en una hermosura
de quererla o no quererla!   *Vase.*

IRENE *(aparte)*   ¡Ah vil!, ¡ah traidor!, ¡qué mal
me pagas lo que me cuestas!   *Vase.* 1730

ARSIDAS   ¿Qué es esto, cielos? Mas no
es tiempo de que me atreva
ni aun a pensarlo; porque
el que se toma licencia

13

para quejarse sin tiempo   1735
pierde el respeto a la queja,
y es el tenerla desdicha,
sin mérito de tenerla.

Vase, y salen Floro y Sirene.

FLORO   ¿Eso pasó mientras yo
               al monte salí un momento?   1740

SIRENE   Sí, Floro del alma mía;
               y así, buscándote vengo
               para decirte que, aunque
               él, con enojo o con ruego,
               que te vayas diga, no   1745
               te vayas.

FLORO   Ya te obedezco.

SIRENE   Por eso te doy los brazos.

Sale Chato.

CHATO   ¡Que siempre llego a mal tiempo!

FLORO   Tropezó, y llegué a tomarla.

CHATO   Claro está que en el tropiezo   1750
               suyo había de estar.

SIRENE   Yo...

1738+ *Vase, y salen Floro y Sirene:* TP1, TP2 *Vanse y salen Floro, y Sirene.*
       VT has *Vase* opposite 1738 and *Salen Floro, y Sirene.* for the stage-
       direction below.
1744   él: TP2 è
1749   tomarla: VT tenerla
1751   TP1, TP2, VT have a question-mark after Yo.

CHATO	No os disculpéis; yo me huelgo
	que os abrace; porque si
	cuando vino hizo lo mesmo,
	en señal de que se va, 1755
	dadle otro abrazo en el precio.
FLORO	Antes, llegué a preguntarla
	qué es lo que cenar tenemos.
CHATO	¿Quién os mete en pescudallo,
	si vos no habéis de traello? 1760
	Y ya que en aquesto habramos,
	decidme, así os guarde el cielo:
	¿es la boleta perpetua,
	o al quitar, la que allá os dieron?
FLORO	Aquí está, y ella no dice 1765
	hasta cuándo.
CHATO	Soy un necio.
	Pensé que sí.
FLORO	No os merece
	mi trato esa duda. Cierto
	que sois desagradecido,
	pues cuando un hombre está haciendo 1770
	por vos todo lo que puede,
	le tratáis con tal despego.
CHATO	Pues vos, ¿qué hacéis por mí?
FLORO	Honraros
	en vuestra casa teniendo
	un soldado que en la Batria, 1775
	la Siria, el Penepoleso,
	la Prepóndida y la Licia,
	tantas hazañas ha hecho.
	Venid, Sirene; no hagáis
	caso dese majadero. *Vase.* 1780

1754   lo mesmo: TP1, TP2 lo mismo
1758   qué es lo que cenar tenemos: TP1, TP2 que es lo que cenar tenemos?,
      VT què para cenar tenemos?
1776-7   Penepoleso, / la Prepóndida: VT Peloponeso, / la Prepontida
1780   dese: VT deste

CHATO   Ella os obedecerá,
o la mataré sobre eso.
Id, no hagáis caso de mí,
pues el señor hazañero
lo manda, habiendo hecho hazañas   1785
en la Sucia, Pieldequeso,
Prepolente y Sïelicia.

SIRENE   Si vos no tenéis esfuerzo
para decir que se vaya,
¿tengo yo culpa?

CHATO   No, cierto;   1790
yo la tengo, claro está.

Sale Semíramis.

SEMÍRAMIS   ¿Siempre habéis de estar riñendo?

CHATO   No hay otra cosa que hacer.

TODOS *(dentro)*   ¡Qué desdicha!

SEMÍRAMIS   ¿Qué es aquello?

MENÓN *(dentro)*   En lo intricado del monte   1795
se ha metido.

NINO *(dentro)*   ¡Piedad, Cielos!

CHATO   Yo no lo sé; pero allí
entre la maleza veo
venir corriendo un caballo.

1787   Prepolente y Sïelicia: TP1, TP2 y Prepolente, Sielicia, VT en Prepolente, y Sielicia. The conjunction seems accidentally misplaced in
TP1 and TP2.
1791+   Only VT has the stage-direction.
1794   TP1 and TP2 indicate that the crowd expresses its dismay off-stage
but fail to make clear how much of the following action also takes
place off-stage. VT clarifies with the exception of 1802 *Otros.*

SEMÍRAMIS   Volando es, que no corriendo.   1800

MENÓN *(dentro)* ¡Corred todos!

TODOS *(dentro)*   ¡Qué tragedia!

OTROS [*dentro*] ¡Qué desdicha!

IRENE *(dentro)*   ¡Acudid presto!

SEMÍRAMIS   Nadie le alcanza; ¿qué mucho
si se deja atrás el viento?
¡Cómo pudiera el valor,   1805
que está brotando en mi pecho,
dar vida al gallardo joven
que se despeña! Mas esto
no quiere pensarse; suelta
este bastón.   *Vase.*

CHATO   Ya le suelto.   1810

SIRENE   ¿Qué intentará?

CHATO   ¿Qué sé yo?
Pero sí sé, pues que veo
que al encuentro le ha salido
veloz, y enredando luego
entre los pies del caballo   1815
mi garrote, darle ha hecho
de ojos; con que finalmente
o ya el choque o ya el despeño
se ha trocado a una caída.

SIRENE   ¡Ay, tal marimacha!

1808 The exclamation is mine. TP1, TP2 have a semi-colon, VT a question-mark.
1810 *Vase:* VT has *Quitale a Chato el baston, y vase,* after Chato's remark.
1814 enredando: TP1, TP2 èl rodando
1815 entre: TP1 enrre

CHATO   Luego   1820
que de pellejos cargada
la vi en el lance primero,
dije: 'Aquesta tiene cara
de echar caballos al suelo'.

NINO [*dentro*]   ¡Válgame Júpiter santo!   1825

SIRENE   El Rey es.

CHATO   Pues a escondernos;
que haberle visto caer
quizá será sacrilegio.

SIRENE   Vamos de aquí huyendo.

CHATO   Vamos.   *Vanse.*

Sale[*n*] *Nino y Semíramis.*

NINO   ¿Quién eres, prodigio bello,   1830
de amor divino milagro?
Mas en dudarlo te ofendo;
no me lo digas, que ya
tu beldad me está diciendo
que eres deidad destos montes: 1835
cuál dellas dudo, di presto.

SEMÍRAMIS   Ni sé quién soy, ni es posible
decírtelo, porque tengo
aprisionada la voz
en la cárcel del silencio.   1840

1829   The readings of the three texts are as follows:
     TP1:
       Siren.   Vamos de aqui.   *Vanse.*
     TP2:
       Siren.   Vamos de aqui.   *Vanse.*
     VT:
       Siren.   Vamos de aqui huyendo.
       Chat.   Vamos.   *Vanse.*
1831   divino: TP1 diuinino

    Basta saber que soy una
    mujer tan feliz, que puedo
    haberos dado la vida,
    oh generoso mancebo,
    cuyo semblante, no sé   1845
    por qué secreto misterio,
    a amor y a veneración
    me está provocando a un tiempo.

NINO   Espera, pues.

SEMÍRAMIS   Aventuro
    mucho si aquí me detengo.   1850

NINO   ¿En qué?

SEMÍRAMIS   En que me conozcan...

MENÓN *(dentro)*   Hacia esta parte fue.

IRENE *(dentro)*   Presto
    lleguemos donde se ocultó,
    por si peligra.

SEMÍRAMIS   ...y en que esos
    que os siguen me vean.

NINO   ¿Porqué?   1855

1843   haberos: VT auerte
1851   ¿En qué?: VT Pues en què?
1852-4 The reading in TP1, TP2 is very corrupt here:

        Nin.   Azia esta parte fue
              donde se ocultò.
       Sem. Y en que essos
             que os siguen me vean.

   VT reads:

  Men. dent. Azia esta parte fue.
  Irene dent. Presto
            lleguemos donde se oculta,
            por si peligra. *Sem.* Y en que essos
            que os siguen me vean.

  I retain VT with the exception of the preterite of se oculta

SEMÍRAMIS   Porque licencia no tengo
de dejarme ver.

NINO   ¿Quién puso
a la hermosura preceptos,
siendo así que la hermosura
siempre es libre y sin imperio?   1860

SEMÍRAMIS [*aparte*] Nada os puedo responder.
(Huiré al monte; que no quiero
que piense Menón jamás
de mí que no le obedezco.)   *Vase.*

NINO   Espera, detente, aguarda,   1865
prodigioso monstruo bello;
que tras ti...

Salen Menón, Lisías, Arsidas, Silvia y Irene.

UNO   ¡Señor, señor,
perdona nuestros deseos!

MENÓN   ¡Haber tan tarde llegado
donde nunca fuera presto!   1870

1860 Only VT has a question-mark.
1863 piense: VT entienda
1867+ VT has *Salen Menon, Lisias, Arsidas, Irene, y Silvia.*
1867-70 TP1 and TP2 have the following lines:

> *Vno.* Señor, señor,
>   perdonad nuestros deseos.
>
> *Men.* Auer tan tarde llegado,
>   donde nunca fuera presto.

VT reads:

> *Arsid.* Señor.   *Lisias.*   Señor.
>
> *Men.* Perdona a nuestros deseos
>   auer tan tarde llegado,
>   donde nunca fuera presto.

The only real error in TP1, TP2 is perdonad.

IRENE   En albricias de tu vida,
mi vida y alma
te ofrezco. ¿Cómo te sientes?

NINO   No sé, ¡ay de mí!, lo que siento.
No el golpe de la caída   1875
me aflige; otro más violento
es el que siento en el alma;
porque es un ardiente fuego,
es tan abrasado rayo,
que, sin tocar en el cuerpo,   1880
ha convertido en cenizas
el corazón acá dentro.
No os admiréis de que pase
de un despeño a otro despeño
tan aprisa: amor es dios,   1885
y en dios nunca se da tiempo.
Discurrid de aqueste monte
los enmarañados senos;
que al que una deidad humana
en él hallare primero   1890
y la traiga a mi presencia,
grandes mercedes le ofrezco.

....

1871-4   There is a line missing in TP1, TP2:

Iren.   En albricias de tu vida
te ofrezco, como te sientes?

Nino.   No sé, ay de mi! lo que siento...

There is no question-mark after sientes in TP1.

VT reads:

Iren.   En albricias de tu vida
mi vida, y alma te ofrezco,
como te sientes? *Nino.* No sé,
no sè (ay de mi!) lo que siento...
I have preserved part of VT's emendation but have attempted
to avoid rearranging the lines. 1872 is thus an incomplete
line.

1879   tan: VT vn
abrasado: TP1 abrasodo

1883   No os admiréis: VT No os admire
1884   otro: TP1 orro
1889   al que: TP1, TP2 el que
1893   The line is missing in TP1, TP2. VT has porque no dudeis las señas

villano es el traje, pero
tan noblemente villano,   1895
que su Rey le rinde el pecho.
¿Pero para qué, ¡ay de mí!,
en pintarla me detengo,
si, en viéndola, diréis todos:
'¿Este es el hermoso incendio   1900
que abrasó al Rey?' Mas ¿qué mucho,
si es destas selvas la Venus,
la Diana destos bosques,
la Amaltea destos puertos,
la Aretusa destas fuentes,   1905
y la ella de todo ello,
que a ésta que dice lo más,
todo lo demás es menos?
Busquémosla divididos,
que yo he de ser el primero   1910
que estas ásperas montañas
examine fresno a fresno,
hoja a hoja y piedra a piedra.
Mas mirad lo que os advierto:
que, aunque sintáis abrasaros   1915
al mirarla, mis deseos
licencia os dan de morir,
mas no de morir contentos.   *Vase.*

IRENE   Yo la segunda seré
            que desta montaña el centro   1920
            discurra en alcance suyo.   *Vase.*

SILVIA   Todos haremos lo mesmo.   *Vase.*

1897 VT brackets ¡ay de mí!
1901 TP1, TP2, VT have no question-mark after Rey.
1906 todo ello: VT todos ellos
1907 que a esta que dice lo más: VT que hasta que dixe lo mas
1908 There is no question-mark in TP1, TP2 or VT. VT has a question-
      mark after mucho in 1901.
1915 sintáis: TP1 sintaos
1922 *Silvia*: TP1, TP2 *Sir.*
      Todos: VT Todas

[PRIMERO]   Al monte.

[SEGUNDO]   Al valle.

[TERCERO]   Al llano.

ARSIDAS   ¡Oh, si quisiesen los cielos,
           pues ya besé al Rey la mano,   1925
           honrado en un noble puesto,
           que hoy empezase obligando,
           pues hoy empecé sirviendo!   *Vase.*

[PRIMERO]   Al valle.

[SEGUNDO]   Al llano.

[TERCERO]   [Al monte].
           Por acá, por acá [iremos].   1930

MENÓN [*aparte*] (Celos, ¿qué haréis sucedidos,
           si pensados matáis, celos?)

    [*alto*] ¿Quién dijera si fuera ella?

LISÍAS   Yo te lo diré bien presto.

1923   TP1, TP2 read:
       1. Al monte.   *2.* Al valle.
       3. Al llano.
    VT reads:
    Vnos. Al monte. *Otros.* A la selva.
    Otros. Al llano.
1927   obligando: TP1, TP2 obligado
1929-31 . TP1, TP2 read:
       1. Al valle.   *2.* Al llano.
    Men. Zelos, que hareis sucedidos,...
1929   has only five syllables and the following line is missing.
    VT reads:
    Vnos dent. Al valle.   *Otr.* A la selva.
    Otros dent. Al llano.
    Otros.   Por acà, por acà.
    Men.   Zelos,
                que efecto hareis sucedidos,...
    VT's A la selva should clearly be Al monte, balancing 1923. I have
    retained part of VT's reading in 1930 but I have made a simple
    emendation in the second part of the line in order to avoid VT's
    rearrangment of TP's 1931.
1933   fuera: VT fue
1934 + VT has *Vase* after presto in 1934.

71

Vase y sale Chato.

MENÓN   ¡Ay de mí!, que de pensarlo   1935
              a dar un paso no acierto.

CHATO   Consejo muda el prudente,
              oí decir a un discreto;
              y pues ya prudente soy,
              quiero mudar de consejo,   1940
              y no huir del Rey; mas antes
              pedirle he que me dé premio,
              pues era mío el garrote
              con que a su jamestad dieron
              la vida. Digo...

MENÓN   Hacia aquí   1945
              ruido entre estas hojas siento.
              ¡Chato!

CHATO   ¡Señor!

MENÓN   ¿Sabes dónde
              Semíramis está?

CHATO   Pienso...
              seis maravedís, no sé
              donde.

MENÓN   ¡Ay de mí!

CHATO   Empero   1950
              bien, señor, me podréis dar
              albricias de lo que ha hecho,
              si la queréis bien; porque ella
              y yo somos, sí por cierto,
              los que al Rey la vida dimos,   1955
              yo mi garrote poñendo
              y ella su manofitura.

1936+   VT has *Sale Chato*
1945   Digo: VT Amigo?
1948   Pienso: VT Esso
1950   dónde: VT adonde fue

MENÓN   Calla, calla, que me has muerto.

CHATO   ¿Yo os he muerto? Vos a mí.
¿No sabéis que parece esto   1960
cuando uno pisa un pie a otro,
y se queja él el primero?

MENÓN   Ya a mí el buscarla me toca
más que a todos, que si llego
a hallarla antes, yo sabré   1965
ocultársela al deseo
del Rey. ¡Ay corazón!, pues
de ti mil sabios dijeron
que sabes astrología
y adivinar, yo te dejo   1970
la elección de mis acciones.
Llévame tú donde, ¡ah cielos!,
mi bien está; aquestos pasos
tú los das, y yo me muevo.   *Vase.*

CHATO   ¡Cielos! ¿Qué habrá en este monte,   1975
que todos andan revueltos?

    Sale Semíramis.

SEMÍRAMIS   Ocultarme por aquí
de tanta gente quisiera,
para que nunca pudiera
quejarse Menón de mí.   1980
    ¡Chato!

1959   ¿Yo os he muerto? Vos a mí.: VT Yo os he muerto, ò vos à mi?
1960   No interrogative in TP1 or TP2. VT has a question-mark after esto:
       no sabeis què parece esto? But none after primero, 1962.
1964   más que a todos: TP1, TP2 mas que todos
1967   ¡Ay corazón!: VT Ea coraçon
1972-4   TP1, TP2 have:
         lleuame tu: donde, ha cielos!
         mi bien està? aquestos passos
         tu los das, y yo me muero.   *Vase.*
    VT has:
         llevame tu donde (ha Cielos!)
         mi bien està, que los passos
         tu los dàs, y yo me muevo.   *Vase.*
    The VT reading seems preferable with the exception of que los passos
    for TP's aquestos passos.

CHATO ¡Señora!

SEMÍRAMIS ¿Sabrás
si la gente se ausentó
que andaba en el monte?

CHATO No;
antes pienso que ahora hay más.

SEMÍRAMIS No digas que por aquí   1985
me viste, a nadie, pasar.

Sale Menón.

MENÓN Por aquí la he de buscar,
si la hallase por aquí.
  Pero, ¡cielos!, ¿no es aquélla?
Aseguróme mis celos.   1990

Sale Arsidas.

ARSIDAS ¿Pero no es aquélla, ¡cielos!,
si advierto en las señas della?

SEMÍRAMIS Advierte...

CHATO Sí.

SEMÍRAMIS Ahora mi suerte
me esconde en aquesta parte.
....   1995
....

MENÓN ¡Arsidas!

1988 si la hallase por aquí: VT si la hallasse (ay de mi!)
1990+ VT has the stage-direction here. TP1, TP2 combine speaker and
      stage-direction before 1991.
1993 Sí: VT Di

74

ARSIDAS   ¡Menón!

MENÓN   ¡Oh impío!

CHATO [*aparte*]   ¡Cielo! De que este soldado
            tanto a Menón ha turbado,
            debe de ser como el mío.   2000

MENÓN   ¿Adónde vas por aquí?

ARSIDAS   A buscar una deidad vengo.

CHATO [*aparte*]   ¿No lo digo yo?

ARSIDAS   Pues tengo
            las señas que en ella vi.

MENÓN   Yo, supuesto que aquí habemos   2005
            llegado a un tiempo los dos,
            la llevaré. Id con Dios.

1995-6   These two lines are missing in TP1, TP2. VT has:

> *Cha.* Ya es imposible ocultarte,
> porque ya han llegado a verte.

1997-2000   TP1, TP2 have:

> *Men.* O impio!

> *Chat.* Cielo, de que este
> tanto a Menon ha turbado,
> debe de ser como el mio.

VT has:

> *Menon* O impio
> Cielo! *Chat.* De què este Soldado
> tanto à Menon ha turbado?
> debe de ser como el mio.

Of the VT reading I retain Soldado, which gives 1998 the correct number of syllables.

2001   vas: VT vais
2002   A buscar una deidad vengo: VT Buscando essa Deidad vengo. The TP reading has nine syllables.
2007   la llevaré: VT se la lleuarè

75

ARSIDAS   Los que servimos tenemos,
        y más con obligación,
        obligación de buscar   2010
        ocasiones de agradar.
        Yo he de llevarla, Menón.

CHATO *(aparte)* Llevársela!

MENÓN   Si he llegado
        yo, ¿no son vanos los desvelos?

SEMÍRAMIS ¡Qué soldado es éste, cielos?   2015

CHATO *(aparte)* Otro como mi soldado.

MENÓN   ¿Pues a competir conmigo
        vuestra arrogancia se atreve?

CHATO   Déjala que se la lleve,
        pues no va a comer contigo.   2020

ARSIDAS   El Rey el justo poder
        me dio; y pues la pude hallar,
        conmigo la he de llevar.

MENÓN   Y yo la he de defender.

SEMÍRAMIS   Mi bien, mi señor, mi dueño,   2025
        ¿qué es esto?

ARSIDAS   De tu intención
        ya aquestos cariños son
        otro indicio no pequeño.

2013 ¡Llevársela!: VT Lleuesela. No exclamation-mark in the TP texts.
2014 vanos los desvelos?: VT vanos desvelos? Nine syllables in the TP
      texts.
2015 Exclamatory in TP1, TP2.
2021 El Rey: TP1, TP2 Del Rey

MENÓN   Y yo la muerte os daré,
               pues ya que aquesto escucháis,   2030
               nunca decirlo podáis.

SEMÍRAMIS   ¡Ay de mí infeliz!

ARSIDAS   Sabré
               también defenderme yo.

MENÓN   Huye, Semíramis bella,
               que es hüir mi altiva estrella.   2035

CHATO   ¿Quién mayor necedad vio?

NINO (dentro) A aquel ruido acudid presto.

IRENE (dentro) Hacia allí las voces son.

MENÓN   ¡Qué horror!

               Sale Nino, Irene, Silvia y criados.

NINO   ¿Qué es esto, Menón?

ARSIDAS   ¡Qué dicha!

IRENE   Arsidas, ¿qué es esto?   2040

ARSIDAS   Esta divina hermosura...

2030 pues ya que aquesto: VT porque ya que lo
2033 defenderme yo: TP1, TP2 defender mi vida
2035 VT gives the line to Semíramis and makes it a question: Què es huir
      mi altiua estrella?
2038 Only VT indicates that Irene is off-stage.
2039+ Only VT has the stage-direction.
2040 Arsidas, ¿qué es esto?: TP1, TP2 Que es esto, Arsidas?

77

MENÓN   Esta divina belleza...

ARSIDAS   hallé yo en esta aspereza.

MENÓN   vi al pie desta peña dura.

ARSIDAS   Para lograr mi ventura...   2045

MENÓN   Para estorbar tu apetito...

ARSIDAS   llevártela solicito,
donde mi lealtad me mueve.

MENÓN   Y yo, que no te la lleve,
ni consiento ni permito.   2050

NINO   Tres cosas estoy mirando,
tres acciones estoy viendo,
que cuánto más las entiendo,
aun más las estoy dudando.
Tú, Menón, con quien el mando   2055
de mi laurel he partido;
¿tú confiesas atrevido
que el mayor triunfo me quitas?
¿Tú, Arsidas, lo solicitas,
de hoy a mi casa venido?   2060
Y tú, cruel, que entre fieras
dudas das de amor indicio,
cuando haces un beneficio,
como si un agravio hicieras.
Rescatad de tan severas   2065
confusiones mi sentido.

2049   te: TP1 re
2053   cuánto: VT quando
2055   mando: TP1, TP2 mundo
2058   Not a question in VT
2059   tú: TP1 tn
2060   Not a question in VT.
2062   dudas das de amor indicio: VT rudas das de huir indicio

> A los tres, ¿qué os ha movido
> para estar, ¡suerte penosa!,
> tú turbado, tú medrosa
> y tú desagradecido?   2070

ARSIDAS   Mi turbación, bien, señor,
> fácil está de entender,
> llegándote yo a deber...

SEMÍRAMIS   Eso no es en mí temor,
> que fuera decirlo horror.   2075

MENÓN   Mi ingratitud, ¡ay de mí!,
> es lealtad.

NINO   ¿Pues cómo así,
> oponiéndote a mi gusto?

MENÓN   Como tu gusto no es justo.

NINO   ¿De qué suerte?

MENÓN   Escucha.

NINO   Di.   2080

MENÓN   Aquella hermosa pintura,
> que hoy has visto imaginada,
> es ésta que miras viva,
> puesta conmigo a tus plantas.

2068-70 TP1, TP2 have:
> para esta suerte penosa?
> tu turbado, tu medrosa,
> y tu desgraciado has sido.

I give VT's reading, the only difference being that he bracketed suerte penosa.

2074 Eso no es en mí temor: TP1, TP2 Esso no està en mi temor. VT has tanto as the first word in the line as the object of deber in the previous line, then continues with Semíramis's words: Esto en mi no es temor.

2075 decirlo horror: TP1, TP2 dezirle horror, VT dezirlo error
2076 VT brackets ay de mi!
2079 justo: TP1, TP2 gusto

Semíramis es, señor,   2085
y si pretendí guardalla
de ti, fue porque tú mismo
advertiste a mi ignorancia
que aun pintada no llevase
a un poderoso a mi dama,   2090
porque era necia fineza.
Ser consejo tuyo basta
para ser disculpa mía;
pues mal hiciera en llevarla
viva al mismo que afeó   2095
el llevársela pintada.
Bien pudiera ahora decir
que, porque nadie llegara
a ganar con tu deseo
de haberla dado las gracias,   2100
defendí que la trujese
otro; bien pudiera darla
otro nombre ahora, y después
con industrias y con trazas
entreteniendo tu amor,   2105
asegurar mi esperanza.
No, señor; cansado está
el mundo de ver en farsas
la competencia de un Rey,
de un valido y de una dama.   2110
Saquemos hoy del antiguo
estilo aquesta ignorancia,
y en el empeño primero
a luz los efectos salgan.
El fin desto siempre ha sido,   2115
después de enredos, marañas,
sospechas, amores, celos,
gustos, glorias, quejas, ansias,

2086 guardalla: VT guardarla
2090 a mi dama: VT mi dama
2100 de haberla dado las gracias: VT de auerla hallado las gracias
2101 trujese: VT traxesse
2105 entreteniendo: TP1 entreniendo
2112 aquesta: TP2 aqusta
2114 efectos: TP2, VT afectos

                generosamente noble
                vencerse el que hace el monarca.   2120
                Pues si esto ha de ser después,
                mejor es ahora no haga
                pasos tantas veces vistos;
                dadme esa mano.

NINO   Aguarda;
                que para lo que yo tengo   2125
                de hacer ahora, me falta
                informarme del estado
                en que con ella te hallas.

IRENE *(aparte)*   Mucho harán mis sentimientos,
                ¡cielos!, si hoy no se declaran.   2130

SEMÍRAMIS   Eso he de decirlo yo;
                que a mi decoro, a mi fama,
                a mi altivez, mi soberbia,
                mi ambición y mi arrogancia
                conviene que sepan todos   2135
                que antes de ver que me llama
                Menón su esposa, no tuvo
                de mí más que confianza
                de que, en siéndolo, sería
                suya; pues aunque me saca   2140
                su valor de una prisión
                desas rústicas montañas;
                aunque en su poder me tuvo,
                él sabe de mi constancia
                que no me debió jamás   2145
                más que sola la esperanza,
                hasta que ya como esposa
                la mano le doy.

2124   dadme esa mano: VT dame tu essa mano
2129-30   Only VT gives the aside.
2146   más que: VT sino

NINO   Aguarda

tú también; que, eso sabido,
no es buen día en que se casan   2150
dama a quien debo la vida
y amante que es mi privanza,
ser en un monte y acaso.
A ti, Menón, debo cuantas
victorias hoy me coronan   2155
de la siempre verde rama
de laurel; a ti, divino
pasmo de aquestas montañas,
la vida debo. Y así,
con demostraciones varias   2160
honrar pretendo a los dos,
a cuyo efecto la fama
quiero que convide a cuantos
príncipes contiene el Asia
a estas bodas, y que en ellas   2165
públicas fiestas se hagan,
que mis grandezas publiquen...

(aparte)   (y que dilaten mis ansias).

MENÓN   Señor, aunque generoso
a tus hechuras ensalzas,   2170
para un amante no hay fiestas
como que fiestas no hagan.

SEMÍRAMIS   ¿Porqué, si el Rey quiere honrarnos,
Menón, con mercedes tantas,
no a mi presunción le distes   2175
la vanidad de lograrlas?

2152   privanza: TP1 prinança
2153   ser en un monte y acaso: TP1, TP2 serè vn monte; ya casò.
2161   honrar pretendo a los dos: VT honrar a los dos pretendo
2163   quiero: TP1, TP2 quiere
2168   Only VT has an aside.
2175   le distes: VT le quites. Although there is no question-mark in TP1,
       TP2, 2173-6 clearly form a question. VT puts a question-mark after
       Por què, 2173, and makes the rest of the sentence imperative.

IRENE *(aparte)* Dice Semíramis bien.
　　　　　(¡Oh, si pudiesen mis ansias
　　　　　dar término, cielo, entre
　　　　　mi deseo y mi venganza!)　　　　　　　　　2180

NINO　　　Pues tú, bellísima Irene,
　　　　　a Semíramis gallarda
　　　　　contigo a Nínive lleva,
　　　　　por sus calles y sus plazas
　　　　　en tu real carro, vestida　　　　　　　　　2185
　　　　　de plumas, joyas y galas.
　　　　　Triunfe, y como a mí se humillen;
　　　　　que a su beldad soberana
　　　　　su Rey le debe la vida
　　　　　y solicita pagarla.　　　　　　　　　　　2190

IRENE　　Ven, Semíramis, conmigo;
　　　　　que yo haré lo que el Rey manda.
　[aparte]　(Y aun lo que no me mandare;
　　　　　pues haré que tu esperanza
　　　　　en el horror de mis celos　　　　　　　　　2195
　　　　　tropiece, ya que no caiga.)

NINO　　　Acompañad a las dos
　　　　　todos.

SEMÍRAMIS [aparte] Altiva arrogancia,
　　　　　ambicioso pensamiento
　　　　　de mi espíritu, descansa　　　　　　　　　2200
　　　　　de la imaginación; pues
　　　　　realmente a ver alcanzas
　　　　　lo que imaginastes; pues
　　　　　aun todo aquesto no basta;
　　　　　que para llenar mi idea　　　　　　　　　2205
　　　　　mayores triunfos me faltan.

2178-80　Only VT has an aside.
2193　lo que no me mandare: VT lo que el Rey no mandare. There is no
　　　aside here in TP1, TP2 or VT.
2203　imaginastes: VT imaginaste
2204　aquesto: VT esto

Vanse las dos.

CHATO   ¡Ha visto y qué tiesa va!
          Apenas volvió la cara.
          ¡Ay tontilla, que no en vano
          hija del viento te llamas!   *Vase.* 2210

NINO   ¡Menón!

MENÓN   ¿Señor?

NINO   No las sigas
          tú, detente.

MENÓN   ¿Qué me mandas?

NINO   ¿Estamos solos?

MENÓN   Testigos
          son los troncos y las ramas.
          Soy tu amigo y tú mi Rey.   2215

NINO   ¿Qué me debes?

MENÓN   Honras altas.

NINO   ¿Puedo hacer por ti más?

MENÓN   No.

NINO   ¿Tienes qué pedirme?

MENÓN   Nada.

NINO   ¿Qué harás tú por mí?

2206+   VT has *Vanse las Damas.*
2215   VT has:
              Nin. Mi amigo eres.   *Men.* Tu mi Rei.

MENÓN   Mi vida
            pondré, señor, a tus plantas.   2220

NINO   Menos quiero, pues porque
            no diga jamás la fama
            que Nino a Menón quitó
            su esposa, quiero que haga
            la amistad, y no el poder,   2225
            una conveniencia extraña;
            y es que, esto asentado, agora
            volvamos a la pasada
            metáfora. ¿No dijistes
            que ésta, verdadera o falsa,   2230
            tenía una novedad,
            que era fácil desatarla?
            Pues yo quiero que sean dos,
            y que en el fin también haya
            nuevo estilo. Esto ha de ser: 2235
            ya que enmudecidos se hallan
            aquí Rey, dama y valido,
            véncete tú, porque salga
            de andar en duelos de amor
            la majestad; desatada   2240
            una, otra es desde hoy
            yo el amarla y tú olvidarla.

MENÓN   Señor, vencerse a sí mismo
            un hombre es tan grande hazaña,
            que sólo el que es grande puede   2245
            atreverse a ejecutarla.
            Tú eres Rey, vasallo soy.

NINO   Pues ¿qué mayor alabanza
            que hacer tú un acción que fuese
            grande para mí?

2223 que Nino a Menón quitó: VT que Nino quitò à Menon
2224 haga: TP1, TP2 oyga
2229 dijistes: VT dixiste
2230 que ésta, verdadera o falsa: VT que esta verdadera farsa
2232 que era fácil desatarla?: TP1, TP2 que era frasse de sacarla?
2236 enmudecidos: VT introducidos
2242 VT has amarla yo, y tu olvidarla
2249 un acción: VT vna accion

85

MENÓN   No se halla   2250
con tanto valor mi pecho.

NINO   Pues tú me has de dar palabra
de olvidarla.

MENÓN   No podré;
de morir, sí; en esa instancia
sí la doy; que ello está en mí,   2255
y no está en mí el olvidarla.

NINO   Pues si olvidarla no puedes,
puede darlo a entender traza
que ella entienda que la olvidas,
y que mi amor no lo manda.   2260

MENÓN   Ni aqueso puedo tampoco;
que fuera acción muy villana
dar yo a partido mis celos,
tercero de mis desgracias.
Daré a entender que la olvido,   2265
y lo haré desde mañana;
mas dando a entender también
que eres tú quien me lo manda.

NINO   ¿No te la puedo quitar?

MENÓN   Ya sí, señor, mas repara   2270
que ésa es violencia forzosa,
y ésta es ruindad voluntaria.
En quitármela tú, harás
una tiranía; en dejarla
yo, una infamia; y al contrario,   2275
tú una grandeza en no amalla,
yo una fineza en quererla.

2255 sí la doy: VT te la doy
2264 VT begins a sentence with this line: tercero de mis desgracias, /
      darè à entender que la olvido
2269 la: TP1, TP2 lo. No question-mark in the TP texts.

Mira ahora las distancias
que hay de tiranía a grandeza,
y que hay de fineza a infamia.   2280

NINO   Pues ¿qué te vengo a deber
yo en aquesta parte?

MENÓN   Nada,
sino el consejo de que
me la quites; que si aguardas
hallar conveniencia en mí,   2285
en mí, señor, no has de hallarla,
ni es posible.

NINO   ¿Cómo?

MENÓN   Escucha.
En nuestro cuerpo está el alma,
sin tener determinado
lugar; si muevo la planta,   2290
alma hay allí, alma también
hay en la mano al mandarla.
Sucede, pues, que me corte
la planta o la mano, ¿falta
con la porción de aquel cuerpo   2295
aquella porción que estaba
del alma allí? No, que se hace
asustado, a incorporarla
se reduce. Alma es en mí
mi amor; lugar no se halla   2300
donde no esté; y así, aunque hoy
a pedazos le deshaga,
cortándome las acciones
de verla, oírla y hablarla,

2279 de tiranía a: TP1, TP2 de ti a
2282 aquesta: TP2 aqusta
2297-9 VT has:
                    No. Què se haze?
          à su estado a incorporarla
          se reduce...
2301 donde no esté: TP1, TP2 donde estè
2303 cortándome: TP1, TP2 costandome

en la razón que me queda,   2305
a la imitación del alma,
siempre se ha de hallar mi amor
tan cabal como se estaba.

NINO   ¡Qué cansados argumentos!
             ¿Ser mi gusto no bastaba?   2310

MENÓN   No, señor.

NINO   ¡Calla, villano!
             ¡Desagradecido, calla!
             ¡Calla, ingrato! Mas yo tuve
             la culpa con darte tantas
             alas, para que al sol mismo   2315
             te opongas. Pero la saña
             del sol, que te las crió,
             sabrá quitarte las alas.

MENÓN   ¡Señor!

NINO   ¡No más!

MENÓN   No de un soplo
             así tu hechura deshagas.   2320

NINO   No me deshaga mi hechura
             un rayo a mí siendo ingrata.

MENÓN   Yo no puedo...

NINO   Yo tampoco.

MENÓN   ofrecer más de que...

NINO   Basta.

MENÓN   ¿Que soy tu privanza olvidas?   2325

2314   con: VT de
2318   quitarte: TP1 quirarte

88

NINO   Donde hay celos no hay privanza.
      Y puesto que esto ha de ser,
      yo he de decir que se haga
      la boda, y tú has de decir
      que a tu disgusto te casas,   2330
      sin que a mirarla te atrevas
      desde este instante. Repara
      que te quebraré los ojos
      si te atreves a mirarla.   *Vase.*

MENÓN   ¡Ay Semíramis divina!   2335
      ¡Ay hermosa! ¡Ay soberana
      hija del aire! ¡Llevóse
      tu nombre mis esperanzas.

2334 *Vase:* TP2 *Vas*
2338+ VT has *Suenan chirimias, y sale Nino, Arsidas, | Chato, y Soldados.*
2339 [*Uno*]: TP1, TP2, VT simply have *Dentr.* or *Dent.* without specifying
the speakers.

JORNADA TERCERA

Suenan chirimías, y sale Nino, Arsidas,
y gente, y Chato.

[UNO] *(dentro)*   ¡Viva Semíramis bella!

OTRO [*dentro*]   ¡Viva del Asia el asombro!   2340

TODOS [*dentro*]   ¡Viva la que dio la vida
                   a nuestro Rey generoso!

ARSIDAS   Ya Semíramis y Irene
            vuelven a Palacio.

NINO   Loco
            de contento estoy al ver   2345
            su nombre aplaudido.

CHATO   Todos
            estamos acá, pardiez.

[UNO]   ¡Tonto! ¿Cómo dese modo...?

CHATO [*aparte*]   Pues para entrar donde quiera,
            ¿qué más hay que hacerse tonto?   2350
   [*a Nino*]   Criado de Semíramis
            yo, sabiendo que vos proprio

2340   Otro: VT *Otros*. The stage-directions here and in the next line are
       my own. The three texts have none.
2348   [Uno]: TP1, TP2 *I*, VT *Sold. I*.
2350   Only VT has a question.
2351   Semíramis: TP2, VT *Semiremis*.
2352   yo, sabiendo: VT *sò, y sabiendo*

90

            acá mi ama os traéis,
            vengo, voy, ¿qué hago? Tomo
            y traígome acá también,   2355
            o por esto o por estotro.

NINO   Este es un simple villano
            que desde Ascalón conozco;
            pues que Semíramis dél
            gusta, mandarás, Andronio,   2360
            que le vistan de otra suerte,
            y no ande de aquese modo.

CHATO   Vestida tengas el alma
            a penas de purgatorio.
            Entra, Mandroño, a vestir   2365
            el soldado.

[UNO]   De aquí a poco.

[TODOS] *(dentro)* ¡Viva la que dio la vida
            a Nino, Rey generoso!

ARSIDAS   Ya la música otra vez
            süena, ya se apean.

2354 ¿qué hago?: TP1, TP2 que hago,...
2355 traígome acá: VT vengome acá
2362 y no ande de aquese modo: VT no ande aqui en trage tan tosco
2364 de purgatorio: VT del Purgatorio
2365-8 TP1, TP2 have:

            Entra mandroño a vestir.
     I. El soldado.
  Dentr. De aqui a poco.
            Viua la que diò la vida
            a Nino Rey generoso.

  VT has:

            entra, Mandroño, à vestir
            el Soldado.
  Sold. I. De aqui à vn poco.
  Dentro. Viua la que diò la vida
            a nuestro Rey generoso.

  VT corrects the mistakes in the TP texts but also makes unecessary
  emendations.
2369 otra vez: TP1, TP2 esta vez

Tocan, y salen Irene, Semíramis,
ricamente vestidas, y damas.

NINO   Dichoso   2370
　　　　　yo, que merecí adorar
　　　　　dos deidades en un solio,
　　　　　dos soles en una esfera
　　　　　y dos diosas en un trono.

SEMÍRAMIS　　Más dichosa quien de vos   2375
　　　　　tuvo aplausos tan heroicos.

CHATO [*aparte*]　¿Quién no dirá que mi ama
　　　　　siempre trujo aquel adorno?
　　　　　Pues yo me acuerdo de cuando
　　　　　eran pellejos de un lobo.   2380
　　　　　Pero ¡cómo esas pellejas
　　　　　vemos hoy cubiertas de oro!

NINO　　　¿Qué te ha parecido, hermosa
　　　　　Semíramis, bello monstruo
　　　　　de Asia, a cuyos rayos son   2385
　　　　　tibios los rayos de Apolo,
　　　　　de la famosa ciudad
　　　　　de Nínive, del adorno
　　　　　de sus muros y sus calles,
　　　　　y comercio populoso?   2390

SEMÍRAMIS　Sí he visto, señor, y tengo
　　　　　de decir la verdad; todo
　　　　　cuanto hasta ahora he visto en ella...

2370　VT has suena, y ya se apean.
2370+　VT has *Bueluen a tocar, y salen Semiramis, / y Irene, con mucha gala,*
　　　y Damas.
2372　dos deidades en un solio: TP1, TP2 dos Deidades en vn Cielo, VT dos
　　　beldades en vn solio
2375　VT has Mas dichosa es quien de vos
2378　trujo: VT traxo. None of the texts has an aside.
2382　cubiertas: TP1 cubiettas

92

NINO   ¿Qué?

SEMÍRAMIS   ...me ha parecido poco;
            mas no me espanto, porque   2395
            objeto es más anchuroso
            el de la imaginación
            que el objeto de los ojos.
            Imaginaba yo que eran
            los muros más suntuosos,   2400
            los edificios más grandes,
            los palacios más heroicos,
            los templos más eminentes
            y todo, en fin, más famoso.

CHATO [aparte] Tan loco nos venga el año   2405
            cuando siembre mis restrojos.

IRENE   En las entrañas nacida
            de un monte, en el seno bronco
            de unos peñascos criada,
            ¿ánimo tan generoso   2410
            y espíritu tan altivo
            engendraste?

SEMÍRAMIS   Sí; que como
            pude allí discurrir mucho,
            no me contenté con poco.

IRENE   Entra, pues, en mis jardines   2415
            a ver si, ufanos y hermosos,
    [aparte] te agradan. (Mas ¡qué cansada
            voy, no de mis celos solos,
            sino de haber oído tantos
            desvanecimientos locos!)   2420

2406 restrojos: VT rastrojos. TP2 has siempre instead of siembre. None
      of the texts has an aside.
2417 VT has te agradan mas: qué cansada... None of the texts has an
      aside.
2418 de: TP2 da

Vanse las mujeres.

SEMÍRAMIS *(aparte)* ¿Cómo en tan célebre día
    Menón falta de mis ojos?
    Mas ¿para qué le echo menos,
    si tantos aplausos logro
    sin él? Como éstos no falten,   2425
    lo demás importa poco.   *Vase.*

NINO [*aparte*] Recatad, afectos míos,
    la dulce llama que escondo;
    que aun no es tiempo que sopladas
    sus cenizas del favonio,   2430
    de amor el fuego descubran
    que arde solamente sordo.

CHATO Señor Madroño, ¿es ya hora
    de que nos veamos nosotros?

[UNO] ¿Qué priesa?

CHATO   ¿Vos sabéis qué es   2435
    haber de vestirse un roto?

2420+ VT has *Vase Irene, y las Damas.*
2421 Only VT gives an aside.
2432 solamente: VT ocultamente
2433 Señor Madroño: TP1, TP2 Señor madroño, VT Señor Mandroño
2434 nos veamos: VT nos vamos
2435-6 TP1 has:

    I. Que priessa?
    Chat. Vos sabeis que es
          auer de vestirse vn roto?

    TP2:

    Chat. Vos sabeis que es
    I. Que priessa?
          auer de vestirse vn roto?

    VT:

    Sold. I. Vos sabeis què es?
    Chato. Què? priessa
          de auer de vestirse vn roto.

VT's reading is an attempt to correct TP2, not TP1, and suggests
that VT's text was based on TP2

Vanse y sale Menón.

MENÓN   De Siria el gobernador
ésta envía con un proprio.

ARSIDAS *(aparte)* ¡Ay, perdida prenda mía!

NINO   Está bien...

MENÓN *(aparte)*   ¡Ay dueño hermoso!   2440

NINO   que antes que para otra cosa sepa,
el olvido que os propongo,
quiero saber en qué estado
está.

MENÓN   En el que estaba proprio.

NINO   ¿Qué es?

MENÓN   Que haré cuanto pudiere;   2445
mas pienso que puedo poco.

NINO   Pues habéis de poder mucho.
Dad la carta a Arsidas; todos
los despachos por su mano
lleguen a mí; que ya él solo   2450
me acierta a servir.

ARSIDAS   Tus plantas
me da a besar.

2438 envía: TP2 embidia
2439 Only VT has an aside.
2440 Only VT has an aside.
2441 sepa: TP1, TP2 sepan
2446 mas pienso que puedo poco: VT mas juzgo que podrè poco

MENÓN   No lo ignoro;
pero mandadle a él lo fácil,
y a mí lo dificultoso.

NINO   Venid conmigo a saber   2455
si lo es o no cuidadoso.

[a Arsidas]   Vos leedla; [a Menón] y vedme, agora
cualquier despacho estorbo.   Vase.

MENÓN   Tomad; y si acaso puede
un desdichado a un dichoso   2460
dar algo, sea un consejo;
y es que, atento, cuerdo y pronto
sirváis, sin enamoraros,
porque lo permitís todo.   Vase.

ARSIDAS   Bueno es el consejo; pero   2465
muy tarde hoy le oïgo,
pues yo solamente sirvo
porque otra hermosura adoro.
¡Con qué temores que dudo!
¡Oh pliego, tu nema rompo!   2470

(Lee)   'Gran señor: Estorbato, Rey de Batria,
viendo que a los umbrales de su patria
victorioso llegaste,
y que aquella conquista perdonaste,
soberbio [ha] presumido   2475
que sea temor lo que omisión ha sido.

2455-7 None of the texts indicate whom Nino is addressing.
2458   cualquier: VT qualquiera
2462   atento: TP2 arento
2464   permitís: VT perdereis
2465   pero: TP2 peto
2466   muy tarde hoy le oigo: VT ya es muy tarde quando le oygo. According to the ordinary laws of Spanish prosody the TP line is short but it is otherwise perfectly acceptable.
2469   ¡Con qué temores que dudo!: VT con què de temores dudo!
2471   Batria: TP2 Bitria
2475   soberbio [ha] presumido: TP1, TP2, VT soberuio, y presumido

Con esto, y con que a él se pasó huyendo
Lidoro, Rey de Lidia, pretendiendo
el uno de su imperio apoderarse
segunda vez, y el otro en Siria entrarse,   2480
ejércitos previenen,
....
todos los naturales,
divisos y parciales,
a su Rey esperando,   2485
sospechosos están, y yo aguardando
la invasión. Pocas son las fuerzas mías
si tú, señor, socorro no me envías'.
   ¿Quién se habrá visto jamás
tan confuso y tan dudoso,   2490
pues vengo a ser hoy conmigo
secretario de mí proprio?
Como a la Batria pasase
deshecho, vencido y roto,
habrá corrido esta voz   2495
que con Estorbato torno.
¿Qué haré? ¿Diré al Rey quién soy?
No; que de mí sospechosc,
querrá asegurar conmigo
aqueste nuevo alboroto.   2500
Callaré sólo hasta que
la ocasión descubra el modo,
que mejor me estará. ¡Irene!,
por ti ¡en qué empeños me pongo!

2481-3 TP1, TP2 have for 2481:

      exercitos preuienen todos los naturales

Two lines of seven syllables have come together and a line, which should separate them, has been left out.

VT has:

      Exercitos preuienen,
      y como en tal confiança se mantienen
      todos los naturales...

2484 divisos: TP1, TP2 diuersos
2501 sólo: VT oculto
2503 que mejor me estará. ¡Irene! : VT que mejor me estè: ò Irene,...

Vase, y salen Irene, Semíramis y damas.

IRENE	¿En fin, que nada te agrada	2505
	................................?	

SEMÍRAMIS Es el desvanecimiento
tal que en estas cosas pongo,
que pienso hacerlas mayores
en siendo Menón mi esposo.   2510

IRENE ¿Estás muy enamorada
dél, Semíramis?

SEMÍRAMIS   Conozco
que debo a Menón, señora,
todas las dichas que gozo;
y como de agradecida   2515
hay un término tan corto
a enamorada, decir
que lo estoy será forzoso;
si bien es a mi presencia
tal, que...

IRENE   Dilo.

SEMÍRAMIS   Que me corro   2520
de que haya de ser mi dueño
quïen es vasallo de otro.

IRENE Salíos tod[a]s allá fuera.

Vanse las damas.

IRENE Ya, Semíramis, que toco
esta plática, no puedo   2525
dilatar más mis enojos;
y así, antes que me preguntes
porqué a este empeño me arrojo
ni qué me obliga, te mando

2504+ TP1, TP2 *Salen Irene, Semiramis, y Damas.* TP2 has *Semeramis*
2505-6 TP1, TP2 have the question-mark after *agrada* and the following line
  is missing. VT has *de vn sitio tan deleytoso?*
2508 *que en estas:* TP2 *que estas*
2519 *si bien es a mi presencia:* VT *si bien, es mi presuncion*
2523 *tod[a]s:* TP1, TP2, VT *todos*
2523+ Only VT has the stage-direction.

que desde este instante proprio 2530
estés persuadida a que
Menón no ha de ser tu esposo;
porque, aunque vasallo, tiene
dueño, si no tan hermoso,
menos ingrato y más noble, 2535
menos vano y más heroico.
Si el Rey casarte mandare,
con desdén ceremonioso
has de fingir que no tienes
gusto en este desposorio; 2540
y a él le has de dar a entender
que le aborreces, de modo
que, viéndose aborrecido,
aborrezca; pues no ignoro
que sabe una ingratitud 2545
pasarse de amor a odio.
Y pues el Rey hoy por este
jardín ha venido, torno,
Semíramis, a decirte
que en esta puerta me pongo, 2550
sólo a ver de la manera
que tus labios y tus ojos
empiezan a introducir
los desdenes rigurosos
de tu fingida mudanza. 2555
Y así, por ahora sólo
te advierto que desde aquí
todas las acciones noto.

Escóndese, y sale Nino y Menón.

NINO   Esto ha de ser porque está
Semíramis ya aquí, y topo 2560
tan buena ocasión. Detrás
de aquestas murtas me escondo.

2532 Menón no ha de ser: VT no ha de ser Menon
2533 aunque vasallo: VT aunque es vassallo
2550 esta: VT essa
2551 sólo a ver de la manera: VT solo à mirar de la suerte
2558+ *sale:* VT *salen*
2560 topo: VT logro

Llega, dándole a entender
cuánto es tu afecto muy otro;   2565
advirtiendo que me quedo
donde cuanto digas oigo.

Escóndese.

SEMÍRAMIS [*aparte*]   ¿Habrá rigor más violento?

MENÓN [*aparte*]   ¿Trance habrá más riguroso?

SEMÍRAMIS [*aparte*]   ¿Que aya de dar a entender
yo que ingrata correspondo?   2570

MENÓN [*aparte*]   ¿Que haya de decir por fuerza
yo, que lo que estimo enojo?

SEMÍRAMIS [*aparte*]   Sí, pues así le aseguro.

MENÓN [*aparte*]   Sí, pues así la reporto.

SEMÍRAMIS [*aparte*]   Aunque, si a la ira advierto...   2575

MENÓN [*aparte*]   Aunque, si atiendo a mi enojo...

SEMÍRAMIS [*aparte*]   que de la envidia de Irene
dentro de mi pecho formo...

MENÓN [*aparte*]   que de los celos del Rey
dentro de mi alma lloro...   2580

SEMÍRAMIS [*aparte*]   en fingir que le aborrezco...

MENÓN [*aparte*]   en decir que no la adoro...

SEMÍRAMIS [*aparte*]   sospecho que no haré mucho.

2566+   VT has *Escondese el Rey.*
2567   The asides are my own up to 2604
2573   le: VT la
2574   la: VT le

MENÓN [*aparte*] presumo que haré muy poco.

IRENE [*aparte*] Ya se han visto. ¡Celos, tenga   2585
        piedad mi industria en vosotros!

NINO [*aparte*] Ya se hablan. ¡Consiga, celos,
        mi pena algún desahogo!

SEMÍRAMIS   En mucho estimo, Menón,
        hoy a los cielos piadosos   2590
        esta ocasión que me han dado
        de hablaros en mis enojos;
        que a dilatarse un instante,
        presumo que escandalosos
        reventaran el volcán   2595
        de mi pecho, dando asombros
        al Cielo, hasta que llegase
        o lo ardiente o lo ruidoso
        de mis quejas a deciros
        que, ofendida de vos, torno   2600
        por consejo a aconsejaros
        no tratéis de ser mi esposo.

IRENE [*aparte*] No entra mal en el despecho
        Semíramis.

MENÓN *(aparte)*   ¡Rigurosos
        cielos! Si ella no ha sabido   2605
        que el Rey está oyendo, ¿cómo
        me habla con tanto rigor?

NINO [*aparte*] ¿Semíramis, ¡estoy loco!,
        sale al paso a su mudanza?

MENÓN *(aparte)* (¡Que sea, ¡ay de mí!, forzoso,   2610
        siendo sus enojos falsos,
        hacer ciertos sus enojos!)

2603   despecho: VT despago
2604   Only VT has an aside.
2608   VT has Semiramis (estoy loco!)...
2610   Only VT has an aside.

[*alto*]   Semíramis, aunque tengas
quejas de mí, y aunque ignoro
la ocasión, no te he de dar   2615
[*aparte*] (¡quién vio más terrible ahogo!)
[*alto*]   satisfacciones, porque
no puedo. [*Aparte*] (Atiende a mis ojos,
hermoso imposible mío.)
[*alto*]   Esto a las quejas respondo;   2620
y en cuanto a que ser no quieras
mi esposa, yo te perdono
el desaire, (*aparte*) (no hago tal),
[*alto*]   de decírmelo a mi rostro;
pues con eso has excusado   2625
que yo te diga lo proprio.

SEMÍRAMIS   ¿Que tú lo dijeras?

MENÓN   Sí.

IRENE [*aparte*] ¡El la desprecia! ¡Qué oigo!

NINO [*aparte*] No empieza a fingirlo mal.

SEMÍRAMIS *(aparte)* (Si él, ¡Cielo!, está tan remoto   2630
de que Irene me está oyendo,
¿cómo me habla deste modo?)
[*alto*]   Pues si vos tan consolado
estáis, que de mis enojos
aun no preguntáis la causa,   2635
no añadamos unos a otros.
Id con Dios.

2616 Instead of giving an aside, the three texts bracket this line.
2623-4 TP1, TP2 have:

> el desayre: no hago tal,   *Ap.*
> el dezirmelo a mi rostro,...

VT:

> el desayre (no hago tal)   à par
> de dezirmelo en mi rostro,...

2636 unos a otros: VT vno a otro

MENÓN   Quedad con Dios.

SEMÍRAMIS [*aparte*] ¡Qué sin afecto amoroso
                me llega a hablar y se vuelve!

MENÓN [*aparte*] ¡Con qué seco desahogo   2640
                me deja ir y no me llama!

SEMÍRAMIS [*aparte*] Pero el callar es forzoso.

MENÓN [*aparte*] Pero el sufrir es preciso.

SEMÍRAMIS [*aparte*] ¡No hubiera un estilo como
                hablar callando!

MENÓN [*aparte*]   ¡No hubiera   2645
                de callar hablando un modo!

SEMÍRAMIS (*a Irene*) Para la primera vez
                que a servirte me dispongo,
                bien entablado he dejado
                el temor.

IRENE   Ya lo conozco;   2650
                pero quisiera que fuese
                más declarado el oprobrio.

SEMÍRAMIS ¿Más?

IRENE   Sí.

MENÓN (*a Nino*)   Para la primera
                licción que de olvido tomo,
                ¿no la he repetido bien?   2655

2637+ VT has a stage-direction: *Hazen que se vàn.*
2647 Only VT has *a Irene.*
2653 Only VT has *a Nino.*
2654 licción: TP1 liclon

NINO   Sí, pero la has dicho poco.

MENÓN   Pues pensé yo que era mucho,
            y aun de lo mucho me asombro.

IRENE [a Semíramis]   Vuélvele a llamar, y asienta
            que no se trate en ser tu esposo.   2660

NINO [a Menón]   Vuélvela a hablar; dila que
            no has de hacer el desposorio.

SEMÍRAMIS   Sí haré. [Aparte]. (Hablen mis sentidos
            aquí, cumpliendo con otros.)

MENÓN   Sí haré. [Aparte]. (Mi dolor conmigo   2665
            cumpla aquí, hablando en mí propio.)

SEMÍRAMIS   Menón.

MENÓN   Semíramis.

SEMÍRAMIS   Pues
            ¿a qué tornáis aquí?

MENÓN   Torno,
            yo no sé a qué. Decid vos,
            ¿porqué me nombráis?

SEMÍRAMIS   Os nombro   2670
            porque... Pero ¿qué sé yo?
            cuando andáis tan cauteloso
            para deciros que os llamo...
            por deciros que me corro
            de haberos dado esperanza   2675
            de que seréis tan dichoso
            de que me merezcáis nunca.

2657 Pues pensé yo que era mucho: VT Pues yo crei que era mucho.
2659-65 The asides are again my own.
2677 de que me merezcáis nunca: VT que jamàs me merezcais

MENÓN   Pues yo volvía a eso proprio.

SEMÍRAMIS   Sí; mas quiero yo decirlo;
vos no lo digáis.

MENÓN   En todo   2680
opuestos parece hoy,
ingrato imposible, somos;
pues yo no decirlo quiero,
y que vos lo digáis tomo
por partido.

SEMÍRAMIS   ¿Qué os obliga?   2685

MENÓN   No sé. ¿A vos?

SEMÍRAMIS   También lo ignoro.

MENÓN   Decidlo vos; que quizá
tenéis...

SEMÍRAMIS   ¿Qué?

MENÓN   ...menos estorbo.

SEMÍRAMIS   Quizá mayor.

MENÓN   No es posible.

SEMÍRAMIS   No os entiendo.

MENÓN   Yo tampoco;   2690
mas si vierais lo que paso...

SEMÍRAMIS   Si supierais lo que escondo...

2681   opuestos parece hoy: VT opuestos parece que oy
2682   ingrato imposible: TP1, TP2 ingrato, y possible
2683   decirlo quiero: VT quiero dezirlo
2686   No sé. ¿A vos?: VT No sè, y vos?

MENÓN   vierais...

SEMÍRAMIS   supierais...

MENÓN   que yo...

SEMÍRAMIS   que yo...

MENÓN   siento...

SEMÍRAMIS   sufro...

IRENE Y NINO [*aparte*]   ¡Qué oigo!

SEMÍRAMIS   porque...

MENÓN   Decid.

SEMÍRAMIS   Estoy muda;   2695
        hablad vos.

MENÓN   Estoy dudoso.

SEMÍRAMIS   Pues adiós.

MENÓN   Adiós, pues. Idos.
   (aparte)   (Pero así el silencio rompo.)
   [*alto*]   Vos por esta parte.

SEMÍRAMIS   Idos
        por estotra.

IRENE   ¡Necia!

NINO   ¡Loco!   2700

2694   *Irene y Nino:* TP1, TP2 *Los dos.*   The aside is my own.
2695   porque: TP1, TP2 Porque?
2698   Pero así el silencio rompo: TP1, TP2 sin el silencio romper.   Only
       VT has an aside.
2699   Idos: VT Y vos

IRENE   ¿Qué has dicho?

NINO   ¿Qué has hecho?

SEMÍRAMIS   Yo
            nada he dicho,

MENÓN   Yo tampoco.

IRENE   ¡Señor!

NINO   ¡Irene!, ¿tú aquí?

SEMÍRAMIS [*aparte*]   ¡Muerta estoy!

MENÓN [*aparte*]   ¡Estoy absorto!

IRENE   Sí, señor, *(aparte).* (Disculpad, ¡cielos!   2705
            esta sospecha en mi abono.)
            porque a Semíramis dije
            que, aunque haya de ser su esposo
            Menón, estando conmigo
            no se atreva a hablar de modo   2710
            que el respeto de mi sombra
            peligrar pueda en un solo
            átomo; y así escuchaba
            ofendido mi decoro.

NINO   Yo no escuchaba por eso;   2715
            que, habiendo tan alevoso
            descubiértome Menón,
            responderé de otro modo;
            pues él, Semíramis, quiere,
            que vos sepáis que os adoro.   2720

2700+ VT has a stage-direction here: *Truecanse, y al entrar, Menon halla
       à Irene, y Semiramis al Rey.*
2706   esta: TP1, TP2, VT desta
2718   responderé: TP1, TP2 responderme

SEMÍRAMIS [*aparte*]   ¿Qué es esto, cielos? ¡De mí
    enamorado el Rey! ¡Qué oigo!

NINO   Semíramis, yo he querido
    salvar la voluntad mía
    de especie de tiranía.   2725
    A este fin he prevenido
    facilitar el olvido
    de Menón, por merecer,
    sin ser yo tirano, ser
    dueño de mi voluntad,   2730
    fiando de su amistad
    aún más que de mi poder.
    El lance de hoy es testigo
    del estado de los dos:
    por andar fino con vos,   2735
    traidor ha andado conmigo.
    No que os quiera le castigo,
    que fuera culpar mi amor
    dar el suyo por error;
    que me ofenda, sí, que es justo;   2740
    pues quien es traidor al gusto
    a todo será traidor.
    ¡Hola!

Sale Arsidas.

ARSIDAS   Señor.

NINO   A esa fiera
    desconocida y ingrata,
    que a quien la alimenta mata,   2745
    las armas quitad, y muera

2738 culpar: TP1, TP2 culpa
2740 que es: VT y es
2742 TP1, TP2 have a todo serà traydor: Ola? The beginning of 2743 has
      thus crept into the previous line.
2743 TP1, TP2 combine speaker and stage-direction.
2744 y: VT e

en la prisión más severa
de Nínive; su castigo,
que será escarmiento, digo,
de toda Siria, pues hallo   2750
ser malo para vasallo
quien no es bueno para amigo.

MENÓN   Esta, señor, es mi espada;
que no puedo en trance igual,
darte mejor memorial   2755
que ella de sangre bañada.
Mira ya a tus pies postrada
la que fue rayo de Oriente;
sólo pido que, prudente,
adviertas que rayo ha sido,   2760
y que, así, no habrá ofendido
los laureles de tu frente.

2756   que ella: TP1, TP2 que a ella
2757-62   TP1 has:

> Solo pido, que prudente
> aduiertas, que rayo ha sido,
> y que assi no avrà ofendido
> los laureles de tu frente
> la que fue rayo de Oriente.

The last six lines of the décimas in this section rhyme a c c d d c. The pattern of TP1 —c d d c c— indicates that the last line is an extra one while the fifth (a) and sixth (c) lines are missing. TP2 has:

> La que fue rayo de Oriente,
> solo pido, que prudente
> aduiertas, que rayo ha sido,
> y que assi no avrà ofendido
> la que fue rayo de Oriente.

The rhyme is now c c d d c. The fifth line (a) is still missing. The sixth line (c) is introduced and turns out to be the last extra line from TP1. But TP2 repeats this as the last line of the stanza, omitting TP1's perfectly good line los laureles de tu frente.

VT has:

> mira ya à tus pies postrada
> la que fue rayo de Oriente,
> solo pido que prudente
> adviertas, que rayo ha sido,
> y que assi no avrà ofendido
> a Iupiter eminente.

The rhyme scheme is now correct. VT has inserted the fifth line (a), retained TP2's sixth line (c), and replaced TP2's last line with a new one. I give VT's reading with the exception of the last line which is perfectly good in TP1. This again suggests that VT did not see the TP1 text. Cf. 2435-6.

Todo mi delito es
que amor hiciese delito.
Tu perdón no solicito;   2765
antes, te pido me des
una y muchas muertes; pues
tan firme me considero
en el afecto primero,
que estimo el rigor; que ya   2770
lo que padezca será
testigo de lo que quiero.

   El Rey, Semíramis bella,
porque te adoro, se ofende.
¿Qué prende en mí, si no prende   2775
también conmigo a mi estrella?
¿Ella no me influye? ¿Ella
no es astro del cielo? Sí.
Pues ¿qué importará que aquí
prisión den a mi pasión,   2780
si también en mi prisión
sabrá mi estrella de mí?

   Y ¿qué es estar preso? Muerto
tengo de estarte adorando;
que si las estrellas, cuando   2785
luz recibieron, es cierto
crían su influjo, hoy advierto
que, antes de llegar yo a ellas,
si quisieron las estrellas
mi amor, que en ellas está,   2790
después y antes durará
todo lo que duren ellas.

NINO   Llevadle de aquí. Mas no;
dejadle. Cobra tu acero;
que otra experiencia hacer quiero   2795
yo de cuanto valgo yo.
¡Semíramis!

2763 delito: TP1, TP2 deleyte,
2764 que amor: VT que a amor.
2789 si: TP1, TP2 se

SEMÍRAMIS [*aparte*]   ¡Quién se vio
en tal duda!

NINO   Aunque pudiera
conseguir de otra manera
de tu hermosura el favor,   2800
quiero deber a mi amor
lo que a mi poder debiera.
    En tu libertad estás;
que yo no he de ser tirano.
Si a Menón le das la mano,   2805
a un infeliz se la das,
en cuyo estrago verás
las mudanzas de la luna;
que si mi suerte importuna
su amor no puede quita[l]le,   2810
podrá, a lo menos, negalle
los bienes de la fortuna.
    De mi gracia despedido,
de mi Corte desterrado,
de mis imperios echado,   2815
de mi gente aborrecido,
mísero, triste, abatido,
ha de vivir, sin honor,
sin amparo y sin favor.
Si con esto quieres ser   2820
su mujer, sé su mujer;
que yo moriré de amor.

MENÓN   Semíramis, si es que aquí
quieres ser agradecida,
acuérdate que la vida   2825
y el segundo ser te di.

2810-11   quita[l]le... negalle: TP1, TP2 quitarle... negalle, VT quitarle... negarle.   Calderón probably wrote quitalle, which the compositor corrected.   By 1664 the 11 in this position was disappearing.
2826   y el: TP1, TP2 dèl
te di: TP2, VT de ti

NINO   Que tú me la diste a mí,
y que a pagarla me atrevo,
te acuerda también.

MENÓN   Yo llevo
ventaja.

NINO   Si a esto te mueves...   2830

MENÓN   Págame lo que me debes.

NINO   Cobra lo que yo te debo.

MENÓN   ¿Qué blasón más celebrado
tendrá tu famoso nombre,
que poder hacer a un hombre   2835
dichoso de desdichado?

NINO   Porque sea infeliz tu hado,
no te haga infeliz a ti.

IRENE   Tiempo de pensarlo aquí
la dad.

SEMÍRAMIS   No le he menester   2840
a lo que he de responder.

LOS DOS   Luego ¿ya lo sabes?

SEMÍRAMIS   Sí.
Menón, aunque agradecida
a tus finezas me siento,
ningún agradecimiento   2845
obliga a dejar perdida
toda la edad de una vida;
que el que da al que pobre está,
y con rigor cobra, ya
no piedad, crueldad le sobra;   2850
pues aflige cuando cobra
más que alivia cuando da.

2834   tu: TP2 su
2842   sabes: TP1, TP2 sabeis
2851   aflige: TP2 afiije

112

Si ya tu suerte importuna,
si ya severo tu hado
pródigos han disfrutado   2855
lo mejor de tu fortuna,
la mía, que hoy de la cuna
sale a ver la luz del día,
la luz quiere; que sería
horror que una a otra destruya;   2860
y si acabaste la tuya,
déjame empezar la mía.

Si de un vicio la inquietud,
de una virtud el indicio,
vuelve la virtud en vicio   2865
antes que el vicio en virtud,
más con la solicitud
de mi vida vencer oso
tu desdicha; que es forzoso
que, una de otra acompañada,   2870
tú me hagas desdichada
y yo no te haga dichoso.

La vida que te debí,
con tomarla la pagué;
por ti lo hiciste, pues fue   2875
antes de saber de mí.
La que yo a Nino le di
la misma duda ha tenido;
mas si él honrarme ha querido,
¿no será, Menón, error   2880
por seguir a un acrêdor,
dejar a un agradecido?

Del Rey en desgracia estás,
sin privanza y sin estado;
fugitivo y desterrado,   2885
de su vista huyendo vas.
No puedo hacer por ti más
hoy que el no ser tu esposa;
que hermosa mujer, no hay cosa

2854   severo tu hado: VT tu severo hado
2860   horror: VT error

que tanto a un hombre le sobre,   2890
porque es sátira del pobre
el tener mujer hermosa.   *Vase.*

NINO   Pues de tu esperanza estás,
Menón, tan desengañado,
para siempre desterrado   2895
hoy de Nínive saldrás,
sin que ya esperes jamás
ver a Semíramis bella;
que pues que te deja ella
sin saberme tú obligar,   2900
no te quiero yo dejar
ni aun el consuelo de vella.

Vanse, y queda solo Menón.

MENÓN   ¿Vivo o muero? Cierto es que si viviera,
este dolor, sin duda, me matara;
y si muriera, es consecuencia clara   2905
que este dolor, sin duda, no sintiera.
    Luego vivo a sentir mi pena fiera
y muero a no sentirla. ¡Oh, quién se hallara
tan afecto a los dioses, que alcanzara
el querer y olvidar cuando él quisiera!   2910
    Privanza, honor, estado, Rey y dama
perdí, y sólo ha llegado a consolarme
que aun ha dejado qué perder mi estrella.
    ¿Alma no tengo? Sí; pues hoy la fama
condenado de amor podrá llamarme,   2915
porque aun el alma he de perder por ella.

*Vase, y sale Chato, vestido de soldado ridículo,
con espada y plumas.*

CHATO   ¡Señor!, ¡ah señor!, ¡señor!
Fuese, yendo paso a paso,
sin hacer de mí más caso
que de un enfermo un doctor;   2920

2902 vella: TP1, TP2 bella.
2902+ Only VT has the stage-direction.
2910 No exclamation in any text.

que ésta es la cosa de que
menos se le da, a fe mía,
pues viéndole cada día,
parece que no le ve.

Saber quije si es así   2925
una voz que ahora corrió
de que a Semíramis no
se le da un maravedí

de todo su amor, porque
la quiere el Rey; y yo hallo   2930
que haría mal en pescodallo,
supuesto que yo lo sé.

Que claro está que una dama
más del Rey lo querrá ser,
que de otro propia mujer;   2935
porque aquello de la fama

es fama, y póstuma ya,
que ha mil días que murió;
o si no, dígalo yo,
o mi mojer lo dirá.   2940

¿Qué importa a ser que me ven
ser della expulso marido,
....
como bien y bebo bien?

Sale Sirene.

SIRENE [*aparte*] (Hasta que tope con él,   2945
toda Nínive he de andar,
y aun en palacio he de entrar.

2923   viéndole: TP1, TP2 viendola
2927   de que a Semíramis: TP1, TP2 de que Semiramis
2931   pescodallo: VT pescudallo
2940   mojer: VT muger
2941   a ser que: VT a los que
2943   Missing in TP1, TP2. VT has si yo ando en traje lucido
2944   Only VT has the question-mark.
2945   tope: VT encuentre. The asides are my own.

Pescodarle quiero a aquel
que allí está, si le vio acaso.)
[*alto*] Soldado, decidme vos...   2950

CHATO [*aparte*] Mi mujer es, juro a Dios.

SIRENE si habéis visto...

CHATO [*aparte*]   ¡Lindo paso!

SIRENE   a uno que se llama Chato.
Tras Semíramis ha un mes
se vino, por señas que es   2955
grandísimo mentecato.

CHATO   ¡No le conozco, por Dios!
Que un chato es, que aquí ha venido,
narigón tan entendido,
que no se acuerda de vos.   2960

SIRENE   ¡Ay Chato del alma mía!
¿Eso es lo que en ti tengo,
cuando sola a verte vengo?
CHATO ¿Sola?

SIRENE   Sin más compañía
que mis lágrimas no más.   2965

CHATO   ¡Qué amor! Esto sí es tener
un hombre honrada mujer.

SIRENE   ¡Qué bravo soldado estás!
No te había conocido.

2948 Pescodarle: VT Pescudarle
2951 juro a Dios: VT viue Dios
2955 se vino: VT que vino
2957 por: VT par
2962 VT has esto es lo que yo en ti tengo
2964 TP1, TP2 read:
  Chat. Sola?
  Siren. Sola, sin mas compañia
VT correctly omits the second sola.

CHATO   Por eso me habrás buscado;   2970
que más un bravo soldado
vale, que un manso marido.

SIRENE   Ya la malicia es en balde;
que ya Floro se ausentó.

CHATO   ¿Y a falta de buenos, yo   2975
so buscado para alcalde?
     Pues por adonde venís,
Sirene, os podéis tornar,
que acá hay mucho que pensar,
y aguarda Semíramis.   2980

SIRENE   Tras ti he de ir.

CHATO   Y yo enojado
más de un hora pienso estar;
que esto es saber castigar.   *Vase.*

....

Salen [Nino] y Arsidas.

NINO   ¿Eso contiene la carta?   2985

ARSIDAS   Esto la carta contiene.

NINO   No me da cuidado el ver
que Estorbato guerra intente
contra mí, cuanto pensar
que Lidoro con él vuelve.   2990

....

y así, a partirte resuelve
a toda priesa.

2982   un hora: VT vna hora
2983   TP1, TP2 have *Vanse* while the following line is missing. VT has
       Pues para ésta, menguado, spoken by Sirene and followed by her exit,
       Vase.
2984+   TP1, TP2 simply have *Salen*, VT *Salen el Rey, y Arsidas.*
2988   Estorbato: TP1, TP2 Astorbato
2991   Missing in TP1, TP2. VT has por mi General te nombro

ARSIDAS   Tus plantas
beso humilde; que bien puedes
creer, mïentras te sirvo,   2995
que Lidoro no te ofende.

NINO   Despúes trataremos deste
desprecio, y agora vete;
que pues ya la escura noche
las alas nocturnas tiende,   3000
coronado de esperanzas
mi amor, hasta que desprecie
Semíramis a Menón,
hablarla a solas pretende,
porque el favor no embarace   3005
la asistencia de más gente;
y así, mientras yo a su cuarto
voy, tú desde aquí te vuelve.   *Vanse.*

Sale Menón.

MENÓN   Pisando las negras sombras,
imágenes de mi muerte,   3010
con la llave que tenía
de los jardines de Irene,
a Semíramis veré;
que aun el metal muchas veces,
siendo inanimado, ignora   3015
a qué nace; dígalo éste,
labrado para favores,
logrado para desdenes.
Hablarla pienso; porque
antes que della me ausente,   3020

2995 mïentras te sirvo: VT mientras yo te siruo
2997-8 Despúes trataremos deste / desprecio: VT Despues tratarèmos de
      essos / despachos
2999 escura: VT obscura
3008+ VT has *Vase cada vno por su lado, y sale Menon en trage de noche*
3009 Pisando: TP1, TP2 passando
3019 pienso: VT intento

el tropel de mis desdichas
me aconseja que me queje
de su ingratitud; que al fin
un ofendido no tiene
ni más favor que le ampare,　　　　　　　　3025
ni más duelo que la vengue.

Sale Nino.

NINO　　　Noche, aunque siempre hayas sido
tercera de hurtos aleves,
sélo esta vez de hurtos nobles
tercera también. No siempre　　　　　　3030
tu horror induzca a los males;
guía un día hacia los bienes.

MENÓN　　Entraré en su cuarto, pues
informado de que es éste
estoy ya; y el corazón　　　　　　　　3035
lo dijera sin saberle.

NINO　　　Este es su cuarto; mejor
dijera la esfera breve,
adonde en golfo de flores
el sol más hermoso duerme.　　　　　　3040

MENÓN　　¡Oh centro de mi esperanza!

NINO　　　¡Oh patria de mis placeres!

MENÓN　　¡Qué triste piso tu umbral!

3021　tropel: TP1, TP2 tiempo. VT's reading seems satisfactory but he
　　　makes *tropel* the subject and *me* the object of *ausente,* changing the
　　　punctuation of the TP texts.
3026+　VT reads *Sale Nino en trage de noche*
3029　sélo: TP2 solo
3033　en su cuarto: VT à su quarto
3036+　TP1, TP2 have *Sale Nino* which has been given previously.
3040+　VT has *Vanse acercando los dos*

NINO	Tu friso toco, ¡qué alegre!	
MENÓN	Pasos siento.	
NINO	Un bulto miro.	3045
MENÓN	Ya me es forzoso volverme.	
NINO	Ya me es forzoso seguirle,	
	aunque recatado intente...	
	¡Hijo aborto de las sombras,	
	tengo de saber quién eres!	3050
MENÓN	La voz es del Rey. Aquí	
	no hay resistencia más fuerte	
	que el hüir. ¡Quieran los dioses	
	que ya con la puerta acierte!	

Vanse, y vuelve el Rey desnuda la espada.

NINO	Sin darme respuesta alguna,	3055
	cobarde la espalda vuelve.	
	Sabré quién es; ¿quién al culto	
	sagrado destas paredes,	
	licenciosamente osado,	
	a tales horas se atreve?	3060

Vuelve a salir Menón.

MENÓN	Perdí el tino. ¡Hojas y ramas,	
	pues sois de amor delincuentes,	
	toda la vida abrazadas,	
	en vuestro centro escondedme!	

3044 ¡qué alegre!: VT ò què alegre
3048-50 TP1, TP2 read:

> aunque recatado intente,
> hijo aborto de las sombras,
> tengo de saber quien eres.

    VT:

> aunque recatado intentes
> huir, aborto de las sombras,
> tengo de saber quien eres.

3054 VT has *Vase* here but no subsequent stage-direction.
3060 The question is my own. VT has *Vase* here.
3060+ There is no stage-direction in TP1, TP2.
3063 abrazadas: TP1, TP2 abraçados
3064+ VT has *Buelve el Rey con la espada desnuda,* given previously by TP1 and TP2.

NINO	No podrán; que a mucha luz	3065
	te sigue mi fuego ardiente.	

MENÓN   Yo no he de sacar la espada;
             por aquestas puertas entre,
             a ver si topo por dónde
             me arroje, aunque me despeñe   3070
             sobre las ondas del Tigris.

NINO   Mal el hüir te defiende;
           que aunque huyas como cobarde,
           te sigo como valiente.

          [*Salen Semíramis y Silvia*].

SEMÍRAMIS   Pasos oigo y voces dar[se].   3075
             Dadme luz; saber intente
             quién aquí. Menón, ¿qué es esto?

MENÓN   Vine yo a buscar mi muerte;
           y haberla hallado, que es harto,
           siendo infelice.

NINO   ¿Tú eres,   3080
           traidor? Mas ¿quién sino tú
           fuera traidor tantas veces?

3068   VT reads por esta puerta es bien que entre
3069   topo: VT encuentro
3072   For the speaker TP1 has *Men.*
3075-7 TP1 reads:
         Sem.   Passos oygo, y vozes darme,
                    dadme luz, saber intente
                    quien aqui: Menon, que es esto?
Apart from *darme*, which I emend to *darse*, the reading is perfectly
good. TP2 changes *saber* to *salir*, thus changing the sense of the passage. Neither indicates the entrance of Semíramis. VT reads:
    Sem. dent.   Passos oigo, y vozes: dadme
                 vna luz, salir intente:
            Sale Semiramis con luz.
            Quien aquí? Menon, què es esto?
VT again seems to be following TP2.

3078   Vine: VT Venir

18

MENÓN   Sí; pero traición de amor,
traición que honra más que ofende.

NINO   ¿No te mandé que salieras   3085
de Nínive?

MENÓN   Obedecerte
quise. Salí; mas no hallé
otro refugio sino éste.

NINO   ¿Por dónde entraste?

MENÓN   No sé.

NINO   Aunque es tu honor,   3090
muere, traidor, a mis manos.

SEMÍRAMIS   No le mates, señor, tente.

MENÓN   Suspende la ira, si es que
celos del ruego no tienes.

NINO   No; que son mis celos nobles,   3095
y rogados se suspenden;
que si el vengarme interés
es mío, cuando eso fuere,
es interés del respeto
de Semíramis el verse   3100
obedecida; y así,
entre los dos intereses,
quiero ser rebelde al mío
por ser al suyo obediente.

3088   otro refugio sino éste: TP1, TP2 have only sino este, the first half of
the line being omitted.
3089   No question-mark in TP1, TP2.
3090-1   The line is short in TP1, TP2.
      VT has:
                 Aunq[ue] es tu honor darte muerte
                 yo, traydor, muere a mis manos.

3094   TP1, TP2 have a question-mark.
3100   el verse: TP1, TP2 al verse

La vida te doy; levanta,　　　　　　　　　　　3105
pues Semíramis lo quiere.

SEMÍRAMIS　　Yo lo estimo, por pagarle,
señor, y porque me deje,
viéndose ya en paz conmigo;
que si una vida le debe　　　　　　　　　　　3110
mi ser, dándole otra vida,
ya ningún derecho tiene
contra mí; y así, Menón,
pues en paz estamos, vete,
y déjame que yo logre　　　　　　　　　　　3115
de mi destino la suerte.

NINO　　Eso no; que es dura cosa
que a darle la vida llegue,
y otra que no llegue a darle
castigo; y así se medie:　　　　　　　　　　3120
que viva, pues tú lo mandas,
mas preso, pues que me ofende.
La escuadra que está de guarda
en este cuarto de Irene,
di, Silvia, que mando yo　　　　　　　　　　3125
que hasta estos jardines entre.

Vase Silvia.

MENÓN　　Si me prendes, no me das
vida, sino civil muerte.

SEMÍRAMIS　　Tenga, señor, libertad,
siquiera por intereses　　　　　　　　　　　3130
de la vida que me dio.

3107　　pagarle: TP1, TP2 pagarte
3117　　dura cosa: VT vna cosa
3119　　no llegue a darle: TP1, TP2 no lleguè a darte
3122　　mas preso, pues que me ofende: VT pero en prision, pues me ofende
3126+　　VT, having failed to indicate the entrance of Silvia previously, has
　　　　the stage-direction: *Silvia, que saliò con Semiramis, y tiene | la luz
　　　　la pone en vn lado, y se và.* There is no exit in TP1, TP2.
3127　　das: TP1, TP2 dès
3130　　intereses: TP1, TP2 interès

NINO   Ya está libre. ¿Qué más quieres?
Y aun más he de hacer por ti.
Si otra vez volviere a verte
en su vida, le perdono,   3135
para que nunca te quede
que pedirme más por él.

Salen los soldados con hachas.

SOLDADO [PRIMERO]   ¿Qué me mandas?

SEMÍRAMIS   Piadoso eres.

NINO   Ya, que saquéis a Menón
de palacio solamente,   3140
y con vida y libertad
le dejad donde él quisiere.
Pero mirad; de vos fío...

Habla aparte el Rey con el soldado.

MENÓN   ¡Oh fiera, lo que me debes!

SEMÍRAMIS   ¿Te ha dejado libre?

MENÓN   Sí.   3145

SEMÍRAMIS [*aparte*]   ¡Cuánto un acrêdor ofende!

NINO [*aparte*]   ¿Habéisme entendido ya?

SOLDADO
[PRIMERO]   Y se hará de aquesa suerte.
Vamos.

3132   está: TP1, TP2 estàs
3136   SOLDADO [PRIMERO]: TP1, TP2. VT *Sold. I.*
3137+   No stage-direction in TP1, TP2.
3143+   No stage-direction in TP1, TP2.
3148   [SOLDADO PRIMERO]: TP1, TP2 simply have 2., VT *Sold. I.*

MENÓN [*aparte*] Mucho temo, aunque
        libertad y vida lleve,   3150
        Semíramis, que en mi vida
        yo no he de volver a verte.

        Vase Menón y los soldados.

NINO   Semíramis.

SEMÍRAMIS   Gran señor.

NINO   ¿Hay más en que obedecerte?

SEMÍRAMIS   Mejor dirás en que honrarme.   3155

NINO   Pues estás servida, llegue
        agradecido mi pecho
        a dar una y muchas veces
        los brazos por la elección
        que hoy en quedarte...

SEMÍRAMIS   Detente,   3160
        señor, que si agradecida
        a tus honras y mercedes
        me mostré, de mi fortuna
        logrados los accidentes,
        que favorables conmigo   3165
        se mostraron, cuando pienses
        que son favores de amor,
        más que me ilustran, me ofenden.

NINO   Semíramis, un afecto
        persuadido fácilmente   3170
        a una dicha, mal de aquel
        concepto se desvanece.

3152+ No stage-direction in TP1, TP2.
3153 Both interrogative in VT.
3160 que hoy en quedarte: TP1, TP2 que quiero darte
3164 logrados los accidentes: TP1, TP2 los grados, los accidentes

Yo creí que eran favores
hechos a mi amor haberte
quedado en palacio, y ya   3175
más creeré que son desdenes.
En mi poder estás hoy;
yo te adoro neciamente;
dejaré a tu rendimiento
mi ventura.

SEMÍRAMIS   No lo intentes;   3180
que primero que de mí
triunfe amor, me daré muerte.

NINO   Detendréte yo las manos.

SEMÍRAMIS   Soltarélas yo.

NINO   Mal puedes;
que las prisiones de amor   3185
no se rompen fácilmente.

SEMÍRAMIS   Sí hacen, sí, cuando la lima
del honor sus hierros muerde.

NINO   Yo te adoro.

SEMÍRAMIS   Tú me agravias.

NINO   Yo te estimo.

SEMÍRAMIS   Tú me ofendes.   3190

NINO   Venceráte mi porfía.

SEMÍRAMIS   Sabrá mi honor defenderme.

NINO   Si entre mis brazos estás,
¿de qué suerte?

SEMÍRAMIS   Desta suerte.   *Saca la daga.*
Dándome muerte tu acero.   3195

3194   *Saca la daga:* VT *Sacale la daga*

NINO   Prodigiosa mujer, tente;
que ya en mi sangre bañado
estoy, viendo, osada y fuerte,
esgrimir contra mi vida
iras y rayos crueles.   3200
¡Mi mismo cadáver, cielos,
miro en el aire aparente!
Pálido horror, ¿qué me sigues?
Sombra infausta, ¿qué me quieres?
¡No me mates, no me mates!   3205

SEMÍRAMIS   ¿Qué te acobardas? ¿Qué temes,
señor, si este acero sólo
contra mí sus filos vuelve?
Contra mi pecho le esgrimo,
no contra ti. No receles,   3210
pues a mi lealtad noble y a él
ambos a tus pies nos tienes.

NINO   ¿Qué ilusión, qué fantasía,
formada en el aire leve,
de mi muerte imagen triste,   3215
ya en sombras se desvanece?
Sin duda, alguna deidad,
mujer, en tu amparo tienes,
que con agüeros te guarda,
con anuncios te defiende.   3220
No quiero favor violento
de tus brazos; vuelve, vuelve
ese acero a mi poder,
—¡con qué temor llego a verle!—
que mi palabra te doy   3225
que tu hermosura respete.

3206 ¿Qué te acobardas? ¿Qué temes?: TP1, TP2 Que temes, que te acobardas, VT què te acobarda, què temes...
3208 VT ends the question here, TP1, TP2 after *contra ti,* 3210.
3212 ambos: VT juntos
3214-5 TP1, TP2 have formada en el ayre, buelue / de mi muerte imagen
triste

Mas si tampoco es posible
que sin ella viva y reine,
haya un medio que se oponga
entre gozarte y perderte.   3230

SEMÍRAMIS ¿Qué medio, si es imposible?
Que el Cielo mi honor defiende.

NINO El perderte como amante,
pues que los dioses lo quieren,
y gozarte como esposo.   3235
SEMÍRAMIS ¿Qué dices?

NINO   Lo que ha de verse.

SEMÍRAMIS El ser tu esclava serán
mis rayos y mis laureles.

NINO Verá el mundo en tus aplausos
cuánto a los dioses les debes.   3240

SEMÍRAMIS Hija soy de Venus, y ella
mis fortunas favorece.
[aparte] (Yo haré, si llego a reinar,
que el mundo a mi nombre tiemble.)

Vanse, y salen los soldados, y Menón, sacados los ojos.

MENÓN ¡Ay infelice de mí!   3245
....
¿dónde me lleváis, después
que tiranos y crueles
me habéis sacado los ojos?

3231 TP1, TP2 have the question-mark after *defiende,*   VT after *medio.*
3239 tus: TP1, TP2 sus
3244 que el mundo a mi nombre tiemble: TP1, TP2 que el mundo mi nombre tie[m]ble, VT q[ue] el Mundo mi no[m]bre tiemble
3244+ VT has *Va[n]se* in the previous line and here *Sacan los Soldados à
Menon ciego*
3246 Missing in TP1, TP2. VT has dezidme (ay hado inclemente!)

UNO   Mandato del Rey es éste.   3250
El nos dijo que en la parte
que tú, Menón, escogieses,
te dejáramos con vida
y libertad desta suerte.
Tú a las puertas de palacio   3255
dices que quedarte quieres;
en ellas estás, y en ellas
libertad y vida tienes.
El Rey cumplió su palabra;
de nosotros no te quejes.   *Vanse.* 3260

MENÓN   Su palabra, es la verdad,
cumplió el Rey; mas con traición,
....
¿Qué muerte hay ni qué prisión
como aquesta oscuridad?   3265
Mortales, si hoy de mí
huyó la tiniebla fría
de ese celestial rubí,
y es para todos de día,
aun de noche es para mí.   3270
Llorad, llorad la importuna
suerte que en mi fe contemplo;
sentid con piedad alguna;
venid a ver un ejemplo
del honor y la fortuna.   3275
El que envidia daba ayer,
mayor lástima os dé hoy;
muévaos a piedad el ver
que ciego y que pobre voy
pidiendo para comer.   3280

3250   Uno: TP1, TP2 *I.*, VT *Sol. I.*
3255   de palacio: TP2, VT del Palacio
3260   No stage-direction in TP1, TP2.
3263   TP1, TP2 have a nonsensical line: mas como aquesta Ciudad, VT a
banal attempt to restore the meaning: pero (ò tirana impiedad!)
3266   hoy de mí: VT ya de aqui
3267   fría: TP2 mia

En tragedia tan esquiva,
sólo el consuelo reciba
de lastimaros con ella.

[TODOS] *(dentro)* La gran Semíramis bella,
   Reina del Oriente, ¡viva!   3285

MENÓN   ¿Qué dulces ecos despojos
   son del aire repetidos?
   Ya son menos mis enojos,
   pues me dejó mis oídos,
   aunque me llevó mis ojos.   3290
    Semíramis entender
   pude, y *Reina.* ¡Qué placer!
   Mas, ¡ay de mí!, ¡qué pesar!,
   que hasta no verla reinar
   no fue pérdida el no ver.   3295
    ¿Quién me dirá qué es aquello?

    Sale Chato.

CHATO [*aparte*] No hay cosa como ser loco,
   si es que da en buen tema bello;
   es fácil, que poco a poco
   se va saliendo con ello.   3300
    Semíramis dio en que había
   de reinar, y ya este día
   la van siguiendo su humor.

MENÓN   Oh tú que pasas, si horror   3305
   no te da la suerte mía...

CHATO   Perdone, hermano.

MENÓN   No soy
   mendigo; repara en mí.

CHATO   No tengo qué dar, y voy
   de priesa.

3284 The three texts simply have *Dentro.* or *Dent.*
3290 aunque me llevó mis ojos: VT ya que me quitò mis ojos
3292 Reina: TP1, TP2 Diana
3296+ VT has the stage-direction here, TP1, TP2 combine speaker and
   stage-direction before 3297.
3298 tema bello; / es: VT tema, y ello / es

MENÓN	¿Eres Chato?	
CHATO	Sí.	
	¿Qué es esto que viendo estoy?	3310
	¿Tú desta suerte, señor?	
MENÓN	Sí, amigo; que esto ha podido	
	de mi fortuna el rigor.	
	Dime, ¿qué la causa ha sido	
	deste festivo rumor?	3315
CHATO	No sé si hablarte podré;	
	pero al fin la causa fue	
	que hoy el Rey a la persona	
	de Semíramis corona	
	por esposa y Reina.	
MENÓN	¿Qué	3320
	te daré en albricias yo?	
	Solamente me dejó	
	por acaso mi desdicha	
	este diamante.	
CHATO	Fue dicha	
	grandísima; pero no	3325
	hizo bien la suerte esquiva	
	en qué no sea esta centella	
	tan grande como una criba.	
TODOS (dentro)	La gran Semíramis bella,	
	Reina del Oriente, ¡viva!	3330
MENÓN	Segunda vez he escuchado	
	la voz.	
CHATO	¿Qué mucho, si está	
	en trono tan levantado,	
	cerca de aquí?	
MENÓN	Tu cuidado,	
	Chato, me lleve hacia allá;	3335
	que si a verla no, si llego	
	a oírla, consuelo tendré.	

3320 TP2 has a question-mark after Reyna.
3326 bien: TP1 hien

CHATO [*aparte*] (Ya del diamante reniego,
    pues que ya por él seré
    desde hoy mozo de ciego.)   3340
 [*alto*] Mas ya desde aquí la altiva
    fábrica del trono, y ella
    y el Rey se ven.

    Chirimías.

MENÓN   ¡Suerte esquiva!

TODOS [*dentro*] La gran Semíramis bella,   3345
   ... ...

    Descúbrese un trono, y en él sentados
    Nino y Semíramis; Irene, Arsidas y gente.

NINO   ¡Viva!, y de aqueste eminente
    laurel ciña su arrebol,
    dividido de mi frente;
    y pues es reina del sol,
    Reina será del Oriente.   3350

IRENE   Del tiempo dulces engaños
    cuente tu posteridad
    con felices desengaños,
    de una en otra edad,
    por siglos, y no por años.   3355

3339-40 The reading in TP1, TP2 is:
      pues que ya por èl serè,
      segun lo que aora se vè,
      desde oy moço de ciego.
  The quintilla has six lines. VT corrects.
3343 For the stage-direction TP1, TP2 have *Chirimias, Nino.* VT has *La musica* opposite esquiva.
3344 bella: TP1, TP2 viua.
3345 Missing in TP1, TP2. VT has Reyna del Oriente viua.
3345+ This stage-direction occurs in TP1, TP2 after 3350. VT gives it here in a slightly different form: *Descubrese vn trono, y en èl sentados / Nino, Semiramis, y Irene, y Arsidas y gente.*
3347 laurel: TP1 lautel
3349 y pues es: VT pues es
3351 Del tiempo dulces engaños: TP1, TP2 Del tiempo, ò dulces engaños!
3354 otra: TP2 oira

SEMÍRAMIS   El rendimiento y amor
         con que tu luz reverencio,
         ... ...
         agradézcale el silencio,
         que es el que sabe mejor.   3360

MENÓN [*aparte*]   (Puesto que su voz oí,
         también ella me oirá a mí.
         El parabién la he de dar;
         todo es perder el hablar
         al modo que el ver perdí.)   3365
     [*alto*]   Gran Semíramis de Siria,
         cuyos aplausos ilustres,
         a par del mayor lucero,
         edades eternas duren,
         Menón fuí. Mi nombre digo,   3370
         porque, al ver quién es, no dudes
         la que me dejó las voces,
         aunque me quitó las luces.

NINO   ¡Qué atrevimiento!

SEMÍRAMIS [*aparte*]   ¡Qué espanto!

IRENE [*aparte*]   ¿Quién hay que el verle no asuste!   3375
         ... ...

MENÓN   Ufano de que te juren
         hoy los imperios de Siria,
         que a otro norte se divulguen,
         llego a darte el parabién.   3380
         Que fuí el primero que tuve
         parte en tus aplausos, sea
         el primero que pronuncie
         tus grandezas; que el querer,

3358   Missing in TP1, TP2. VT has por vno, y otro favor
3366   Semíramis: TP1 Semirumis
3372   la que: VT lo que
3373   aunque: TP1, TP2 conque
3375   VT has Quien, sin llanto, el verle sufre!
3376   Missing in TP1, TP2. VT has:

        Ars. Què lastima!   *Sil.* Què desdicha!

3382   aplausos: TP1 plausos

gran deidad, aunque me injuries,   3385
que triunfes, vivas y reines...
pero aquí mi voz se mude,
no a mi arbitrio, sino al nuevo
espíritu que se infunde
en mi pecho; pues me obliga   3390
no sé quién a que articule
las forzadas voces, que
no vivas, reines ni triunfes.
Soberbiamente ambiciosa,
al que ahora te constituye   3395
reina, tú misma des muerte,
y en olvido le sepultes,
siendo aqueste infausto día
universal pesadumbre
de los vivientes; y en muestra   3400
de que presagios le anuncien,
de cielos, astros y signos
la gran monarquía desahucie...

Truenos.

NINO   Calla, calla, que parece
              que hay deidades que te escuchen;   3405
              pues obedientes se alteran,
              con mortales inquietudes,
              cielos, montes y elementos,
              que a tus voces se confunden,
              respondiéndote uno solo   3410
              en idioma de las nubes.

3397 le: TP1, TP2 la
3401 le: TP1, TP2 la
3403 la gran monarquía desahucie: TP2 la gran Monarca desahucie, VT la
      gran Monarquia deslustren. The subject of *desahucie* is not given
      because the storm interrupts Menón. VT takes *presagios* to be the
      subject and changes the meaning and person of the verb in conse-
      quence. There are, it is true, more than eight syllables in the TP1
      reading.
3403+ VT has *Dentro ruido de tempestad, y truenos.* TP1, TP2 have
      Truenos opposite *signos* in 3402.
3404 Calla, calla, que parece: TP1, TP2 Calla, que parece
3405 escuchen: TP2 escuche

SEMÍRAMIS	La fábrica de los cielos	
	sobre nosotros se hunde,	
	a cuyo estallido todos	
	los ejes del polo crujen.	3415
IRENE	Los montes contra los aires	
	volcanes de fuego escupen,	
	y ellos pájaros de fuego	
	crían, que sus golfos surquen.	
	El gran Tigris encrespado,	3420
	opuesto al azul volumen,	
	a dar asalto a los dioses,	
	gigante de espuma sube.	
ARSIDAS	Que se nos alejó el sol,	
	que de nuestra vista huye.	3425
CHATO	La artillería del cielo	
	juega y pierde; pues ¡qué gruñe!	
SEMÍRAMIS	De Venus y de Diana	
	las competencias comunes	
	se vengan, pues cuanto auna	3430
	Venus, Diana destruye.	
NINO	Pues no podrá; porque a mí	
	no hay agüeros que me turben.	
	Semíramis, a pesar	
	de los portentos que influye[n]	3435
	tu vida, tu esposo soy.	
SEMÍRAMIS	Yo tu esposa, aunque procure	
	Diana con estos asombros	
	quitar a mi fama el lustre.	

3422   a los dioses: TP2 y los Dioses
3423+   VT has a stage-direction: *Otra vez la tempestad.*
3424-5   VT reads Què se nos ha hecho el Sol, / que de nuestra vista huye?
3430   auna: VT ayuda
3435   influye[n]: TP1, TP2, VT influye
3437   Yo tu esposa: TP2 Y tu esposa

CHATO   Entre todo este alboroto,   3440
vuesas mercedes escuchen:
ya ven que esta loca queda
hecha Reina; a sus ilustres
hechos, a sus vanidades
y su muerte no se dude;   3445
que con la segunda parte
os convida, Corte ilustre,
quien más serviros desea,
si aquestas faltas se cumplen.

3449   se cumplen: VT se suplen

136

LA GRAN COMEDIA DE
LA HIJA DEL AIRE

SEGUNDA PARTE

De D. Pedro Calderón de la Barca

Personas que hablan en ella

Semíramis.	*Friso.*
Astrea.	*Lidoro.*
Libia.	*Chato.*
Flora.	*Ninias.*
Licas.	*Lisías.*

[*Irán*].
[*Anteo*].

I give the TP list of dramatis personae. In both TP1 and TP2 the names of Irán and Anteo do not appear. In this respect the TP texts follow EG, but the title of play and author in EG is as follows:

LA HIJA DEL AYRE.
COMEDIA FAMOSA,

DE ANTONIO ENRIQVEZ
GOMEZ

Hablan en ella las personas siguientes.

VT has:

COMEDIA FAMOSA,
LA HIJA
DEL AYRE,

PARTE SEGVNDA

Fiesta que se representò à sus Magestades en el Salon Real de Palacio.

DE DON PEDRO CALDERON
de la Barca.

PERSONAS QVE HABLAN EN ELLA.

Semiramis, Reyna.	*Licas, General de Tierra.*
Nimias, Principe.	*Friso, General de Mar.*
Lisias, viejo.	*El Rey Lidoro.*
Astrea, Dama.	*Yràn Nino, su hijo.*
Libia, Dama.	*Anteo, viejo.*
Flora, Dama.	*Soldados.*
Chato, Soldado, de barba.	*Musicos.*
Flabio, criado.	*Acompañamiento.*

Throughout the text I have changed Nimias (EG, TP1, TP2, VT) to Ninias.

JORNADA PRIMERA

Músicos y soldados. Suenan cajas y trompe-
tas y salen Astrea con un espejo, Libia con
una fuente, y en ella una espada; Flora con
otra y en ella un sombrero; todos los músi-
cos descubiertos; detrás de todos, Semíramis,
vestida de luto, suelto el cabello, como vis-
tiéndose, y todas las mujeres sirviéndola.

SEMÍRAMIS   En tanto que Lidoro, Rey de Lidia,
áspid humano de mortal envidia,
viendo que yo, por muerte
de Nino, el reino rijo, osado y fuerte,
opuesto en mis hazañas,   5
de Babilonia infesta las campañas:
Babilonia eminente,
ciudad que en las cervices del Oriente
yo fundé, a competencia
de Nínive imperial, cuya eminencia   10
tanto a los cielos sube,
que fábrica empezando, acaba nube.
En tanto, pues, que ufano, altivo y loco
mi valor y sus muros tiene en poco,
porque vea su ejército supremo   15
que su venida bárbara no temo,
cantad vosotros; y a las roncas voces
de cajas y trompetas que veloces
embarazan los vientos,
repetidos respondan los acentos;   20
que aquéllos que llorosamente graves,
y lisonjeramente éstos süaves,

5 opuesto en: VT opuesto à
9 yo fundé: EG, TP1, TP2 yo fuerte
21 que llorosamente: VT querellosamente

que me hablen es justo;
aquéllos al valor, y éstos al gusto.
Las almohadas llegad, idme quitando   25
estas trenzas, irélas yo peinando.

Siéntase a tocar, todas sirviéndola con la
mayor ostentación que se pueda.

MÚSICOS   La gran Semíramis bella,
que es, por valiente y hermosa,
el prodigio de los tiempos
y el monstruo de las historias,   30
en tanto que el Rey de Lidia
sitio pone a Babilonia,
a sus trompetas y cajas
quiere que voces respondan;
y confusas las unas y las otras,   35
éstas suaves, cuando aquéllas roncas,
varias cláusulas hacen
la cítara de amor, clarín de Marte.

Un clarín y sale Licas por una parte y
Friso por otra.

LICAS   Esta trompeta que animada suena,
en golfos de aire militar sirena...   40

FRISO   Este clarín que canta lisonjero,
en jardines de pluma ave de acero...

LICAS   De paz haciendo salva, solicita
que hoy a un embajador se le permita
de Lidoro llegar a tu presencia.   45

FRISO   Y para prevenir esta licencia,
cubierto el rostro, viene.
No sé el embozo qué misterio tiene.

26+ VT has *Siéntase a tocar, siruiendola todas con la mayor | ostentacion que*
     se pueda.
38+ VT has *Tocan vn clarín, y sale por vna parte Friso, y por otra Licas.*
42   ave de acero: EG, TP1, TP2 acude azero
45   presencia: EG, TP1, TP2 palacio

SEMÍRAMIS   Decid que entre al instante;
que aunque me esté tocando, mi arrogante   50
condición no da espera
a que me aguarde quien hablarme quiera;
y más siendo enemigo.
Paréntesis haced vosotras, digo,
la acción un breve rato;   55
que no es ceremonioso mi recato.

*Entra Lidoro con banda en el rostro, y
quítasela al hacer reverencia.*

LIDORO   Hasta llegar a verte,
cubierto tuve el rostro desta suerte,
por no desmerecer en tanto abismo,
¡oh gran Reina de Siria!, por mí mismo,   60
lo que a merecer llego
como mi embajador.

SEMÍRAMIS   Y no lo niego;
pues si supiera que eras
tú de ti embajador, de mí no fueras
dentro de mis palacios admitido;   65
pero ya que has venido,
tratarte en todo intento
como a tu embajador. Dadle un asiento
en taburete raso y apartado,
sin que toque en alfombra de mi estrado.   70
Di agora lo que intenta,
embajador, el Rey.

LIDORO   Escucha atenta.
Ya te acuerdas, Reina invicta
del Oriente, a cuyos hechos,   75
para haberlos de escribir,
coronista tuyo el tiempo,

51   no da espera: EG, TP1, TP2 me da pena
52   aguarde: EG aguarda
53   y más siendo: TP1, TP2 y siendo
54   EG, TP1, TP2 have parentesis hazed (vosotras digo)
70   en alfombra: VT en la alfombra
72   embajador, el Rey: EG, TP1, TP2 embaxador del Rey

da pocas plumas la fama,
poca tinta los sangrientos
raudales de tus victorias,
y poco papel el viento,   80
ya te acuerdas de que yo,
disfrazado y encubierto,
por la hermosura de Irene,
beldad que hoy muerta venero,
deidad que ausente idolatro,   85
y uno y otro reverencio,
serví a Nino, esposo tuyo,
que hoy, de la prisión del cuerpo
su espíritu desatado,
reina en más ilustre imperio.   90
Y ya te acuerdas, en fin,
de que a esta ocasión vinieron
nuevas del reino de Lidia,
mi feliz patria, diciendo
que Estorbato, Rey de Batria,   95
tomando por mí el pretexto
de la guerra, pretendía
restituirme a mi reino
y que yo le acompañaba;
porque para dar por cierto   100
el vulgo lo que imagina,
basta pensarlo, sin verlo.
Nino, embarazado entonces
en otros divertimientos,
hallándose bien servido   105
de mí en la paz, y queriendo
servirse de mí en la guerra,
de general me dio el puesto,
para el socorro de Lidia.
¿Quién creerá que a un mismo tiempo   110
Arsidas contra Lidoro
se viese nombrado, y siendo
Lidoro y Arsidas yo,
en dos contrarios opuestos,

84   muerta: EG muerto
95   Estorbato: EG Astorbolo, TP1, TP2 Astorbato

allí Rey y aquí vasallo, 115
marchase contra mí mesmo?
A otro día, pues, que Nino
Reina te juró —no quiero
acordarte de aquel día
los admirables portentos, 120
pues el cielo que los hizo
sólo sabrá inferir dellos
si fueron de tu reinado
o vaticinios o agüeros;
y aun Menón también pudiera 125
decirlo, siendo el primero
que examinó tus rigores;
pues vivió abatido y ciego,
hasta que desesperado,
o con rabia o con despecho, 130
al Eufrates le pidió
su rápido monumento—.
A otro día, pues, que Nino
Reina te juró —aquí vuelvo—,
salí de Nínive yo, 135
marchando a los palmirenos
campos, que, cuna del sol,
me alojaron en su centro.
Aquí, cuando los de Lidia
tremolar al aire vieron 140
de Nino los estandartes,
cobraron ánimo nuevo,
como temor los de Batria;
pero después que supieron
que era yo quien los regía, 145
se trocaron los afectos,
creyendo todos que fuera,
la parcialidad siguiendo,
traidor a la confianza
que hizo Nino de mi pecho. 150

116 No question or exclamation in EG.
138 alojaron: EG, TP1, TP2 arrojaron
150 My reading is EG's. Omitted in TP1 TP2. VT has que Nino de mi
auia hecho

Yo, pues, más que a mi interés,
a mi obligación atento,
de lo neutral de la duda
me desempeñé bien presto;
porque llegando Estorbato 155
a verse conmigo en medio
de los dos campos, así
le dije: 'De parte vengo
de Nino; esta gente es suya;
la confïanza que ha hecho 160
de mí, engañado de mí,
satisfacérsela tengo;
que yo soy antes que yo,
y no monta estado y reino
más que mi honor.' Quiso entonces 165
convencerme con pretextos
de que cobrar yo mi patria
no era traición; y, en efecto,
desavenidos los dos,
él osado y yo resuelto, 170
la batalla prevenimos,
en cuyos duros encuentros
llevé lo mejor; que como
jugaba entonces mi aliento
por otro, gané; que, en fin, 175
tahur desdichado, es cierto
que los restos gana cuando
no gana en los restos.
Volvióse a Batria Estorbato,
desventurado y deshecho, 180
y yo, en el nombre de Nino,
a Lidia aseguré, haciendo
que solamente se oyese:
'¡Viva Nino, que es Rey nuestro!'
Llegaron entrambas nuevas 185
a sus oídos, y viendo

155   Estorbato: EG, TP1, TP2 Astorbato
169   desavenidos los dos: TP1, TP2 desvanecidos los dos
179-80   EG, TP1 and TP2 have estorbado. VT's Estorbato seems correct here
   but in the following line he changed desventurado to desbaratado quite
   unjustifiably.

de confianza y valor
en mí dos vivos ejemplos,
admirado y obligado
de mi lealtad y mi afecto,　　　　　　　　　190
uno y otro me pagó
con Irene, conociendo
que tantas nobles finezas
no se premiaron con menos.
Dióme con Irene a Lidia,　　　　　　　　　195
mi misma patria, advirtiendo
que había de reconocerle
feudatorio de su imperio.
En esta tranquilidad
gozoso viví y contento,　　　　　　　　　200
hasta que se subió a ser
astro añadido del cielo,
dejando en prendas de humana
a Irán, hijo suyo bello,
retrato de amor, con quien　　　　　　　　205
sus soledades divierto.
En este intermedio quiso
el gran Júpiter supremo
que súbitamente Nino
también muriese. No puedo　　　　　　　210
excusar aquí el seguir
—perdóname si te ofende—
la voz común, que en su muerte
cómplice te hace, diciendo
que al verte con sucesión　　　　　　　　215
que asegurase el derecho
de sus estados, pues Ninias
joven, hijo del Rey muerto,
afianzaba la corona
en tus sienes, tu soberbio　　　　　　　　220
espíritu levantó

188　en mí: TP1, TP2 de mi
194　premiaron: VT premiàran
212　ofende: TP1, TP2, VT ofendo. VT brackets the line.

20

máquinas sobre los vientos,
hasta verte Reina sola;
fácil es de ti el creerlo.
Esta opinión asegura   225
el ver que hiciste, primero
que él muriese, que te diese
por seis días el gobierno
de sus reinos, en los cuales,
a los alcaides que fueron   230
de Nino hechuras, quitaste
las plazas fuertes, poniendo
hechuras tuyas; y así
en todos los demás puestos.
Siguióse a esto hallar a Nino   235
una mañana en su lecho,
sin que antes le precediese
crítico accidente, muerto.
Y aun no falta alguien que diga
que, en lo cárdeno del pecho   240
y hinchado del corazón,
fuese homicida un veneno,
tan traidoramente osado,
tan osadamente fiero,
que, imagen ya de la muerte,   245
hizo dos veces a él sueño.
También de tu tiranía
es no menor argumento
el ver que, teniendo un hijo
desta corona heredero,   250

229   de sus: TP2 sus
239-46   EG, TP1 and TP2 have the same reading here. VT has some differences and introduces two new lines:

> Y aun no falta alguien, que diga
> que lo cardeno del pecho,
> lo hinchado del coraçon,
> son indicios verdaderos
> de que del difunto Rey
> fuesse homicida vn veneno,
> tan traidoramente osado,
> tan osadamente fiero,
> que imagen ya de la muerte
> hizo dos vezes al sueño.

y tan digno por sus partes
de ser amado —que el cielo
le dio lo mejor de ti,
pues te parece en extremo,
sin nada de lo que es alma,   255
en todo de lo que es cuerpo;
pues, según dicen, la docta
naturaleza un bosquejo
hizo tuyo, en rostro, en voz,
talle y acciones —, y siendo   260
hijo tuyo y tu retrato,
le crías con tal respeto,
que de Nínive en la fuerza,
sin el decoro y respeto
debido a quien es, le tienes,   265
donde de corona y cetro
tiranamente le usurpas
la majestad y el gobierno.
De todos aquestos cargos,
como hermano del Rey muerto,   270
pues fui de su hermana esposo,
de quien hoy sucesión tengo,
que aquesta corona aspire,
a residenciarte vengo;
porque si así es que tú   275
diste muerte, y yo lo pruebo,
a Nino, tú, ni tu sangre,
habéis de heredarle, y entro,
como pariente mayor
yo, en el perdido derecho   280
de los dos; y como, en fin,
de los Reyes en los pleitos
es tribunal la campaña,
jurisconsulto el acero
y la fortuna el jüez,   285

---

262   con tal respeto: EG con tal respeto?, VT con tal despego
271   fui: EG fue
273   que aquesta: TP1, TP2, VT que a aquesta
275   si así es: VT si es así

con armas, hüestes vengo
de ejércitos numerosos,
que, inundando los amenos
campos hoy de Babilonia,
pongan a sus muros cerco.   290
Porque no ignores la causa
que para esta guerra tengo,
como mi embajador quise
hacerte este manifiesto;
y así, en tanto que estos cargos   295
se te articulan y dellos
no te absuelves, te has de dar
a prisión hoy; a cumplimiento,
con haberlos intimado,
podré, sin calumnia [y] riesgo   300
de tirano, publicar
el asalto a sangre y fuego,
para que el cielo y la tierra
vean cuánto soy tu opuesto;
pues tú, como fiera ingrata,   305
quitas la vida a tu dueño;
y yo, como can leal,
le sirvo después de muerto.

SEMÍRAMIS No sé cómo mi valor
ha tenido sufrimiento   310
hoy para haberte escuchado
tan locos delirios necios,
sin que su cólera ardiente
haya abortado el incendio
que en derramadas cenizas   315
te esparciese por el viento.
Pero ya que esta vez sola
templada me he visto, quiero
ir, no por ti, mas por mí,
a esos cargos respondiendo.   320

286 armas, hüestes: TP1, TP2 armadas huestes
298 a prisión hoy; a cumplimiento; VT à prision; ò yo, cumpliendo
300 TP1, TP2 have a short line podrè sin calumnia. VT has podré sin
   calumnia, ò riesgo
309 No sé cómo: TP1 No como se

Dices que ignoras si fue
aquel eclipse sangriento
del día que me juraron
o favorable o adverso;
y bien la causa pudieras   325
inferir por los efectos;
pues no agüero, vaticinio
sería el que dio sucesos
tan favorables a Siria
desde que yo en ella reino.   330
Díganlo tantas victorias
como he ganado en el tiempo
que esposa de Nino he sido,
sus ejércitos rigiendo,
Belona suya, pues cuando   335
la Siria se alteró, vieron
los castigados rebeldes
en mi espada su escarmiento.
Sobre los muros de Icaria,
cuando estaba puesto cerco,   340
¿quién fue la primera que
la plaza escaló, poniendo
el estandarte de Siria
en su homenaje soberbio,
sino yo? ¿Quién esguazó   345
el Nilo, ese monstruo horrendo
que es, con siete bocas, hidra
de cristal, en seguimiento
de la rota que le di
al gitano Tolomeo?   350
En la paz, ¿quién las dio más
esplendor, lustre y aumento
a las políticas doctas
con leyes y con preceptos?
Pues cuando Marte dormía   355
en el regazo de Venus,

336 Siria: EG Suria
340 puesto cerco: VT puesto el cerco
351 ¿quién las dio más: EG, TP1, TP2 quien las idiomas

velaba yo en cómo hacer
más dilatado mi imperio.
Babilonia, esa ciudad
que desde el primer cimiento   360
fabriqué, lo diga; hablen
sus muros, de quien pendiendo
jardines están, a quien
llaman pensiles por eso.
Sus altas torres, que son   365
columnas del firmamento,
también lo digan, en tanto
número, que el sol saliendo,
por no rasgarse la luz,
va de sus puntas huyendo.   370
Pero ¿para qué me canso
cuando mis obras refiero,
si ellas mismas de sí mismas
son las corónicas? Luego
recibirme a mí con salva,   375
al jurarme, todo el cielo,
padecer de asombro el sol
y de horror los elementos,
pues siguieron favorables
a esta causa los efectos,   380
bien claro está que serían
vaticinios y no agüeros.
Decir que Menón lo diga
es otro blasón, si advierto
que ninguno pudo ser   385
mayor; pues ¿qué más trofeo
que morir desesperado
de mi amor y de sus celos?
En cuanto a que di a mi esposo
muerte, ¿no es vano argumento   390
decir que, porque me dio
antes de morir el reino
por seis días, le maté?

364   pensiles: EG perfiles
386   EG has question-mark after trofeo, but not after **celos**.

¿No alega en mi favor eso
más que en mi daño? Sí; pues   395
si vivía tan sujeto,
tan amante y tan rendido
Nino a mi amor, ¿a qué efecto
había de reinar matando,
si me reinaba viviendo?   400
Y cuánto le adoré vivo,
como a Rey, esposo y dueño,
¿no lo dice un mausoleo
que hice a sus cenizas, muerto?
Decir que a Ninias, mi hijo,   405
de mí retirado tengo,
y que, siendo mi retrato,
parece que le aborrezco,
es verdad lo uno y lo otro;
que como has dicho tú mesmo,   410
no me parece en el alma,
y me parece en el cuerpo.
Y aunque tú que en lo mejor
me parece has dicho, es cierto
que en lo peor me parece,   415
pues sería más perfecto
si hubiera de mí imitado
lo animoso que lo bello.
Es Ninias, según me dicen,
temeroso por extremo,   420
cobarde y afeminado;
porque no hizo sólo un yerro
naturaleza en los dos,
si es que lo es el parecernos,
sino dos yerros: el uno   425
trocarse con su concepto,
y el otro habernos trocado
tan totalmente el afecto,
que, yo mujer y él varón,
yo con valor y él con miedo,   430
yo animosa y él cobarde,

400   me reinaba: VT ya reinaba

yo con brío, él sin esfuerzo,
vienen a estar en los dos
violentados ambos sexos.
Esta es la causa por que   435
de mí apartado le tengo,
y por que del reino suyo
no le doy corona y cetro,
hasta que disciplinado
en el militar manejo   440
de las armas y en las leyes
políticas del gobierno,
capaz esté de reinar.
Mas ya que murmuran eso,
parte, Licio, y di a Lísias,   445
ayo suyo, que al momento
Ninias venga a Babilonia.
Verán su ignorancia, viendo
que es próvido en esta parte,
y no tirano mi intento.   450
Y agora, a la conclusión
de tus discursos volviendo,
¿de qué vienes destos cargos,
Lidoro, a ponerme pleito?
Ya que no me dé a prisión,   455
sólo responderte quiero
que ya echas de ver que aquí
has entrado a hablarme a tiempo
que estaba entre mis mujeres,
consultando en ese espejo   460
mi hermosura, lisonjeada
de voces y de instrumentos;
y así, en esta misma acción
has de dejarme, volviendo
las espaldas; pues aqueste   465
peine, que en la mano tengo,

432 yo con brio: EG yo con brlo
445 di a: TP2 dile à
454 No question in EG, VT.
457 que ya echas de ver: TP2, VT que eches de ver
459 entre: VT con

no ha de acabar de regir
el vulgo de mi cabello,
antes que en esa campaña
o quedes rendido o muerto.   470
Laurel de aquesta victoria
ha de ser; porque no quiero
que corone mi cabeza
hoy más acerado yelmo
que este dentado penacho,   475
que es femenil instrumento;
y así, me le dejo en ella
entretanto que te venzo.
Y aunque pudiera esperar,
fiada en aquesos inmensos   480
muros, el asalto, no
me consiente el ardimiento
de mi cólera que apele
a lo prolijo del cerco.
A la campaña saldré   485
a buscarte; pues es cierto
que cuando no hubiera tanto
número de gentes dentro
de Babilonia, ni en ellos,
por Atlantes de su peso,   490
estuviesen Friso y Licas,
hermanos en el aliento
como en la sangre, y los dos
generales por sus hechos   495
de mar y tierra, yo sola
hoy con mis mujeres pienso
que te diera la batalla,
porque un instante, un momento
sitiada no me tuvieras.
Y así, vete, vete presto   500
a formar tus escuadrones;
que si te detienes, temo

483   de mi cólera que apele: EG, TP1 que de mi colera apela
489-90 EG has ni en ellos / por adlantes de su peso, TP1, TP2 ni en ellos /
        por Athlante de su peso, VT ni en ella / por Atlante de su peso
496   pienso: VT creo

que la ley de embajador
su inmunidad pierda, siendo
que vuelvas por ese muro,   505
tan breves pedazos hecho,
que seas materia ociosa
de los átomos del viento.

LIDORO   Pues si a la batalla intentas
salir, en ella te espero.   510

LICAS   Y en ella verás que tiene
vasallos cuyos esfuerzos
sus laureles aseguran.

LIDORO   En el campo lo veremos.

FRISO   Sí verás, tan a tu costa,   515
que llores, Lidoro, el verlo.

LIDORO   Quien menos habla, obra más.

LICAS   Pues a obrar más.

FRISO   Hablar menos.

LIDORO   Toca al arma.

LICAS   Al arma toca.   *Vase Lidoro.*

SEMÍRAMIS   Dadme ese bruñido acero;   520
seguidme todos, y tú,
Licas, ostenta hoy tu esfuerzo;
mira que anda por hacerte
dichoso un atrevimiento.

LICAS   No entiendo a qué fin persuades   525
a mi valor, conociendo
mi valor.

---

504   siendo: TP2, VT haziendo
518   Hablar: TP1, TP2, VT A hablar
519   *Licas:* EG, TP1, TP2 *Lis.,* VT *Licas.*
527   mi valor: VT ya mi valor

SEMÍRAMIS   No te admires;
que yo tampoco lo entiendo.
Tocad al arma, y en tanto,
vosotras tenedme puesto,   530
mientras salgo a la campaña,
el tocador y el espejo,
porque en dando la batalla,
al punto a tocarme vuelvo.   [*Vase*]

Cajas y trompetas, ruido dentro, y vuelve **Lidoro**.

DENTRO   ¡Armas, armas!

OTRO[S] [*Dentro*]   ¡Guerra, guerra!

UNO[S] [*dentro*]   ¡Viva Semíramis!

TODOS [*dentro*]   ¡Viva!

OTROS [*dentro*]   ¡Viva Lidoro, y reciba
la posesión desta tierra!

Salen soldados.

SOLDADO [PRIMERO]   Ya de los muros salieron
diversas tropas, y ya   540
tu gente dispuesta está.

---

534   No exit direction for Semíramis in any text.
534+   For *ruido dentro* TP1, TP2 have *dentro ruydo*. VT has *Caxas, trom-petas, y ruido de armas | dentro, y dizen*. Lidoro's entrance is in-dicated a few lines later.
535-7   The groups of speakers in EG are *Dent. Otr. Vn. To. Ot.*; in TP1, TP2 *Dent. Otro. Vno. Todos. Otro.*; in VT *Vnos. Otr. Vno. Todos. Otros*. None of the texts indicates that groups two to five are off-stage, although the stage-direction —534+— and the first *Dentro* probably makes it clear enough. For 535 TP1, TP2, VT have *Arma, arma*.
538+   VT has *Salen Lidoro, y Soldados*.
539   SOLDADO [PRIMERO] EG. TP1, TP2 *Sol. I*, VT *I. Sol.*

LIDORO   ¿Adónde, cielos, cupieron
        tantas gentes? ¿Qué ciudad
      tener pudo, sin espanto,
      en sus entrañas a tanto   545
      número capacidad?
        Cuerpos tomaron sutiles,
      sin duda, a tales combates
      las arenas del Eufrates,
      las hojas de los pensiles.   550
        Del sol el rubio arrebol
      las luces mira deshechas;
      que las nubes de sus flechas
      son noche alada del sol.

DENTRO   ¡Guerra, guerra!

LIDORO   Ya hacia allí   555
      trabada la lid se ve.
      A morir matando iré.

Vase, y dase la batalla.

LICAS *(dentro)*   ¿Dónde estás, Lidoro?

LIDORO *(dentro)*   Aquí
      me hallarás; que nunca yo,
      aunque me siga la suerte,   560
      la espalda volví a la muerte.

*Vuelve a salir, herido, cayendo, y con él, Licas y Friso;
por otra parte Semíramis.*

SOLDADO [PRIMERO]   El Rey en la lid entró;
      seguidle, no le dejéis.

543-6 No interrogatives in EG.
548   tales: VT tantos
551   rubio arrebol: VT nuevo arrebol
557+   VT has *Entrase, y dase la batalla.*
558 For the two speakers only VT has dentro: *Licas dent., Dent. Lidor.*
559   que nunca yo: TP1 que nunca / yo,
561+   VT reads *Buelve a salir Lidoro herido, cayendo, y tràs èl Licas, y Friso,
      y por otra parte / sale Semíramis.* VT also has the soldier's lines before
      this stage-direction, off-stage: *Dent. Sold. I.*

FRISO   Mía será esta victoria.

LICAS   Mía ha de ser esta gloria.   565

SEMÍRAMIS   Esperad, no le matéis.

FRISO   ¿Tú le defiendes?

SEMÍRAMIS   Sí, que hoy,
               más que muerto, verle quiero
               de mis armas prisionero.

LIDORO   Rendido a tus pies estoy,   570
                 ya que mis desdichas son
               tales, y ya que ninguna
               vez se puso la fortuna
               de parte de la razón.

SEMÍRAMIS   Haced que de la batalla   575
               el alcance no se siga.

FRISO   Apenas de la enemiga
               hueste en el campo se halla
                 más que la ruina; que en sumas
               tragedias, ya del Eufrates   580
               las arenas son granates
               y corales las espumas;
                 y huyendo por los desiertos,
               de tus rigores esquivos,
               los que han escapado vivos   585
               van tropezando en los muertos.

SEMÍRAMIS   Que yo me diese a prisión
               fue tu intento; y siendo así,
               será prenderte yo a ti
               debida satisfacción.   590

---

568 más que muerto, verle quiero: TP1, TP2, VT mas que verle muerto, quiero
584 esquivos: EG squiuos
589 será prenderte: EG sera a prenderte

Fiera ingrata me llamaste
hoy, cuando a ti can leal;
luego si con nombre tal
me ofendiste y te ilustraste,
    tiranías no serán   595
que yo en esta parte quiera,
procediendo como fiera,
tratarte a ti como can.
    De mi palacio al umbral
atado te he de tener;   600
allí has de estar; que he de ver
si me le guardas leal
    y vigilante desde hoy;
que si del can es empeño
el ser leal con su dueño,   605
desde aquí tu dueño soy.

LIDORO   Es verdad; pero aunque eres
tú mi dueño, y yo can sea,
no es justo que en mí se vea
esa lealtad que hallar quieres,   610
    maltratado; pues si agravia
el dueño a su can, le pierde
el cariño, y al fin muerde
a su dueño con la rabia.
    A tus pies estoy rendido;   615
no con tan grande rigor
me trates.

LICAS   El vencedor
siempre honra al que ha vencido.
    Esto por merced, señora,
de haberlo alcanzado yo,   620
te pido humilde.

---

592   cuando a ti can leal: TP1, TP2 quando yo a ti Can leal
596   esta: TP2 essa
620   de haberlo alcanzado yo: VT de averle rendido yo

FRISO   Yo no,
que también le rendí agora,
    sino que su singular
error castigues, porque
nadie se atreve en fe   625
de que le has de perdonar.

LICAS   Vence dos veces, piadosa.

FRISO   El castigar es vencer.

SEMÍRAMIS   Dices bien, y eso ha de ser.

LIDORO   Reina invencible y hermosa,   630
    dame muerte, y no con tanto
oprobio quieras que viva.

SEMÍRAMIS   Poco mi soberbia altiva
se enternece de tu llanto.
    A un villano haced llamar,   635
que desde Ascalón tras mí
vino a Nínive, a quien di
el oficio de cuidar
    de los perros de mi caza.

Sale Chato, con barba blanca.

CHATO   Aquí está Chato, señora;   640
que para seguirte agora
el temor no le embaraza
    de la guerra, porque ya
sabía que habías de ser
la que había de vencer,   645
según declarada está
    en tu dicha la fortuna.

625   se atreva: TP1, TP2, VT se te atreua
628   El castigar es vencer: TP1, TP2, VT El castigo es el vencer
639+   VT has *Sale Chato de vejete.*
646   declarado: EG declarada

Y ¿qué razones más llanas
que, estando lleno de canas
yo, no tener tú ninguna,   650
    siendo los dos de una edad,
cuarenta años más o menos,
y con sucesos tan buenos
yo como tú?

SEMÍRAMIS   Levantad.
    ¿Qué sucesos?

CHATO   ¿Pueden ser   655
más iguales que en enviudar
los dos a un tiempo, y quedar
sin marido y sin mujer?
    Pero ya que me he casado,
sea para darme agora   660
algún oficio, señora,
que me saque de aperreado.
    ¿Qué me mandas?

SEMÍRAMIS   Que del modo
que alimentar, Chato, sueles
mis sabuesos y lebreles,   665
trates a ese hombre; y todo
    su manjar ha de comer;
en mi zaguán han de verlo
cuantos pasaren, y al cuello
traílla le has de poner;   670
    y tú como él, si no
le guardas, has de vivir.

CHATO   Pues si él se me quiere ir,
    ¿qué le tengo de hacer yo?

---

654 No question-mark in any text. VT has one in 650 after ninguna.
656 que en enviudar: TP1, TP2, VT que enviudar
658 Only VT has a question.
666 y todo: VT de todo
668 verlo: VT vello
671 si no: EG, TP2 sino
674 ¿qué le tengo de hacer yo?: EG, TP1, TP2 que le tengo yo de hazer?

SEMÍRAMIS   Con aquesto, a la ciudad   675
volvamos. [*A Lidoro*] Ven tú conmigo;
que tienes de ser testigo
mayor de mi vanidad.
     Al estribo te han de ver
de mi caballo.

LIDORO   ¿Ya estás   680
vengada?

LICAS   Reina...

SEMÍRAMIS   No más.

FRISO   Bien haces.

SEMÍRAMIS   Esto ha de ser;
que si de can blasonabas,
quejoso no es bien te ofrezcas,
pues te hago que parezcas   685
lo mismo de que te alabas.

FRISO   Con nueva salva reciba
Babilonia victoriosa
a su heroica Reina hermosa.

To[c]a la música y éntranse todos.

TODOS [*dentro*]   ¡Viva Semíramis, viva!   690

---

681   No question in VT.
686   alabas: TP2 alababas. EG, TP1 and TP2 make this a question.
687   Con nueva salva reciba: EG, TP1, TP2 Con nueua Salue Regina.
689+   In EG, TP1, and TP2 the stage-direction is: *Toda la musica, y
entranse todos.* VT has the following arrangement:
     Todos, y mus. Viua Semiramis, viua.
     Vanse todos, y queda Chato.

CHATO   ¡En buen cuidado esta vez
                     la fortunilla me ha puesto!
                     Sólo me faltaba esto
                     al cabo de mi vejez.

                     Si mi riesgo no remedia   695
                     el desvelo y el cuidado,
                     peor está que el soldado
                     de la primera comedia.

                     ¿Guardar yo, siendo esto así
                     que en mi vida guardé un cuarto?   700
                     ¡Guárdele otro! ¿No hace harto
                     un hombre en guardarse a sí?

                     La música de chirimías.

                     ¡Con qué grande majestad
                     vuelve a la ciudad triunfante
                     esta altiva, esta arrogante   705
                     hija de su vanidad!

                     Ya en su palacio la espera
                     toda la gente; yo quiero
                     ir allá, pues de perrero
                     me he convertido en perrera.   710

                     Sale Semíramis, y la música.

SEMÍRAMIS [*a Lidoro*]   A este umbral has de quedarte,
                     racional bruto, y de aquí
                     ninguno pase.

697   peor está: VT peor es esto
701   ¡Guárdele otro!: EG guarde a otro. The exclamation-marks are my own.
702   No question-mark in EG.
702+   Only VT does not have this stage-direction.
706   VT has *La musica* in the right hand-column.
710+   EG and TP1 have *Sale Semiramis, y la muger.* VT has *Dentro Semira-
       mis,* then, after her remark to Lidoro, *Sale Semiramis, las Damas, y
       musica.*

ASTREA   Hoy en tí
                  a Venus se rinde Marte.

LIBIA   Dicha ha sido singular.   715

SEMÍRAMIS   Astrea, toma este acero;
                  Libia, el espejo; que quiero
                  acabarme de tocar.
                     El tono que se cantaba
                  cuando aquel clarín sonó,   720
                  prosiga agora; que yo
                  me acuerdo bien de que estaba
                     en oírle divertida;
                  y una batalla, no es justo
                  decir que me quite el gusto   725
                  que me tuvo entretenida.
                     Vuelva, pues, donde cesó;
                  y este bajel vuelva el bello
                  golfo a surcar del cabello,
                  donde varado quedó.   730

MÚSICOS   La gran Semíramis bella,
                  Reina del Tigris al Nilo...

                  Cajas dentro.

DENTRO   ¡Viva Ninias, nuestro Rey!
                  ¡Viva el sucesor de Nino!

SEMÍRAMIS   Oíd. ¿Qué confusas voces   735
                  son éstas? ¿Qué ha sucedido?
                  Licas, ¿qué es esto?

724-5   EG reads: Y a vna batalla no es justo / dezir que me quite el gusto;
        TP1 y vna batalla no es justo / dezir que me quitè el gusto; TP2 y vna
        batalla no es justo / dezir que me quitò el gusto; VT y vna batalla,
        no es justo / dezir que me quitò el gusto. EG has only one small
        mistake. It is interesting to see how the compositor of TP2 misinter-
        preted TP1, further corrupting the text.
727   Vuelva: EG, TP1, TP2 Buelue
729   surcar: VT sulcar
732+   VT has *Tocan caxas, y dizen dentro.*
735-7   EG has a question-mark only after esto. TP1, TP2 and VT have three
        questions.
737   TP1 and TP2 combine speaker and stage-direction in the left-hand column.
        VT has the stage-direction in the right-hand column after què es esto?

Sale Licas.

LICAS   No sé,
porque solamente miro,
desde aquestos corredores,
todo el vulgo dividido   740
ocupar calles y plazas,
ya en tropas y ya en corrillos;
y sin saber más, mi afecto
me trujo a hablarme contigo.

SEMÍRAMIS *(aparte)*   Bien ese afecto me debes.   745
Pero yo miento. ¿Qué digo?

DENTRO   Viva nuestro invicto Rey!

UNO [*dentro*]   No dejemos ya regirnos
de una mujer, pues tenemos
Príncipe tan grande.

SEMÍRAMIS   Friso,   750
¿qué es eso?

Sale Friso.

FRISO   No sé, señora,
porque solamente el ruido
a tu presencia me trae.

SEMÍRAMIS   Yo saberlo solicito.

---

746 No aside in EG. EG has que digo in brackets without a question-mark;
    TP1, TP2 and VT omit the brackets but have an exclamation.
746+ VT has *Dentro vozes*
751+ Only VT has the stage-direction, in the right-hand column.
754 Yo: VT Ya
754+ Only VT has the stage-direction.

Sale Lisías.

LISÍAS	Aguarda, detente, espera;	755
	que pues que yo me anticipo,	
	señora, a besar tu mano	
	antes que Ninias tu hijo,	
	sólo ha sido a darte cuenta	
	de la novedad que ha habido.	760
SEMÍRAMIS	Dilo, aunque para saberlo	
	no me importa ya el oírlo.	
LISÍAS	Que viniese a Babilonia	
	Ninias, de tu parte Licio	
	me mandó, y a tu obediencia	765
	pronto se puso en camino.	
	A Babilonia llegamos,	
	donde el puente levadizo,	
	viendo tu mismo retrato,	
	nos dio paso sobre el río.	770
	A palacio caminaba	
	el Príncipe, agradecido	
	a la dicha de llegar	
	a tus pies en tan propicio	
	día, que tú victoriosa	775
	triunfabas de tu enemigo.	
	Su hermosura ganó en todos	
	un afecto tan benigno,	
	que, no diciéndolo nadie,	
	todos dijeron a gritos...	780

DENTRO [Uno] No una mujer nos gobierne,
             porque aunque el cielo la hizo
             varonil, no es de la sangre
             de nuestros Reyes antiguos.

---

761 aunque: TP1, TP2 que aun
780 EG has *de[n]t. I.*, TP1 *Dentr. I.* TP2 correctly moves it to the following
     line. VT has *Dent.*

Todos [*dentro*] ¡Viva Ninias, nuestro Rey!   785
               ¡Viva el sucesor de Nino!

Semíramis Calla, calla, no lo digas,
           pues ya esa voz me lo ha dicho,
           y es hoy sentirlo dos veces
           llegar dos veces a oírlo.   790
           Desagradecido monstruo,
           que eres compuesto vestiglo
           de cabezas diferentes,
           cada una con su juicio,
           pues cuando acabo de darte   795
           la victoria que has tenido,
           ¿de que soy mujer te acuerdas,
           y te olvidas de mi brío?

Todos [*dentro*] Sí, que Rey varón queremos.

Otro [*dentro*] Habiéndole en edad visto   800
           capaz de reinar, no es justo
           que reines tú, que no has sido
           sangre ilustre y generosa
           de nuestros Reyes invictos.

Semíramis Es verdad; pero de dioses   805
           desciende mi origen limpio.
           Licas, deste atrevimiento
           venganza a tu valor pido.

Licas Bien sabes de mí la fe
           y lealtad con que te sirvo;   810
           mas si el Príncipe es, señora,
           de mi Rey natural hijo,
           y tiene razón, y es pueblo,
           ¿quién bastará a reducirlo?

Friso Yo bastaré, y de tu nombre   815
           la voz tomaré; que estimo
           más el ser vasallo tuyo.

798 No question in EG
810 y lealtad: EG, TP1 y la lealtad

SEMÍRAMIS   Yo te lo agradezco, Friso;
             y Licas verá algún día
             cuánto en mi gracia ha perdido.   820

[aparte]   (Estoy por decirlo; pero
             vame mucho en no decirlo.
             Mas detente; que ya es justo,
             en empeño tan preciso,
             mudar de consejo y dar   825
             a este vulgo más castigo
             del que de mí habrá esperado,
             si no del que ha merecido.)

[alto]   Formado cuerpo de tantos,
             que parciales y divisos   830
             os alimentáis de solas
             las novedades del siglo,
             bien sabéis de mi valor
             que pudiera reduciros
             al yugo de mi obediencia   835
             y desta espada a los filos;
             pero quiero de vosotros
             tomar, con mejor estilo,
             mejor venganza. Esta sea,
             pues no me habéis merecido,   840
             que me perdáis desde aquí.
             Ya del gobierno desisto,
             de vuestro cargo me aparto,
             de vuestro amparo me privo.
             La viudez que no he guardado   845
             hasta aquí para asistiros,
             guardaré desde hoy; y así,
             el más oculto retiro
             deste palacio será
             desde hoy sepulcro mío,   850
             adonde la luz del sol
             no entrará por un resquicio.

820   perdido: TP1 perdio
821   No aside in EG, TP1
835   obediencia: TP1 ebediencia
846   para: TP2, VT por

Ningún hombre me verá
el rostro, siendo mi hijo,
por serlo, de aquesta ley   855
el primero comprehendido;
y así, entrar no le dejéis
a él, ni a nadie, a hablar conmigo.
En sus manos, le decid,
que el cetro y laurel altivo   860
dejo; que dé a sus vasallos
ese gusto de regirlos,
hasta que a mí me echen menos;
pues ya sólo el valor mío
siente que se me parezca,   865
porque no podrá el olvido
borrarme de sus memorias.

FRISO   ¡Señora!

SEMÍRAMIS   Déjame, Friso.

LICAS   Advierte...

SEMÍRAMIS   Vos no me habléis.

LISÍAS   Mira que...

SEMÍRAMIS   Yo nada miro.   870
Quédate, pueblo, sin mí.
Todos me dejad. Conmigo
nadie venga. Rey tenéis;
seguidle a él. Un basilisco
tengo en los ojos, un áspid   875
en el corazón asido.

856 primero: TP2, VT primer
868-9 In EG the order of speakers is: *Fris. Sem. Fris. Sem. Lic.*; TP1 the
   same; TP2 *Fris. Sem. Lic. Sem. Lic.*; VT *Fris. Sem. Lic. Sem. Lis.* I retain VT which seems the more sensible reading here.
870 Yo: VT Ya. For the previous phrase EG and TP1 have Mira que?

    ¿Yo sin mandar? De ira rabio.
    ¿Yo sin reinar? Pierdo el juicio.
    Etna soy, llamas aborto;
    volcán soy, rayos respiro.   *Vase.* 880

LICAS   ¡Qué ambicioso sentimiento!

FRISO   ¡Qué sentimiento tan digno!

LISÍAS   ¡Qué resolución tan ciega
    y sin tiempo!

LICAS   Lisias, dinos: 885
    ¿Dónde el Príncipe quedó,
    viniéndote tú?

LISÍAS   No quiso
    acabarme de escuchar
    Semíramis.

FRISO   Ahora dilo.

LISÍAS   Viniendo a palacio yo,
    ese eminente obelisco,   890
    regular Atlante nuevo,
    nuevo fabricado Olimpo,
    mauseolo consagrado
    a las cenizas de Nino,

877-8 No question-marks in EG.
879 Etna: EG edna, TP1, TP2 Ethna
881-90 VT changes the order of speakers:

        Lisi. Què ambicioso sentimiento!
        Fris. Què sentimiento tan digno!
        Licas. Què resolucion tan ciega,
        y sin tiempo! Lisias, dinos,
        donde el Principe quedò,
        viniendote tu. *Lis.* No quiso
        acabarme de escuchar
        Semiramis. *Fris.* Aora dilo.
        Lis. Viniendo à Palacio ya,...

885 VT makes this a statement, not a question.
889 yo: VT ya
891 Atlante: EG adlante, TP1, TP2 Athlante
893 mauseolo: EG maseulo

preguntó qué templo era;   895
y habiendo entonces oído
que era el sepulcro eminente
de su padre, así le dijo:
'Salve, depósito fiel
del mejor Rey que ha tenido   900
el mundo, si amor no hubiera
borrado su nombre altivo.
Salve, y de mí no se diga
que la primer vez que miro
de tu urna las cenizas,   905
no doy de mi amor indicios.
No he de llegar de palacio
a ver los umbrales ricos,
sin que primero vea el mundo
que, a mi ser agradecido,   910
es aquéste en Babilonia
el primer umbral que piso,
reverenciado postrado
hoy en su fin mi principio.'
Y echándose del caballo,   915
dentro entró, y al mármol liso
que muerto le deposita
y le representa vivo,
besó la mano, pidiendo
de su culto a los ministros   920
le sacrifiquen; y él queda
asistiendo al sacrificio,
cuya acción piadosa más
pudo alterar los motivos
del pueblo. A buscarle vuelvo,   925
y a decir cuánto ha sentido
Semíramis sus aplausos,
porque venga prevenido
a desenojarla. ¡Dioses,
doleos de su peligro!   930

905   de tu urna las cenizas: EG de tu vena la ceniças; TP1, TP2 de tu vena
      las ceniças; VT de tu urna las cenizas
913   reverenciado: TP1, TP2, VT reuerenciando
920   culto: EG, TP1 oculto
928   venga: EG, TP1, TP2 vengo

ASTREA   Padre y señor, ¿desa suerte
te vas, y habiéndome visto
para besarte la mano,
lugar no me has permitido?

LISÍAS   ¡Ay hija! No a mi amor culpes,   935
que esta novedad que admiro
ha embargado los afectos
hoy de todos mis sentidos.   *Vase.*

LICAS   Aunque Babilonia hoy
en confusiones y gritos   940
alterada, hermosa Libia,
cumpla con su nombre mismo,
porque no excepta lugares,
tiempos ni personas, dijo
un sabio que amor y muerte   945
eran los más parecidos;
y así, pues las novedades
que a todos han suspendido,
a mí me han dado ocasión
de hablaros, ose deciros: 950
¿cuándo seré tan dichoso
que merezca el amor mío
la suma gloria que espero
y el grande amor a que aspiro?

LIBIA   Ya vos sabéis cuánto, Licas,   955
a vuestra fe agradecido,
mi pecho os estima; pero
esa ocasión que habéis dicho,
no he de darla yo. La Reina
es dueño de mi albedrío: 960
pedidme a la Reina vos.

934   No question in EG
937   ha: EG a
943   excepta: VT exceptua
953   espero: EG espiro
954   Only VT makes this a question.

LICAS   Con esa esperanza vivo.

FRISO   Yo, hermosa, divina Astrea,
ya que ninguna he tenido,
no os digo, ¿cuándo seré   965
felice? Que sólo os digo
¿cuándo no seré infelice?
Pues favor no solicito
para ser amado; basta
el no ser aborrecido.   970

ASTREA   Tarde, Friso, porque a mí
esos desdenes esquivos
son naturaleza, y mal
podéis nunca reducirlos.

FRISO   Tan hallado estoy con ellos   975
y por vuestros los estimo,
que con ellos no echo menos
el bien a que no me animo.

Las chirimías dentro.

TODOS [*dentro*]   ¡Viva Ninias, nuestro Rey!
¡Viva el sucesor de Nino!   980

LIBIA   Ya de más cerca se escuchan
las voces que dan indicio
de que ya el Príncipe llega;
y así, desta cuadra idos
los dos.

LICAS   Aquí, a mi pesar,   985
de vuestra luz me despido.

971   a mí: VT en mi
974   podéis: TP2, VT podreis
977   no echo menos: EG no hecho menos
978+   VT has *Tocan chirimías, y dizen dentro,* then *Todos* in the left-hand
       column below. None of the other texts indicates the crowd.
979   Ninias: EG Nimas
985   EG gives Friso as the speaker.

FRISO   Yo no, Astrea, de la vuestra,
porque sé que en esto os sirvo.

ASTREA   No se va quien deja tantos
pesares de haberle visto.   990

FRISO   También vivo feliz yo,
pues padezco.

ASTREA   Si imagino
que mi desprecio estimáis,
ni aun desprecios tendréis míos.

LIBIA   Adiós, Licas.

LICAS   El os guarde.   995
Vamos, porque es justo, Friso,
que al Príncipe le besemos
los dos la mano.

FRISO   Yo sigo
a Semíramis en todo;
y así, hasta que haya sabido   1000
si en esto pude enojarla,
no le veré.

LICAS   Esto es preciso,
que es nuestro Príncipe.

FRISO   Ella
nuestra Reina, a quien yo sirvo.

LICAS   Pues yo voy a verle.

FRISO   Y yo   1005
de su vista me retiro.

Vanse los dos.

LIBIA   ¿Hasta cuándo, hermosa Astrea,
ingrato tu pecho altivo
ha de negarle al amor
tributo?

993   estimáis: EG estimeys
996-8   EG and TP1 give these lines to Libia.

ASTREA	Aunque ves que a Friso	1010

aborrezco, no a mi pecho
acuses con desvaríos
de incapaz de amor. Bien sé
qué es querer; y si te digo
la verdad, mis pensamientos   1015
son más osados y altivos.

LIBIA   ¿Cómo?

ASTREA   Hija soy de Lisias;
con Ninias, Príncipe invicto,
me he criado.

LIBIA [aparte]   Ya te entiendo.
(Fuera de que ha interrumpido   1020
su voz la música.)

ASTREA [aparte]   (Aquí
esperarán mis sentidos,
locos de amor, a su dueño.)   *Vanse.*

Con chirimías, todo el acompañamiento detrás
de Ninias, vestido de camino, y a la puerta,
por donde entra, estará Lidoro con cadena.

TODOS   ¡Viva el sucesor de Nino!

1010 No question in EG.
1012-3 acuses con desvaríos / de incapaz de amor: EG, TP1 acusen con desuarios / de incapaz de amor, VT acuses con desvarios / de incapaz amor
1018 Ninias: EG Ibrias, TP1 Irias
1021 su: VT tu. The reading in EG, su voz, is perfectly acceptable if the remark is taken as an aside, although none of the texts in fact indicate an aside here or for Astrea's subsequent words.
1023 Only VT indicates the departure of the women.
1023 + In the stage-direction both EG and TP1 have Arsidas instead of Lidoro. TP2 corrects this but has *detràs Nimias* instead of *detras de Nimias.* VT has *Tocan chirimias, y sale todo el acompa-/ñamiento, y detràs Nimias en trage de / camino, y à la puerta por donde sale està | Lidoro atado con cadena, y Chato / junto à él.*

NINIAS   De todos vuestros aplausos   1025
                hago a los cielos testigos,
                que, a disgusto de mi madre,
                ni los escucho ni admito.

UNO   Tú eres nuestro Rey, y tú
                solamente has de regirnos.   1030

NINIAS   Y ya que una obligación
                de hijo en el templo he cumplido,
                dejad que acuda a las otras,
                ... ...

CHATO [*aparte*] Cuando niño no era Ninias,   1035
                a su madre parecido
                tanto, aquel rostro y aquéste,
                ¿quién no dirá que es el mismo?

NINIAS   Tened, no paséis de aquí.
                ¿Qué lástima es la que miro,   1040
                cuando del real palacio
                la primera losa piso?

CHATO [*aparte*] Ella es, vestida de hombre.
                o yo he de perder el juicio.

NINIAS   Hombre, ¿quién eres?

LIDORO   Señor,   1045
                de la fortuna un delirio,
                  un frenesí de la suerte,
                  de los hados un prodigio,
                  y del humano poder
                el escarmiento más vivo.   1050

1026   testigos: TP1, TP2 testigo
1034   VT has à mi madre agradecido
1038   mismo: EG mesmo. There is no interrogative in EG.

CHATO [*aparte*] Lo de un huevo a otro no es nada,
    que hay huevos no parecidos;
    que unos se dan a dos cuartos,
    y otros se pagan a cinco.

NINIAS   ¿Qué delito así te ha puesto?   1055

LIDORO   Haber infeliz nacido.

NINIAS   ¿Delito es ser infeliz?

LIDORO   Y no pequeño delito.

NINIAS   Dime, ¿quién eres?

LIDORO   Lidoro,
    Rey de Lidia; y este aviso,   1060
    pues te coge a los umbrales
    de reinar, Príncipe invicto,
    sirva de algo, observando
    cuerdo, atento y advertido,
    que pasar de extremo a extremo   1065
    es de la fortuna oficio.

NINIAS   ¿Tú eres el que a Babilonia
    intentaste poner sitio?

LIDORO   Sí, señor, y tú y tu padre
    alentasteis mis motivos.   1070

NINIAS   Eso no entiendo ni quiero
    entenderlo. Enternecido
    me han dejado tus fortunas,
    y aun me ha parecido indigno
    que así al vencido se trate;   1075
    y si agora no te libro,
    es porque no sé si tienes
    más culpa de ser vencido.

1052 huevos: TP2 huovos
1063 sirva: EG, TP1, TP2 siruan de algo, VT sirvate de algo
1070 EG has an interrogative.
1076 te libro: EG te le libro

Y aunque la tengas, Lidoro,
palabra doy al impíreo   1080
coro de los dioses que hoy
no pida, a los pies rendido
de Semíramis mi madre,
en premio de que no admito
un reino, sino que tengas   1085
la libertad que has tenido.

LIDORO   Como can estoy atado,
              y así, como can me humillo,
              halagándote los pies
              humilde y agradecido.   *Vase.* 1090

CHATO   No hará un bien sólo en librarle,
              sino dos, porque no vivo,
              ni como, ni bebo, ni
              duermo, ni hago otro ejercicio,
              guardándole.

NINIAS   Pues, ¿quién eres?   1095

CHATO   Chato, aquel que cuando niño
              solía jugar con él.

NINIAS   No te había conocido.

CHATO   Yo tampoco, porque está
              a su madre parecido   1100
              más que antes; todo su rostro
              cortado es aqueste mismo.

NINIAS   Dime: ¿cómo estás tan viejo
              y tan pobre?

CHATO   Como sirvo.

1078   de ser: VT que ser
1080   impíreo: VT Empíreo
1083   a los pies: EG, TP1 a tus pies, TP2 a sus pies

177

NINIAS   Yo me acordaré de ti.   1105

CHATO   Y yo diré, si me miro
               medrado, que como hay
               un diablo a otro parecido,
               un ángel a otro también.

               Sale con Licas, Friso.

FRISO   ¡Que salir no haya podido   1110
               de palacio, sin que todos
               vean que dél me retiro!

1110-5   In EG the reading is:

> *Fri.*   Que salir no aya podido
> de palacio, sin que todos
> vean que del me retiro.

> *Lic.*   Pues llega a hablarle. *Fr.*   Es en
>   (vano.

> *Lic.*   En tanto Principe inuicto,
> que al quatto vas de la Reyna

TP1:   *Fri.*   Que salir no aya podido
> de palacio, sin que todos
> vean que del me retiro.

> *Fri.*   Es en vano.

> *Lic.*   En tanto, Principe invicto,
> que al quarto vàs de la Reyna

TP1 misses out part of EG's perfectly good line.

TP2:   *Fris.*   Que salir no aya podido
> de Palacio sin que todos
> vean que dèl me retiro?

> *Lic.*   En tanto, Principe invicto,
> que al quarto vàs de la Reyna

The compositor of TP2, thinking that the part of the line in TP1 is a mistake, misses it out altogether.

VT: *Fris.*   Que salir no aya podido
> de Palacio, sin que todos
> vean que dèl me retiro
> pesaroso deste aplauso?

> *Lic.*   En tanto, Principe invicto,
> que al quarto vàs de la Reyna

VT attempts to correct TP2 by introducing a completely different line. This clearly suggests that VT did not see EG.

LICAS	Pues llega a hablarle.

FRISO   Es en vano.

LICAS   En tanto, Príncipe invicto,
que al cuarto vas de la Reina,   1115
mi señora, te suplico
permitas besar tu mano.

LISÍAS   Licas, gran señor, ha sido
el vasallo que dio a Siria
más victorias.

NINIAS   Ya yo he oído   1120
vuestro nombre, y conoceros
por vuestra persona estimo.

LICAS   Conoceréis el vasallo
que más desea serviros.

NINIAS   Alzad del suelo. ¿Un hermano   1125
no tenéis?

LICAS   Sí, señor; Friso.

NINIAS   Pues ¿cómo, tan retirado,
no llegas a hablarme?

FRISO   Rendido
a vuestras plantas estoy.

NINIAS   Muy tarde y de espacio ha sido;   1130
y quizá algún día veréis
que, aunque no caigo advertido
en todo, lo entiendo todo,
y uno siento y otro estimo.

1120 Ya yo he oído: VT Ya he oido
1124 EG has an interrogative.
1128 llegas: TP2, VT llega. No interrogative in EG, TP1.
1130 de espacio: VT despacio
1132 advertido: EG finjo
1134 y uno siento: EG ya no siento, TP1, TP2, VT y vno entiendo

LICAS   ¿Porqué...?

NINIAS   No hablo con vos, Licas.   1135

FRISO   Yo quise...

NINIAS   Bien está, Friso.
        ¿Cuál es de mi madre el cuarto?

Salen Astrea y Libia.

ASTREA   Aqueste, Príncipe invicto,
        a cuyos umbrales yo
        a besaros me anticipo   1140
        la mano.

NINIAS   Del suelo alzad;
        que en mis brazos os recibo,
        por deciros que el ausencia
        en mí no es madre [d]el olvido,
        porque vengo muy gustoso   1145
        a veros amante y fino.

ASTREA   Todo a mi fe lo debéis,
        mas callar ahora es preciso.

NINIAS   Entraré a ver a mi madre.

LIBIA   Ella, gran señor, nos dijo   1150
        que nadie, ni aun vos entraseis
        dentro de aqueste retiro.

1135 ¿Porqué...: EG Por?
1137 madre: EG padre
1137+ Only VT has the stage-direction.
1138 For this line VT has an extraordinary substitution:

               Este es, señor, su retiro

1135 ¿Porqué...: EG por?
1144 en mí no es madre [d]el olvido: EG en mi no es madre el oluido, TP1
     en mi nunca engendra el oluido, TP2, VT en mi nunca engendra olvido.
     I make a small emendation to EG.

NINIAS   Si quien no fuera una dama
aqueso me hubiera dicho,
respondiera de otra suerte;   1155
pero a vos basta deciros
que esos preceptos se entienden
con todos y no conmigo.

LISÍAS   ¡Qué prudencia!

LICAS   ¡Qué cordura!

LIBIA   ¡Qué severidad!

ASTREA   ¡Qué brío!   1160

Vanse, y quedan Friso y Licas.

LICAS   ¡Que hayas, Friso, procurado
que no seas del Rey mal visto!

FRISO   No es el Rey, porque hasta agora
reina Semíramis.

LICAS   Digo
que en todo mi opuesto eres.   1165

FRISO   Si tú no lo fueras mío,
no lo fuera yo; demás
de que si hacerme he querido
mal visto de Ninias, tú
de Semíramis.

1151 TP2 has que nadie, ni aun vos, entrasse, VT que à nadie entrar se per-
      mita
1152 dentro de aqueste retiro: VT dentro, aunque fuesseis vos mismo
1157 se entienden: EG se entiende
1159-60 EG has a question-mark after prudencia but nothing after the other
      phrases. TP1 and VT have four exclamations. TP2 omits the exclama-
      tion after severidad.
1160+ Only VT has the stage-direction.
1161 procurado: EG procurade
1162 que no seas del Rey mal visto!: EG que no sras del Rey mal visto, TP1
      que no seas del Rey mal visto, TP2 el ser oy del Rey mal visto!, VT el
      ser oy del Rey mal visto? In EG the r in sras is very faint and could
      well be e.
1168 he querido: EG, TP1 has querido

LICAS   Yo sigo   1170
la parte de la justicia,
que Ninias es del Rey hijo.

FRISO   Pues yo la de la fortuna,
que Semíramis ha sido
quien se ha sabido hacer Reina.   1175

LICAS   Pues vamos por dos caminos,
tú verás en el fin dellos...

FRISO   ¿Qué?

LICAS   Que es mejor el mío.
pues que lleva la razón
de su parte.

FRISO   Ese es delirio.   1180
Ten tú razón, yo fortuna,
y verás que no te envidio.

1178   es mejor el mío: VT es el mejor el mio
1180   delirio: EG delicio

JORNADA SEGUNDA

Suenan chirimías y atabalillos. Sale en lo alto del teatro,
con un estandarte, Licas, y por lo bajo salen Friso y Fla-
vio.

LICAS   Oíd, oíd, oíd, vasallos.
Ninias vive, Ninias reina.
Decid todos ¡viva!

TODOS [*dentro*]   ¡Viva   1185
siglos y edades eternas!

Enarbola el estandarte, vuelve la música, y vase.

FRISO   Viva porque muera yo.

FLAVIO   Señor, pues ¿desta manera,
en día tan celebrado
de la plebe y la nobleza,   1190
tú sólo al concurso faltas
y de la jura te ausentas?

FRISO   Sí, Flavio; que aquestas voces,
que ufanas y lisonjeras
publican que Ninias viva,   1195
publican que Friso muera;
porque siendo para todos
de alegría, gusto y fiesta,
son para mí solamente
de pena, llanto y tristeza.   1200

1182+   EG omits *Licas*, VT has *Suenan chirimias, y atabalillos, y sale /en*
      lo alto del teatro Licas con vn estan-/darte, y por lo baxo salen Friso, /
      / Flabio, y gente.
1185   No *dentro* in EG, TP1, TP2. VT, of course, has the crowd on-stage.
1186+   VT has *Enarbola el estandarte, bueluen à tocar, / y vase Licas, y el*
      acompañamiento, / y quedanse Friso, y Flabio.
1192   No interrogative in EG.

FLAVIO   Pues ¿qué novedad, señor,
hay para que tú lo sientas?

FRISO   Si no sabes, escucha
lo que ha pasado en tu ausencia.
Vino a Babilonia Ninias,   1205
y ganando su belleza
un común afecto en todos,
o fuese natural deuda,
o heredero vasallaje,
o confusa o novelera   1210
ceremonia de la plebe,
que esa es la opinión más cierta,
su nombre vio repetido
y aclamado de las lenguas
del vulgo, cuyos acentos   1215
llegaron a las orejas
de Semíramis, que, airada
de ver que reinando ella
tan victoriosa aplaudiesen
ni aun a su hijo en su ofensa,   1220
y más, día en que acababa
de darles la más sangrienta
victoria que vio el Eufrates
sobre sus ondas soberbias,
por vengarse así de todos,   1225
irritada de la queja,
ofendida del agravio,
y de la cólera ciega,
del gobierno desistió,
diciendo a voces que ella   1230
el cetro y laurel dejaba
en su hijo. ¡Oh, cuánto yerra
quien grandes resoluciones
toma apriesa! Pues es fuerza
que quien presto se resuelve,   1235
presto también se arrepienta.

1203   sabes: EG sabeys
1234   apriesa: VT aprisa. No exclamation in EG, TP1, TP2, but TP1 and
TP2 have one after arrepienta in 1236.

Yo, pensando, pues, que aquello
más efecto no tuviera
que una cosa dicha acaso,
con cólera y sin prudencia,   1240
quise llevar adelante
las empeñadas finezas
de su servicio, creyendo
que su ambición y soberbia
no había de querer jamás   1245
darse a partido, y que puesta
en castigar el motín,
se había de salir resuelta
con todo, quedando yo
en su gracia, viendo que era   1250
el que solo no había dado
a su hijo la obediencia.
Entrambos discursos, Flavio,
me salieron mal, porque ella
llevar también adelante   1255
quiso el rencor, de manera
que, de la última cuadra
de aquesa fábrica inmensa,
para estancia suya, hizo
clavar ventanas y puertas,   1260
guardando desde aquel día
una viudez tan severa,
que el sol apenas la ve,
y si el sol la ve, es a penas.
De todas las damas suyas   1265
una sola sale y entra
a servirla, sin que otra
ninguna el rostro la vea;
tanto, que, entrando su hijo
a rendirla la obediencia,   1270
le habló, cubierta la cara
de un negro cendal; y en muestra

1237   VT has Yo, pues, juzgando que aquello
1246   puesta: EG puesto
1259   estancia: EG instancia
1265   las damas: EG les damas

de que gustaba que él
gobernase, la diadema
y el cetro de oro, que fue 1275
de Nino su esposo herencia,
le dio, y para coronarse
con tantas públicas muestras
como hoy hace Babilonia,
su permisión y licencia. 1280
Si la habrá pesado ya,
no sé; pero bien se deja
conocer cuánto burlada
halla un hombre su soberbia
el día que, por vengarse 1285
de otro, en sí mismo se venga.
Yo, pues, que por ella estaba
declarado, y que con guerras
civiles pensaba ver
a Babilonia revuelta, 1290
no besé a Ninias la mano,
o se la besé por fuerza.
Cuando vino a Babilonia,
informado de mi queja,
se mostró airado conmigo; 1295
de suerte que a verse llega
hoy tan neutral mi fortuna,
que, por servir a la Reina,
no serví al Rey, siendo así
que a la que obligué se ausenta 1300
y al que ofendí se corona;
y siendo desta manera,
hoy que la nobleza y plebe
le jura y su mano besa,
y que mi hermano levanta, 1305
del mauseolo a las puertas,
el estandarte por él,
huyo yo de su presencia;
porque esas festivas voces

1302 desta: EG de esta
1308 huyo yo: VT yo huyo

son de mi fortuna exequias,   1310
cuando repetidas dicen
en tantas confusas lenguas...

Chirimías.

DENTRO   ¡Viva Ninias!

TODOS [*dentro*]   ¡Ninias viva
siglos y edades eternas!

FLAVIO   Ya las reales ceremonias   1315
se acabaron.

FRISO   Bien lo muestra
el grande acompañamiento
con que da a palacio vuelta.

FLAVIO   Señor, si de aconsejarte
merezco alguna licencia,   1320
no te extrañes con el Rey.
Llega con todos, y deja
que obre su enojo; no tú
te anticipes. Considera
que quizá el verte tan fino   1325
antes de ahora con la Reina
le obligará a que presuma
que con él lo serás.

1312+-3 The four texts have the following lay-out:

      EG.   *Chirimias.*
    Den. Viua Nimias. *To.* Nimias viua

      TP1, TP2:   *Chirimias dentro.*
          Viua Nimias. *Tod.* Nimias viua

        VT: *Dent.* Viua Nimias. *Chirimias dentro.*
        Mus. y tod. Nimias viua

1315 Ya las reales ceremonias: TP1, TP2 Ya las ceremonias, VT Ya todas
las ceremonias
1324 anticipes: EG antecipes

FRISO
                                 Esa
razón en un pecho, Flavio,
de sustancia y de prudencia   1330
militada es, pero no
en el suyo; porque piensa
que, afeminado, de todo
se recata y se recela.
Pero tu consejo es bien   1335
seguir; y puesto que llega
con tanto acompañamiento,
en él quiero que me vea
entre todos.

Sale todo el acompañamiento, Lisías y Licas y Ninias;
suena la música.

TODOS   ¡Ninias viva
siglos y edades eternas!   1340

NINIAS   Vasallos, deudos y amigos,
leal plebe, ilustre nobleza,
a cuyos grandes aplausos,
a cuyas raras finezas
siempre agradecida el alma   1345
vivirá ufana y atenta:
ya que Semíramis quiso,
mi señora y vuestra Reina,
que yo os gobierne y que ciña
el laurel, por su obediencia   1350
aún más que por mi deseo,
a todos hacer quisiera
merced y pagar a todos,
reconociendo la deuda
en que os estoy; y así, en tanto   1355
que la ocasión se me ofrezca
de honraros a todos, quiero
empezar. Aquí se vea

1331 militada es, pero no: EG militada, pero no, TP1 militada; pero no
1339+ EG, TP1 and TP2 have *Licio* after *Licas.* VT has *Sale todo el acom-*
       pañamiento, Lisias, | Licas, y Nimias, y buelve la | musica.
1358 empezar. Aquí se vea: EG empezar aqui se vea: TP1, TP2 empeçar,
       aqui se vea, VT empezar à que se vea

en mis mercedes el gusto
que he de tener en hacerlas.   1360
Una palabra que di
hoy ha de ser la primera
que cumpla; que a mi palabra
acudir antes es fuerza.
A Lidoro desatad   1365
de aquella injusta cadena
en que está, y decid que al punto
venga libre a mi presencia.

LISÍAS   Señor, que con él piadoso
andes, en noble clemencia;   1370
mas no le des libertad
absolutamente. Piensa
que es poderoso contrario,
y que antes que la tenga
es justo asentar con él   1375
que te ha de dar la obediencia
y feudo que dio a tu padre.

NINIAS   Tú, Lisías, me aconsejas
siempre lo mejor, y yo
seguir lo mejor quisiera;   1380
y así, por ese consejo,
por tus canas y experiencia,
juez mayor te hago de Siria
y gobernador en ella.

LISÍAS   Los pies te beso por tantas   1385
honras y mercedes.

NINIAS   Deja
vanos agradecimientos;
más te debo. Tu prudencia,

1388-91 I give the reading of each text to show that EG is correct, punctuation poor; TP1 clearly follows EG, differing in only one word and im-
proving punctuation; TP2 alters TP1; VT is the same as TP2:

        EG: mas te deuo, tu prudencia
               en el mar de mi fortuna,
               piloto ha de ser de aquella
               naue,

189

en el mar de mi fortuna,
piloto ha de ser de aquella   1390
nave, pues será contigo
serenidad la tormenta.
Licas.

LICAS   Señor.

NINIAS   General
eres ya de mar y tierra.

LICAS   Tus invictas plantas beso   1395
por tantas, por tan inmensas
mercedes; pero, señor,
de no acetarlas licencia
me has de dar.

NINIAS   ¿No es ser ingrato?

LICAS   No, gran señor, como adviertas   1400
que del mar es general
Friso mi hermano, y no fuera
justo que acetara cargo
que a él le has de quitar por fuerza.

TP1:   màs te deuo; tu prudencia,
            en el mar de mi fortuna,
            piloto ha de ser de aquesta
            naue,

TP2:   mas le devo à tu prudencia,
            en el mar de mi fortuna,
            piloto has de ser de aquesta
            nave,

VT: mas le debo à tu prudencia:
            en el Mar de mi fortuna
            Piloto has de ser de aquesta
            Nave,

1393 VT has interrogatives after Licas and Señor.
1398 acetarlas: EG acertarlas, VT aceptarlas
1399 No interrogative in EG.
1403 acetara: EG acertara, VT aceptara
1404 VT has que has de quitarle à èl, por fuerça

NINIAS A Friso le hará merced
  Semíramis, y con ella
  no habrá menester más cargos
  quien tiene los de la Reina.

FRISO Señor, verme a mí tan fino
  con su majestad debiera   1410
  advertirte que lo soy
  con quien sirvo, y la experiencia
  más es mérito que culpa.

NINIAS Está bien. [A Licas]. El cargo acepta,
  que no es bien por complacer 1415
  a Friso, que a mí me ofendas.

LICAS Yo le acepto, gran señor,
  porque mi hermano le tenga
  teniéndolo yo, pues sólo
  depósito es mientras cesa   1420
  tu enojo.

FRISO (aparte) ¡Qué presto, cielos,
  de mí su rigor se venga!

SOLDADO [PRIMERO] Señor, yo soy el soldado
  que, al adorar tu presencia,
  el primero te aclamó   1425
  Rey, y a quien debes esta
  majestad, que eterna goces.

NINIAS Medio talento en las rentas
  y tributos de Ascalón,
  que por la muerte violenta 1430
  de Menón se confiscaron,
  quiero que de sueldo tengas.

1412-3 EG and TP1 have es la experiencia, / mas es mérito que culpa
1421 Only VT has the aside and the exclamation. EG and TP1 have neither,
  TP2 an exclamation.
1423 All the texts have Sol. 1.
1424 adorar: VT advertir
1426 a quien debes: VT a quien le debes

SOLDADO [PRIMERO]   Beso tus plantas.

FRISO   A mí
             dellos Semíramis bella
             me hizo merced.

NINIAS   A este soldado   1435
             la hago yo, y es acción cuerda
             premiar yo a quien me sirve
             si a quien tú sirves te premia.

LISÍAS   Señor, a hombre sedicioso,
             aunque con favor lo sea,   1440
             no le honres; que es hacer
             al delito consecuencia.

NINIAS   Advirtiéraismelo antes,
             que esta merced ya está hecha.

LISÍAS   Con todo, de reformarla   1445
             me has de dar, señor, licencia.

             Salen Lidoro y Chato.

LIDORO   Vivas, ¡oh Príncipe augusto!,
             en la verde primavera
             de tu juventud lozada,
             sin que el invierno se atreva   1450
             de los años a borrar
             la flor más inútil della,
             la edad del sol, ese hermoso
             lucero que, en blanda hoguera,
             fénix del cielo, renace   1455
             entre sus cenizas mesmas.

1433 All texts *Sol. I.*
1435 me hizo merced: VT merced me hizo
1436 la: EG, TP1 le
1438 te premia: EG se premia
1440 con favor: VT en tu fauor

NINIAS Alza, Lidoro, del suelo.
Levanta, a mis brazos llega;
que quiero desagraviar
de mi madre las ofensas   1460
con mis favores.

LIDORO   Bastantes
son los de tu gran clemencia
para que ya la pasada
fortuna al cielo agradezca.

NINIAS La libertad te ofrecí;   1465
pero antes que la tengas,
tengo que tratar contigo;
y así, de no hacer ausencia
sin mi gusto, la palabra
me has de dar, aunque te veas   1470
libre de aquella prisión.

LIDORO ¿Qué importa estarlo de aquélla,
si con más seguridades
me prendes, señor, en ésta?
No la cadena le quita   1475
al noble quien la cadena
le quita; antes se la pone
más fuerte, pues cosa es cierta
que la de la obligación
ni se lima ni se mella.   1480

NINIAS De paso ayer me dijiste
que el pretexto de la guerra
que a Semíramis hacías,
por mí y por mi padre era,
y quiero tener mejor   1485
entendida esta materia.

1457 Alza: EG Alcad, TP1 Alçad
1474 Only VT has a question-mark.
1480 mella: EG, TP1 mela
1486 esta: TP1, TP2, VT essa

24

LIDORO   Yo, señor, te la daré.

NINIAS   No ha de ser, Lidoro, en esta
ocasión; con más espacio
y menos gente saberla   1490
quiero. Mañana os dará
Lisías, Lidoro, audiencia;
y agora, porque acusarme
la murmuración no pueda
de que un breve instante tuve   1495
la corona en mi cabeza,
sin que como cosa mía
a mi madre se la ofrezca,
a su cuarto pasar quiero;
que cuando ella no consienta   1500
que la vea, habré cumplido
con llegar hasta sus puertas.

CHATO   Licencia estas luengas canas,
por ser canas y ser luengas,
para hablarte una palabra   1505
antes que te ausentes, tengan.

NINIAS   Di: ¿qué quieres? Ya te escucho.

CHATO   Señor, tu madre y mi Reina
me mandó que con Lidoro
tuviese muy grande cuenta,   1510
porque el día que faltase
de la traílla o cadena,
me había de poner a mí
por viejo perrazo della.
Tú me mandas que le suelte,   1515
y así un recibo quisiera
tener tuyo.

1487   te la daré: TP2, VT te la dirè
1489   con más espacio: EG, TP1 que mas espacio
1506   tengan: EG, TP1, TP2 tenga
1507   No interrogative in EG.

NINIAS   Pues si yo
             te lo mando, ¿qué recelas?

CHATO   Que se le antoje reinar
             otra vez, que todo es que a ella   1520
             sin razón o con razón
             se le ponga en la cabeza,
             y me diga: 'Dacá el preso'.
             Si tú agora me le llevas,
             no se le podré dacar;   1525
             con que del talión la pena,
             que está del tanto por tanto.
             No dudo que me eche a cuestas
             y me mande atar a mí.

NINIAS   ¡Qué simplicidad tan necia!   1530

CHATO   Señor, el viejo más simple
             es compuesto de experiencias.
             Mejor que tú la conozco;
             pues tú puedes conocerla
             como a quien parió, mas yo   1535
             como si yo la pariera.
             Mandamiento de soltura
             quiero.

NINIAS   El mandamiento sea
             que te hagan una libranza
             de cien escudos de renta.   *Vase.* 1540

CHATO   Mil siglos estés de un lado
             en la gloria sempiterna;
             y hasta entonces, ¡oh famoso
             monarca!, vivas dos suegras,
             una sobre otra, que es   1545
             inmortal supervilencia.
             Señor Lisías, ¿quién hace
             estas libranzas de rentas?

1522   se le ponga: VT se la ponga
1524   Si tú agora: VT si aora tu
1526-7   VT has con que del Tazon la pena / que es la del tanto por tanto
1546   supervilencia: TP1, TP2, VT superviuencia.   This is surely a mispro-
       nunciation by the gracioso.

195

LISÍAS	Acudid a los oficios.	*Vase.*

CHATO   ¿Sabéis vos adónde sean,   1550
señor Lidoro?

LIDORO   ¿De qué
queréis vos que yo lo sepa?

CHATO   ¿Sabéis vos hacer libranzas,
señor Frisón?

FRISO   Quita, bestia.

CHATO   ¿Y vos, señor Licas?

LICAS   Loco,   1555
aparta.

CHATO   ¿Hay cosa como ésta?
Mas, ¿qué me admiro, si son
las mercedes palaciegas
jubileo, y no se ganan
sin hacer las diligencias?   *Vase.* 1560

LICAS   Ya, Friso, que los dos solos
hemos quedado, tus penas
hoy con mis felicidades
alivio y reparo tengan,
bien así como dos plantas,   1565
que los naturales cuentan
que son cada una un veneno,
y estando juntas se templan
de suerte que son entonces
la medicina más cierta.   1570
Si tú estás triste, yo alegre;
si de pérdida estás, piensa
que estoy de ganancia yo.

1552 No interrogative in EG.
1556 No interrogative in EG. TP1, TP2 and VT have an exclamation.
1560 No interrogative in EG, TP1, TP2.

Partamos la diferencia
entre los dos, porque así   1575
tristeza ni alegría puedan
descomponernos, mezclando
mi alegría y tu tristeza.
Tu cargo me han dado; nunca
más tuyo ha sido, pues...

FRISO   Deja   1580
de consolarme; porque es
decir, quien a otro consuela,
que siente; y yo en esta parte
no hay sentimiento que tenga.
Ni que tú seas dichoso,   1585
ni que desdichado sea
yo, podrán hacer jamás
que, postrada mi soberbia,
ni con el semblante diga
que eso estime ni esto sienta.   1590
Hijo de la guerra soy,
y sabrá darme la guerra
ocasiones en que Ninias
conozca que esta sangrienta
cuchilla es rayo tan fuerte,   1595
que ningún laurel respeta,
y podrá ser que amenace
tal vez el de su cabeza.

LICAS   Calla, calla. No pronuncies,
Friso, razón tan ajena   1600
a tu obligación, tu sangre,
tu valor y tu nobleza.
Ninias es Rey natural
de Siria, y a su obediencia
has de estar más fino cuanto   1605
más quejoso.

1578   y tu tristeza: EG y mi tristeza
1589   ni con: VT ni aun con
1597   amenace: EG amanece
1601   a tu obligación: VT de tu obligacion
1605   estar: EG echar

FRISO   Eso se cuenta
de muchas maneras, Licas.

LICAS   La pasión, Friso, te ciega;
y no quiero que te arrojes,
irritada la paciencia   1610
con la oposición, a que
a decirlo otra vez vuelvas.
Tu hermano soy y tu amigo:
alma, honor, vida y hacienda,
todo es tuyo; mientras yo   1615
felice soy, no te tengas
por infelice, pues tú
aún más que yo en mí gobiernas.
Esto ha de entenderse en cuanto
como quien naces procedas;   1620
que si tropiezan tus pies
donde desbarre tu lengua,
ni tu hermano ni tu amigo
seré; porque considera
que también es esta espada   1625
rayo que nada reserva,
y podrá ser que se manche
tal vez en [t]u sangre mesma.   *Vase.*

FRISO   Quien no teme a la fortuna
sus iras, ¿quieres que tema   1630
tus amenazas? Pues yo,
aunque ruinas me prevengas,
he de buscar ocasiones
en que toda Siria vea
que sé vengar mis agravios   1635
y sé sentir mis ofensas.
Batria, ¿rebelada siempre
no está? Pasaréme a ella,
y como ladrón de casa

1620 naces: EG, TP1 hazes
1628 [t]u: EG, TP1, TP2, VT su
1631 No interrogative in EG.

	haré a Babilonia guerra;	1640
	que hoy no hay defensa, pues hoy	
	Semíramis no gobierna.	
	Por ella y por mí las armas	
	he de tomar, porque vea	
	un joven Rey que vasallos	1645
	como yo no se desprecian.	
	La fama a voces dirá,	
	llena de plumas y lenguas,	
	cuando le pregunte el viento,	
	quién quitó de la cabeza	1650
	el laurel a Ninias.	

Flora en lo alto.

FLORA   Friso.

FRISO   ¿Qué escucho? ¿Tan presto empieza
ya la fama a publicarle,
que aun no aguarda a que suceda?

FLORA   Friso.

FRISO   Mi nombre otra vez   1655
escuché. ¿Si de mi idea
fue ilusión? Nadie se mira.

FLORA   Hacia aquesta parte llega.

FRISO   De aquel cuarto de las damas
una ventana entreabierta   1660
está, y de allí me han llamado.
Oh tú, quienquiera que seas,
¿qué me mandas?

1640   Babilonia: EG Bobilonia
1649   le: VT la
1651+   VT has *Flora se assoma en lo alto.*
1651   Friso: VT Friso?
1652   ¿Qué escucho?: TP1, TP2, VT Que escucho! EG has neither question
      nor exclamation-mark.
1654   No interrogative in EG.
1655   Friso: VT Friso?
1656   escuché: EG escupe
1657   TP1 and TP2 have an exclamation-mark, VT a question-mark after ilu-
      sión. EG has neither.
1659   las damas: EG las demas

FLORA   ¿Estáis solo?

FRISO   Sí, que nadie hay que hacer quiera
             compañía a un desvalido.   1665

             Echa un papel.

FLORA   Pues tomad, y la respuesta
             sea hacer lo que se os manda,
             sin que ninguno lo entienda;
             que os va el honor y la vida.   *Vase.*

FRISO   ¿Quién vio enigma como ésta?   1670
             Una mano solamente
             vi, que rompió de la reja
             la clausura para darme
             este papel. Cuyo sea
             no sé, porque es en amor   1675
             tan desdichada mi estrella
             como en las demás fortunas;
             o si no, dígalo Astrea,
             a quien, tan aborrecido,
             he adorado. Fácil nema,   1680
             a quien dio tantos secretos
             nuestra confianza necia,
             pues se fía de unas guardas
             tan fáciles de romperlas,
             di cuyo eres. No trae firma,   1685
             y dice desta manera:
[*Lee*]   'Una mujer afligida,
             que poco a su estrella debe,
             de vos a fiar se atreve
             fama, ser, honor y vida.   1690

1665+ VT has *Echale vn papel*. It is Flora, of course, who throws down the
       letter.
1669   Only VT indicates Flora's exit.
1670   No interrogative in EG.
1685   di cuyo eres: VT di, cuyo eres?

200

Y pues se fía de vos,
venid a verla; que abierta
del jardín tendréis la puerta
esta noche. Guárdeos Dios.'
  ¿Qué he de hacer en el empeño   1695
de una confusión tan nueva?
Mas ¿qué pregunto? La duda,
¿no es de mi valor ofensa?
¿Cómo me puedo excusar
de la obligación y deuda   1700
en que una mujer me pone,
diciendo que a mi nobleza
ser, honor y vida fía?
Y así, esta noche iré a verla;
que, aunque no sepa quién es,   1705
que es mujer basta que sepa,
y que se ampara de mí,
para que arriesgue por ella
también ser, honor y vida,
ya que la Naturaleza   1710
les dio tales privilegios
sobre las acciones nuestras;
que aun primero que a amarlas,
nos obliga a obedecerlas.   *[Vase]*.

*Salen por una puerta Libia y Astrea y por
otra Ninias, solo.*

ASTREA   Ya que la Reina, ¡ay de mí!,   1715
dejarse ver no ha querido
del Rey, y que él despedido
vuelve a pasar por aquí,
  aquí, Libia, has de quedarte,
mientras yo a su majestad   1720
llego a hablar.

1695-1703 No interrogatives in EG.
1713 a amarlas: EG, TP1, TP2, VT al amarlas
1714 None of the texts indicates Friso's departure.
1714+ VT has *Salen por vna parte Libia, y Astrea, | y por otra Nimias solo.*
1715 ¡ay de mi!: EG ay de mil

LIBIA   De mi amistad
sabes que puedes fiarte.

ASTREA   Avisa si alguien viniere;
que no quiero que me vea
nadie con él.

NINIAS   Bella Astrea.   1725

ASTREA   Más felicidad no espere
quien ha merecido aquí
llegar tu mano a besar.

NINIAS   Libia escucha. ¿Podré hablar
delante de Libia?

ASTREA   Sí.   1730

NINIAS   Pues antes, divina Astrea,
que yo entrase aquí, sabía
que Semíramis no había
de permitir que la vea;
    pero quise con aquella   1735
ocasión entrar aquí
por verte, mi bien, a ti,
más que por hablarla a ella.
    Pero ¿qué es esto? En el día
que a ser más dichoso empieza,   1740
¿son muestras de tu tristeza
parabién de mi alegría?
    ¿Tú lágrimas al mirar
mis felicidades?

ASTREA   Sí;
que haber lágrimas oí   1745
de placer y de pesar;
    y en mí lo he llegado a ver
todo, pues cuando te adoro
como Rey y amante, lloro
de pesar y de placer: 1750

1739-44   No question-marks in EG.
1743   ¿Tú lágrimas: TP1, TP2 tus lagrimas

202

de placer, señor, por verte
dueño del mayor trofeo;
de pesar, porque me veo
indigna de merecerte.
 Y así, entre gustos y enojos,   1755
doy a lisonjas y agravios
el parabién con los labios
y el pésame con los ojos.

NINIAS ¿Pudiste nunca ignorar
que era Príncipe heredero   1760
de Siria?

ASTREA   No, y a eso quiero
que responda un ejemplar.
 Ninguno ignora, señor,
que su amigo o que su hermano
es mortal: aquesto es llano;   1765
pero ninguno el rigor
 de serlo llega a sentir
tan anticipadamente,
que dé a entender que lo siente,
hasta que le ve morir;   1770
 porque, en fin, hasta aquel día
no le pierde. Así, aunque no
ignoré, gran señor, yo
que mi Rey eras, no hacía
 tan anticipado acuerdo   1775
como el que ahora haciendo estoy;
que si hoy llega el caso, hoy
es el día que te pierdo.

NINIAS Aunque es verdad que en la calma
del morir se ve perdida   1780
la acción de aquello que es vida,
no el ser de aquello que es alma.

1759 ¿Pudiste: EG Podiste

Alma ha sido en mí mi amor:
luego no la habrá mudado
el haberse hoy elevado   1785
a esfera más superior.
     Y así, pues hoy llego a verme
tan rendido, no llegó
de llorarme el día, pues no
llegó el día de perderme.   1790
     No llores, mi bien, mi cielo.
Mira qué pesar me das.

ASTREA   ¡Qué tarde, señor, podrás
mejorar mi desconsuelo,
     no siendo tan necia yo,   1795
que no conozca, ¡ay de mí!,
que este día te perdí!

NINIAS   ¿Porqué, Astrea?

ASTREA   Porque no
pueden dos desigualdades
tales tener proporción.   1800

NINIAS   Amor es Dios, y no son
distintas dificultades
     la de una ilustre vasalla
y de un Rey enamorado.
Y cree de mi cuidado   1805
que, si cobarde se halla
     en declararse, es porque
no añada mi voluntad
novedad a novedad;
hoy, mi bien, me correré.   1810
     Déjame entablar primero
en el Reino; que no ignoro
de la fe con que te adoro,
la verdad con que te quiero,

1783 VT has Alma en mi ha sido mi amor
1810 hoy, mi bien, me correré: TP1, TP2 oy mi bien me casarè, VT yo, mi
      bien, me casarè.
1813 de la fe: EG que la fe

     Astrea; y cuán tuyo soy,   1815
sepa después tu amoroso
pecho, pues de ser tu esposo
mano y palabra te doy.

ASTREA   Y yo a tus plantas rendida,
por amor y por respeto,   1820
una y mil veces la aceto
con el alma y con la vida.

NINIAS   ¿Qué haces?

ASTREA   Este lugar tienen
por centro las glorias mías.

LIBIA   Licas, señor, y Lisías   1825
entrando a esta sala vienen.

ASTREA   Pues que yo me ausente es bien,
por desvelar su sospecha.   *Vase.*

NINIAS   Vete, que yo la deshecha
haré con Libia también,   1830
  dando a entender que ella fue
con quien hablaba yo aquí.

   [*Vase Astrea*]

LIBIA   Pues ¿no basta que de mí
te sirvas, señor, en que
  te avise, sino querer   1835
que padezca agora yo
malicias de lo que no
he llegado a merecer?

NINIAS   Esto importa, y no te has de ir.

1822+ VT has the stage-direction *Arrodillase Astrea, y èl la alça.*
1832+ No exit for Astrea in any text.
1838 No interrogative in EG.

205

25

LIBIA   Suéltame, señor, la mano.   1840
           Advierte...

NINIAS   Porfías en vano.

        Salen Licas y Lisías.

LICAS *(aparte)* ¿Esto es mirar o morir?

LISÍAS   Señor.

LICAS *(aparte)*   ¡Qué extraños recelos!

NINIAS   ¿Qué queréis?

LISÍAS   Licas y yo
       venimos...

LICAS [*aparte*]   ¿Quién jamás vio   1845
       tan cara a cara sus celos?

LISÍAS   ...buscándote, porque ha habido
       una grande novedad.

NINIAS   El ingenio y la beldad
       de Libia aquí divertido   1850
         me tenía con contarme
       la tristeza con que está
       Semíramis, tal que ya
       aun a mí no quiere hablarme.
        Decidme vos, ¿cuál ha sido   1855
       esa novedad?

LISÍAS   Señor,
       Licas la dirá mejor,
       que es quien la carta ha tenido.

1842 Only VT has an aside. TP1 and TP2 have an exclamation, EG nothing.
1843 Only VT has an aside. No exclamation in EG.
1851 con contarme: VT aora en contarme
1856 No interrogative in EG.

LICAS   De Lidia un propio ha llegado,
y Irán, señor, me previene,   1860
de Lidoro hijo, que viene
con grande ejército armado
     a ponerle en libertad,
cuya multitud extraña
la más desierta campaña   1865
vuelve poblada ciudad.

NINIAS   ¿Qué haremos para que haya
medio en tan grandes extremos?
¿No será bien que le demos
libertad, y que se vaya?   1870

LISÍAS   En ningún tiempo, señor,
te importa tenerle preso
más que ahora; que a tanto exceso
la seguridad mayor
     la vida suya ha de ser.   1875

NINIAS   Dices bien, mas yo quisiera
que guerra en Siria no hubiera.

LISÍAS   Pues no lo des a entender;
     que aunque el natural temor
en todos obra igualmente,   1880
no mostrarle es ser valiente,
y esto es lo que hace el valor.

NINIAS   Venid conmigo los dos;
que los dos habéis de ser
los que habéis de disponer   1885
el suceso. Libia, adiós.

Vanse Ninias y Lisías.

LICAS   Aunque el Rey me espere, hablar
tengo; que celos que nacen
bastardos hijos de amar,
son tan vanos que se hacen   1890
en cualquier parte lugar.

1860   y Irán: EG, TP1, TP2 y gran
1873   que a tanto: TP2, VT a tanto
1889   de amar: TP2 de amor, VT del mar

LIBIA   Pues antes que me hables, deja
que responda a la intención
... ...,
porque la satisfacción   1895
salga al camino a la queja.

LICAS   ¿Qué satisfacción, si ha sido
la queja de calidad
tal, que no se ha permitido?
Supuesto que divertido   1900
de tu ingenio y tu beldad
   el Rey estaba, y yo vi
que tu hermosa mano aquí
fue tiranamente aleve,
para él áspid de nïeve   1905
y de nieve para mí.

LIBIA   La razón de tus enojos
no te la puedo negar;
mas los celos traen anteojos
de aumento con que engañar   1910
a la ambición de los ojos.

LICAS   ¿Puede ser que engaño sea
lo que vi?

LIBIA   ¿No puede ser?

LICAS   No, ni que yo te lo crea.

LIBIA   Pues si no lo has de creer,   1915
no te diré...

1894 VT has con que tu labio se queja. The line is missing in the other texts.
1899 no se ha: EG, TP1 no le ha, VT no la ha. Only VT has an interrogative.
1901 tu: EG, TP1, TP2 su
1906 nieve: VT fuego
1913 EG, TP1 and TP2 have no interrogative in the first case; only EG does not have one in the second.

LICAS   ¿Qué?

LIBIA   ...que Astrea
es a la que el Rey amó,
que hablaba con él aquí;
que como a su padre vio
venir, se retiró, y yo   1920
deshecha de su amor fui.
    Viendo, pues, que tú venías
también, señor, con Lisías,
quise irme; pero en vano,
porque fue del Rey la mano   1925
rémora a las plantas mías.
    Esta es la verdad; si en nada
satisface mi beldad,
eso mismo te persuada...

LICAS   ¿A qué, Libia?

LIBIA   ...a que es verdad,   1930
supuesto que es desdichada.

LICAS   Libia, ni verdad la creo,
ni desdichada la dudo;
mas sólo saber deseo
si lo que escucho, ser pudo   1935
más cierto que lo que veo.
    Aquello vi, esto escuché:
luego licencia tendré
de apelar a la experiencia.

LIBIA   Yo te doy esa licencia.   1940

LICAS   No, no, yo la tomaré.
    Lince ya en las pasiones,
las palabras, las acciones

1926 rémora: EG remota
1928 mi beldad: EG, TP1 tu beldad
1930 For the speaker of the second part of the line VT has *Lic.*
1935 escucho: VT escuchè
1940 esa: TP1 esta
1942 en las pasiones: TP2, VT de mis passiones

del Rey es bien que yo vea,
y en sabiendo que es Astrea   1945
dueño de sus atenciones,

... ...

A ellos es razón que acuda;
que una celosa violencia
tarde de costumbres muda,   1950
y sufrirá la evidencia.

LIBIA   Yo me holgaré de que sea
crisol el amor de Astrea,
que examine esta verdad.

LICAS   ¡Con cuánta facilidad   1955
hará que yo se la crea!

LIBIA   ¿Por qué?

LICAS   Porque estriba en ella
mi vida; porque se halla
mi felicidad en verla;
y porque voy a buscarla   1960
con ánimo de creerla.   *Vanse.*

Salen Flora y Friso.

FLORA   Pisa con silencio.

FRISO   Apenas
darán, entre sombras tantas,
mudas señas de mis plantas
las flores ni las arenas   1965

1944   que yo vea: EG, TP1 que me vea
1947   EG, TP1 and TP2 have mas constante boluere. The last word in the
      line should rhyme with violencia and evidencia. VT has cessarà aques-
      ta dolencia.
1948   A ellos: TP2, VT a ellas
1956   se la crea!: TP1, TP2, VT se lo crea. Only VT has an exclamation.
1959   VT has vella, then buscalla and creella to end the next two lines.
1960   voy a: EG, TP1 vos a
1961   Only VT indicates Licas's and Libia's departure.
1963   darán: EG, TP1 duran, TP2 dudan

de aquellos jardines; pues
bandos distantes se han hecho,
todo el valor en el pecho,
todo el temor en los pies.

FLORA   No me pierdas, ven tras mí.   1970

FRISO   Desde que al jardín llegué,
desde que en su esfera entré,
y desde que te seguí,
    grande espacio hemos andado,
y no sufre el corazón   1975
padecer la dilación
de tan penoso cuidado
    un instante más; porque
ya es un siglo cada instante.
No, pues, dos veces amante   1980
quieras, señora, que esté.
    Dime si eres quien mandó
que a verte viniese aquí,
y el papel me arrojó.

FLORA   Sí.

FRISO   ¿Y eres quién me llama?

FLORA   No.   1985

FRISO   Pues no me dilates más
el declararme quién fue.

FLORA   Quédate aquí solo; que
presto, Friso, lo verás.   *Vase.*

FRISO   Confusa, pálida sombra,   1990
del pasmo, el susto, el pavor,
madre infeliz, cuyo horror
atemoriza y asombra,

1966   aquellos: TP1, TP2, VT aquestos
1967   se han hecho: VT han hecho
1981   quieras: EG quieres
1984   EG and TP1 make Friso's final remark a question.

dime, ¿dónde me ha traído
mi loca temeridad? 1995
Y a tu atezada deidad,
dïosa del sueño y olvido,
    un templo fabricaré,
de negro jaspe funesto,

... ... 2000
el altar, y en él pondré
    de negro azabache una
imagen tuya, tan bella,
que trémulamente della
sea lámpara la luna, 2005
    en cuyas aras presumo
que arda, por más pompa y fausto,
sin llamas el holocausto,
por no dejar de hacer humo.
    Dime, pues, dándome indicio 2010
de que piadosa te ofreces,
y de que el voto agradeces,
mientras llega el sacrificio:
    ¿dónde estoy? ¿Quién me llamó?
¿Y quién esta mujer fue? 2015

Sale Semíramis, de luto, con una luz,
y un velo en la cara.

SEMÍRAMIS   Yo, Friso, te lo diré.

FRISO   Pues decidme, ¿quién fue?

SEMÍRAMIS   Yo.

FRISO   Ya es otra la duda mía,
viendo que en aqueste punto
a la noche lo pregunto 2020
y me lo responde el día.
    ¿Vos sois la que me llamáis?

2000 Missing in EG, TP1, TP2. VT has de triste ciprès compuesto
2015+ TP1, TP2 have *Semiramis de luto con luz, y vn velo.* VT *Sale Semi-*
ramis vestida de luto, con vn / velo en el rostro, y trae vna luz.
2017 No interrogative in EG.

SEMÍRAMIS   Yo os escribí aquel papel.

FRISO   Pues ¿cómo decís en él
que honor, vida y ser fiáis,   2025
   señora, de mi valor,
como mujer afligida?

SEMÍRAMIS   Porque mi honor, ser y vida,
ni es ser, ni vida, ni honor,
   y de vos fiarlo intento,   2030
porque sé que me servís
sólo vos.

FRISO   Bien lo advertís.
   ¿Qué mandáis?

SEMÍRAMIS   Estadme atento.
   Yo... mas primero que aquí
mi pecho os descubra osado,   2035
decidme vos si restado
tendréis valor para...

FRISO   Sí.

SEMÍRAMIS   Pues ¿cómo de aquese modo,
antes de oír para qué,
me respondéis?

FRISO   Porqué sé   2040
que le tengo para todo.

SEMÍRAMIS   ¿Y daisme palabra hoy?

FRISO   Sí, señora.

2027   No interrogative in EG or TP1.
2037   Interrogative in EG, TP1, TP2.
2038   aquese: TP1, TP2, VT aqueste

SEMÍRAMIS   ¿Antes de oír
de qué?

FRISO   Sí, que esto es decir
que para todo os la doy.   2045
   Y porque confuso lucho,
cuanto imaginéis ofrezco;
bien el amor os merezco.
Decid.

SEMÍRAMIS   Escuchad.

FRISO   Ya escucho.

SEMÍRAMIS   Yo, de Nino mujer, y dél vïuda,   2050
reino en Siria.

FRISO   Mi pecho no lo duda.

SEMÍRAMIS   Corrió voz que alevosa
muerte le di.

FRISO   La envidia es maliciosa.

SEMÍRAMIS   Con esta acción Lidoro
a Babilonia vino.

FRISO   No lo ignoro.   2055

SEMÍRAMIS   Díjome que cruel tiranizaba
a mi hijo el laurel.

FRISO   Presente estaba.

SEMÍRAMIS   Por él envié al instante.

FRISO   Que vino sé también; pasa adelante.

2044   No interrogative in EG.
2046   lucho: EG, TP1, TP2 luego
2048   Missing in EG, TP1, TP2. VT has hazer; y si oirlo merezco, / dezid.
     In 2049 EG, TP1 and TP2 all have a question-mark after dezid? My
     reading is a line in EG which comes shortly afterwards —see below—
     and is obviously misplaced. The rhyme suggests that it is, in fact, this
     missing line. And the sense is perfectly good.
2059   Que vino sé también: VT Sè que vino tambien

SEMÍRAMIS   Vencí a Lidoro en singular batalla.   2060

FRISO   Tu peine lo dirá, no hay que acordarla.

SEMÍRAMIS   Volviendo vitoriosa,
             hallé...

FRISO   Nobleza y plebe sospechosa.

SEMÍRAMIS   De Ninias esparcido el nombre al viento...

FRISO   Aun agora parece que lo siento.   2065

SEMÍRAMIS   Del aplauso ofendida...

FRISO   Ya lo sé, que el dolor nunca se olvida.
             Hasta aquí sé de tus desdichas graves.

SEMÍRAMIS   Pues oye desde aquí lo que no sabes.
             Si al corazón que late en este pecho   2070
             todo el orbe cabal le vino estrecho,
             ¿qué le vendrá un retrete tan esquivo
             que espant[os] [s]on de mi cadáver vivo?
             Yo, Friso, arrepentida
             de verme, tan a costa de mi vida,   2075
             en mí misma vengada,
             vivo, si esto es vivir, desesperada.
             Esta quietud me ofende,
             matarme aquesta soledad pretende,

2061   acordarla: TP1, TP2, VT acordalla
2073   The readings of the four texts are: EG que espante Conde mi cadauer
       viuo, TP1, TP2, VT que tumba es breue a mi cadauer viuo. With a
       little emendation EG makes good sense. The compositor of TP1, think-
       ing EG's reading nonsensical, introduced something different.
2077-8 In EG the misplaced line mentioned above — 2048 — occurs here:

                    esta quietud me ofende,
                    bien el amor os merezco.
                    Matarme aquesta soledad pretende,

       TP1, TP2 and VT omit it.

angústiame esta sombra, 2080
este temor me asombra,
esta calma me asusta,
esta paz me disgusta,
y este silencio, en fin, tanto me aflige,
... ... 2085
Yo, pues, no quepo en mí, y con nueva cisma
solicito explayarme de mí misma;
si con fiera arrogancia
me declaro, es faltar a la constancia
que prometí, del Rey haciendo ausencia, 2090
y es poner el laurel en contingencia
cuando con señas de mi esfuerzo viles
agora mueva yo guerras civiles.
Y así, Friso, procuro
en la industria hallar medio más seguro; 2095
pero antes que la industria te declare,
dile a tu admiración que no se pare;
que volando en ajenas alas venga,
cuando las suyas desplumadas tenga;
porque es preciso hallar en esta parte 2100
juntos el hablar yo y el admirarte.
Ninias es mi retrato;
pues con sus mismas señas robar trato
la majestad; que, sin piedad alguna
ladrona me he de hacer de mi fortuna. 2105
A este efecto ya tengo prevenidos
adornos a los suyos parecidos,
porque aun las circunstancias más pequeñas
no puedan desmentirnos en las señas.
A este efecto, en aqueste vil retiro, 2110
donde un suspiro alcanza otro suspiro,

2081   In all the texts this line is 2083 and my line 2083 is 2081.
       temor: VT pauor
2084   aflige: TP2, VT oprime
2085   Missing in EG and TP1. TP2 has que à vn fatal precipicio me constri-
       ñe, VT que à vn fatal precipicio me comprime
2086   nueva cisma: VT nuevo cisma
2090   del Rey: VT del Reyno
2105   me he de: EG me ha de

del femenil adorno haciendo ultraje,
me he ensayado en el traje
varonil, porque en nada
me halle la novedad embarazada. 2115
Este luto funesto
pudiera asegurártelo bien presto,
pues hipócrita es, que triste encubre
la vanidad que de modestias cubre.
A este efecto también me he retirado 2120
con tanta autoridad, tanto cuidado,
por tener hecha ya la consecuencia
de que ninguno llegue a mi presencia.
La industria dije ya: pues oye el modo,
para que de una vez lo sepas todo. 2125
Ya he dicho que ladrona
he de ser de su cetro y su corona:
para robo tan grave,
el paso me asegura aquesta llave.
No hay en todo palacio 2130
tan retirado espacio
que no registre; más el cuarto suyo;
pues por un caracol secreto, arguyo
que, ya vencido el miedo
con haberlo pensado, llegar puedo 2135
del Rey al cuarto. Cuando
las sombras de la noche sepultando
su vida estén en el silencio mudo
de su sueño, no dudo
que, tapando su boca 2140
con los fáciles nudos de la toca,
podré ciego traerle
donde el sol otra vez no llegue a verle,
en su lugar quedando
yo, desmentido el sexo, gobernando. 2145
Una dificultad hay solamente,
y es que dé voces: ésta fácilmente

2117 asegurártelo: TP2 assegurarmelo
2124 dije: EG dexe
2132 EG, TP1, TP2 have que no registre mas el cuello suyo, VT que no registre, y mas el quarto suyo
2145 desmentido el sexo: VT con mentido sexo

la he de salvar con que un retrete tengo
que para prisión suya le prevengo,
donde, aunque a voces con sus penas luche,   2150
no es posible que nadie las escuche.
Para tan grande empeño
me he de valer de ti, después del sueño;
porque sola no fuera
posible que yo a tanto me atreviera;   2155
que aunque es verdad que Licas me ha debido
más afectos que tú, (¡pierdo el sentido   [*aparte*]
cuando dellos me acuerdo,
y aun el juicio es poco que no pierdo!)
viéndote a ti más fino   2160
conmigo en la opresión de mi destino,
de ti quise fiarme,
de ti, Friso, valerme y ampararme.
Mujer soy afligida,
pues muero sin reinar, no tengo vida.   2165
Mi ser era mi reino;
sin ser estoy supuesto que no reino.
Mi honor mi imperio era;
sin él honor no tengo; de manera
que, a tus plantas rendida,   2170
fío de ti mi honor, mi ser, mi vida.

FRISO   Si desde el mismo instante
que conocí tu espíritu arrogante
no me ofrecí a servirte,
fue, señora, por no dejar de oírte,   2175
sacando en tan extraño
caso de cada voz un desengaño.
Tuyo soy, tuyo he sido,
de mi elección estoy desvanecido;
y sólo te respondo   2180
cuando a quien soy osado correspondo;

2159   No exclamation in any text.
2171   mi honor, mi ser, mi vida: EG, TP1, TP2 mi amor, mi fe, mi vida
2180   te respondo: EG te he respondo

y pues la noche ya caduca baja,
empañada en su lóbrega mortaja,
declinando en bostezos y temblores
la primera licción de sus horrores,   2185
hasta el cuarto pasemos
del Rey, no porque nada efectuemos,
sino porque nos veamos
en qué disposición su gente hallamos,
para ir previniendo   2190
el dónde, el cómo y cuándo.

SEMÍRAMIS   Ya te entiendo,
y la respuesta sea
apagar esta llama. Así se vea
cuánto desalumbradas mis locuras
aborrecen la luz y obran a escuras.   2195
Ven agora conmigo,
que yo te he de ayudar.

FRISO [aparte]   Tus pasos sigo
(Cumplióse mi esperanza;
trujo el cielo a mis manos la venganza.)

SEMÍRAMIS   Ven, no temas, que cuando no consiga   2200
el intento, me basta que se diga
que lo emprendí. El concepto de mi idea
escándalo de todo el mundo sea.   *Vanse.*

Lisías con luz, y Chato.

LISÍAS   ¿Cómo vos estáis aquí
a estas horas?

2182   y pues: TP1, TP2, VT que pues
2183   empañada: EG empeñada
2185   licción: VT leccion
2188   nos veamos: TP2, VT veamos
2195   escuras: VT obscuras
2199   trujo: VT traxo
2203+ VT has *Salen Lisias, y Chato con luz.*

CHATO   Mi oficio es éste.   2205

LISÍAS   Vuestro oficio ¿allá en la caza
el ejercicio no tiene?

CHATO   Concedo.

LISÍAS   Pues ¿cómo lo es
el entrar en el retrete
del Rey a esta hora?

CHATO   Escuchadme.   2210
Responderé en forma, y breve:
alimentar es mi oficio
los perros.

LISÍAS   Pues bien, ¿qué tiene
que ver eso con entrar
aquí?

CHATO   Agora lo veredes.   2215
Mandóme el Rey cien escudos;
ninguno escribirme quiere
la libranza; siendo así
que ha sido, señor, aquéste
un punto que el Rey me ha dado,   2220
¿buscarle aquí no conviene,
para darle cuenta dél
siempre que me le pidiere?

LISÍAS   ¡Qué necedades! Por vida
del Rey...

       Sale Licas.

LICAS   ¿Qué rumor es éste?

LISÍAS   Ese loco, ese villano,
que aquí se ha entrado.

2205   a estas horas?: VT à esta hora
2220   un punto: TP2, VT vn puesto
2223   No interrogative in EG.
2225+   Only VT has the stage-direction.

LICAS   ¿Qué quieres,
            Chato, aquí?

CHATO   Lo dicho, dicho;
            no he de decirlo dos veces;
            que es contra el arte, y habrá   2230
            un crítico que lo enmiende.

LICAS   Vete de aquí.

CHATO   Yo me iré.
            En palacio, finalmente,
            toda es gente honrada, pero
            mi libranza no parece.   *Vase.* 2235

LISÍAS   ¿Qué hace el Rey?

LICAS   Medio desnudo,
            quiso ver unos papeles,
            y dormido se ha quedado
            sobre ellos y el bufete;
            que ésta es la señal que sólo   2240
            dan de mortales los Reyes.
            Yo, aunque conozco que ya
            es hora de recogerse,
            no me atrevo a despertarle,
            por el gusto con que duerme.   2245

LISÍAS   Bien has hecho: la cortina
            le corre hasta que despierte
            y llame.

LICAS   Confuso estoy,
            Lisías.

LISÍAS   ¿De qué?

2228   No interrogative in EG.
2239   y el bufete: TP2, VT y en el bufete
2243   recogerse: EG, TP1 recogerte

LICAS   De verle
de un ánimo tan cobarde,   2250
no sé cómo se lo enmiende.
En eso habemos de hablar.

LISÍAS   Salgámonos del retrete;
conferiremos los dos
cómo corregirse puede   2255
este defecto, que en él
ha sido natural siempre.

LICAS   Decís bien, porque entre sueños
algunas veces se entiende
lo que se habla.

LISÍAS   El llamará,   2260
si despertare.

LICAS   ¡Qué fuerte
pasión es la de los celos!
¿Si el Rey ama a Libia?

LISÍAS   Tente.
Dejémosle reposar.

LICAS   ¡Oh, quiera el cielo que llegue   2265
tiempo en que me desengañe
..................................!

Vanse los dos, y salen Semíramis y Friso.

FRISO   Rumor ninguno se oye
en todo el cuarto.

2252   eso: TP2, VT esto
2258   Decís: VT Dizes
2259   entiende: EG intiende
2262   No exclamation in EG.
2263   Tente: VT Vente
2265   llegue: EG lllegue. EG, TP1, TP2 and VT all continue as if Lisías were
        still the speaker. It seems more likely to me that Licas is expressing
        his feelings about love.
2267   Missing in EG, TP1, TP2. VT has de dudas tan inclementes, then
        Vanse. in the right-hand column.
2267+   VT has *Salen Semiramis, y Friso.*

SEMÍRAMIS   Ya debe
de estar recogido.

FRISO   No hace;   2270
que allí vestido se ofrece,
en una silla dormido.

SEMÍRAMIS   Mucho extraño que le dejen
tan solo.

FRISO   Pues por si acaso
ha sido descuido éste,   2275
y no sucede otra vez,
logrémosle hoy que sucede.

SEMÍRAMIS   En un pensamiento estamos.

FRISO   Las grandes acciones suelen
hacerse acaso mejor   2280
que cuando se piensan. ¿Quieres
que boca y rostro le tape,
para que no conocerme
pueda, ni pueda dar voces,
y a tu cuarto me le lleve?   2285

SEMÍRAMIS   Sí; toma aqueste cendal,
y mientras que tú lo prendes,
cerraré esta puerta yo,
porque nadie a tiempo llegue
que nos estorbe; que luego   2290
disculparé fácilmente
haberla cerrado, como
una vez la acción se acierte.

FRISO   Pues a cerrar tú la puerta,
y yo, señora, a prenderle.   2295

2283   para que no: VT porque assi, ni
2287   lo: VT le

SEMÍRAMIS   Fortuna, si a los osados
se dice que favoreces,
yo lo soy.

FRISO   Infeliz joven,
tu desdicha te condene
a esta prisión de mortal,   2300
puesto que eres Rey y duermes.   [*Vase*]

     Ruido dentro y cae el bufete.

NINIAS *(dentro)*   ¡Ay de mí! ¿Qué es esto?

FRISO *(dentro)*   Es
un traidor leal, que ofende
a su Rey con la disculpa
de que a su Rein[a] obedece.   2305

NINIAS [*Dentro*] ¡Licas! ¡Lisías!

SEMÍRAMIS   En vano
con él aquí te detienes.
Llévale presto a mi cuarto.

     *Sale Friso con Ninias en los brazos y con vestido pare-
cido, cubierto el rostro.*

FRISO   ¡Qué mal de mí te defiendes!

2300   a esta: EG esta
2301+   VT has *Semiramis cierra la puerta, Friso entra | dentro, suena ruido,
y cae el bufete.*
2302-3   Only VT has the cries off-stage, although the previous stage-direction
does, of course, suggest this in all the texts.
2305   a su Rein[a] obedece: EG a su Rey no obedece, TP1, TP2, VT a su
Reyno obedece
2306   No exclamations in EG, TP1, TP2. VT has question-marks.
2308+   EG has *Sale Friso en braços de vna muger, | con hestido parecido,
cubierto | el rostro.*, VT *Sale Friso con Nimias en braços; ta | pado
el rostro, y con vestido parecido | al de Semiramis.* I have kept the
reading of TP1 and TP2 with one exception: both have *Entra Friso...*
2309   No exclamation in EG, TP1.
2309+   Only VT has the stage-direction.

Entrase Friso con Ninias.

LICAS *(dentro)* Pasos y ruidos escucho.   2310

LISÍAS *(dentro)* Dentro entremos.

SEMÍRAMIS   Gente viene.

LISÍAS [*dentro*] Cerrada la puerta está.

LICAS [*dentro*] Quién hay dentro que la cierre?

SEMÍRAMIS Perdí la ocasión mejor,
puesto que no puede hacerse   2315
tan sin ruido, que allá fuera
no le sientan.

LISÍAS *(dentro)*   ¿Qué pretendes?

LICAS *(dentro)* Abrir la puerta y entrar
a ver qué rumor es éste.

SEMÍRAMIS ¡Ay de mí! ¿Qué puedo hacer?   2320
Aunque abran, es fuerza que entren,
pues ya la puerta derriban.

LICAS [*dentro*] ¿Cómo a mi fuerza rebelde
tanto estás, porfiado cedro?

SEMÍRAMIS Si me voy, y cuando lleguen   2325
no hallan a nadie, es hacer
que algo en mi daño sospechen.
Si llegan a verme aquí
y a Ninias no, inconveniente
es mayor. Todo, el valor   2330
y el ingenio lo remedie.

2310 Only VT indicates with any clarity the off-stage action in the following
passage.
2311 EG, TP1 and TP2 give the first part of the line to Friso.
2317 le: VT lo
sientan: EG sienten
2319 TP1 and TP2 have a question.
2320 No exclamation or interrogative in EG.

Desnúdase y queda en jubón.

Adiós, femenil modestia;
que desta vez has de verte
desnuda de tus adornos,
aunque en los ajenos quedes.   2335
Esconderé aquestas ropas:
depositadas se queden
debajo de aqueste lecho.

Entran todos.

LICAS   A ser el muro más fuerte,
             te rindieras a mis golpes.   2340

LISÍAS   Señor, ¿qué rumor es éste?

SEMÍRAMIS   Ninguno: al sueño rendido
             estaba, y él, entre leves
             fantasías, me obligó   2345
             a que alterado despierte;
             y así, con aquel furor
             tropecé y cayó el bufete.

LICAS   Luego, ¿aquí ninguno andaba?

SEMÍRAMIS   No.

LISÍAS   Pues dime: ¿cómo tienes
             por de dentro aquesta puerta   2350
             cerrada?

SEMÍRAMIS   Como yo, al verme
             con el pavor de aquel sueño,
             cerré temerosamente:
             propio afecto de un temor,
             obrar lo que antes ofrece.   2355

2338+ VT has *Esconde los vestidos, y entran todos.*
2350   por de dentro: VT por adentro

226

LICAS   ¿Que no pueda hacer contigo
               que no digas que le tienes?

LISÍAS   Aunque a tu voz dar es fuerza
               crédito, a mí me parece
               que jurara que había oído   2360
               pasos y habla de más gente.

SEMÍRAMIS   Yo sólo estaba.

Sale Friso.

FRISO   Ya queda...
  (aparte) (Mas ¡ay de mí!, ¡qué imprudente
               volví.)

LICAS   Un hombre allí llegó,
               y al vernos la espalda vuelve.   2365

SEMÍRAMIS   ¿Hombre aquí? No, no es posible.

LICAS   Ya es fuerza verlo.

SEMÍRAMIS   ¿Quién eres?

FRISO   Yo soy, Licas.

LICAS   Pues ¿tú aquí?

LISÍAS [*aparte*] ¡Grave mal!

SEMÍRAMIS   ¡Empeño fuerte!

2357 digas: EG diga. No interrogative in EG. TP1 and TP2 have an exclamation, VT a question.
2358 voz: EG vozes
2362 EG has an interrogative: Yo sola estaua?
      sólo: EG sola
2363-4 No exclamations in EG. TP1, TP2 have ay de mi! VT has both exclamations.
2366 No interrogative in EG.

LICAS   ¡Traidor hermano!

SEMÍRAMIS   Pues Friso,   2370
         ¿vos sois? Matadle, prendedle.
  (aparte) (No temas; que hacer agora
         esta deshecha conviene.)

LICAS   Yo sacaré de mi sangre
         el escrúpulo...

FRISO   Detente;   2375
         que en sabiendo el Rey a qué
         y por dónde entré, me tiene
         que agradecer, no culpar.

LICAS   Dilo, pues.

FRISO   A él solamente
         he de decirlo.

SEMÍRAMIS   Apartaos
         todos, porque solo llegue.
  (aparte) (Friso, ¿dónde queda Ninias?)

FRISO   Encerrado en el retrete
         prevenido para él.

SEMÍRAMIS   ¿Vióle alguien?

FRISO   Solamente   2385
         Flora, de quien te has fïado.
         ¿Qué ha habido acá?

SEMÍRAMIS   Mil crueles
         sospechas; pero ya todas
         mi ingenio las desvanece,
         porque ya ninguna toca   2390
         en lo principal, pues creen
         que soy Ninias.

2371 No interrogative in EG.
2372 Only VT has the aside.
2390 porque ya ninguna: EG porque ninguna

228

FRISO	Y di, ¿agora tengo de dejar prenderme?
SEMÍRAMIS	No, yo lo remediaré.
FRISO	¿De qué suerte?

SEMÍRAMIS   Desta suerte.   2395
[alto]   ¡Oh Friso!, dame tus brazos,
          pues hoy la vida te debo.

LISÍAS   ¿Qué es aquello?

LICAS   El Rey le abraza.

SEMÍRAMIS   ¿Qué os admira? ¿Qué os suspende?
          Todo el enojo con Friso   2400
          en agrado se convierte.
          Semíramis, que en fin es
          madre, y como así me quiere,
          me envía con él un aviso,
          en que me dice y me advierte   2405
          de quién me debo guardar
          y de quién fïarme. A este
          fin por su cuarto a esta hora
          quiso que secretamente
          bajase; y así, desde hoy   2410
          más atentos y prudentes
          vivid todos, porque sé
          quién me sirve y quién me ofende.

LICAS   Señor, ¿pues quién?

SEMÍRAMIS   Eso basta
          que os digo por ahora, y cesen   2415
          sospechas; que aunque con todos
          hablo, sólo uno me entiende.

2397   te debo: EG, TP1, te deuen, VT me buelves
2398   VT gives Licas as the speaker of both question and answer, a rare slip
       by Vera Tassis.
2399   No interrogatives in EG.
2414   Eso: TP1, TP2, VT Esto

27

Tomad esa luz, entrad
a acostarme. [*Aparte*]. (El mundo tiemble
de Semíramis, pues hoy   2420
otra vez a reinar vuelve.)   *Vase.*

LICAS   ¿Qué le habrán dicho?

LISÍAS   No sé.

LICAS   Mas si la Reina le advierte
algo, será de los dos.

LISÍAS   Temblando quedé de verle   2425
airado.

LICAS   ¡Extraña mudanza!
Friso, ¿qué secreto es este
que al Rey has dicho?

FRISO   Bien grande.

LICAS   Pues ¿no podré yo saberle?

FRISO   ¿No basta que sepas, Licas,   2430
que si cual noble procedes,
tendrás hermano y amigo
en mí? Pero si no, atiende
que soy quien soy, y este acero
sabrá a un hermano dar muerte.   2435.

2419   a acostarme: EG a costarme. There is no aside in any text.
2422   habrán: VT avrà
2426   No exclamation in EG.
2428   No interrogative in EG
2432   en mí: EG en mi fin, TP1 en fin. Only VT has a question-mark.

JORNADA TERCERA

Sale Friso por una puerta y por otra Licas.

FRISO   Bien va sucediendo todo.
No hay en la corte quien haya
entrado en malicia alguna
de pensar que Ninias falta.
No en vano naturaleza   2440
dejó una vez de ser varia
para gran fin; que, en fin, es
aun en los errores sabia.

LICAS   Extrañóse el Rey anoche
conmigo, porque tirana   2445
Semíramis le avisó
de no sé qué que no alcanza
mi discurso, siendo Friso
tercero de mi desgracia.
Lo que le dijo no sé,
porque aun de mí lo recata.   2450
¿Qué será?

FRISO   ¡Oh Licas!

LICAS   ¡Oh Friso!
Quejoso estoy de que haya
en ti para mí secreto,
y más de tanta importancia.

2435+   VT has *Sale por vn lado Friso, y por otro Licas.*
2439   pensar: VT entender
2445   tirana: TP2 tirano

¿Qué dijiste al Rey anoche   2455
cuando entraste por la cuadra
de Semíramis? Que temo
que, de mí quejosa, traza
descomponerme con él,
según dijo su mudanza.   2460

FRISO   Los secretos de los Reyes,
Licas, tienen fuerza tanta,
que el silencio los ignora,
con ser él el que los guarda.
Un secreto me fió   2465
Semíramis que llevara:
ya se me olvidó cuál era.
Lo más que la confianza
puede permitir que diga,
es decir que una palabra   2470
sola de ti no la dije,
y esto que te digo basta.

LICAS   Que se lo digas o no,
poco, Friso, me acobarda,
porque como yo obre bien,   2475
lo demás no importa nada.

FRISO   Muchos obran bien, y son
sus fortunas desdichadas.

LICAS   La desgracia nunca es culpa.

FRISO   Sí, pero siempre es desgracia.   2480

DENTRO   ¡Plaza, plaza!

LICAS   Ya el Rey sale
dando audiencia.

DENTRO   ¡Plaza, plaza!

2457   Only TP2 and VT have a question-mark, TP2 here after Semíramis, VT
further on after mudanza.
2458   quejosa: EG, TP1, TP2 quexoso
2472   digo: VT diga

Salen algunos con memoriales; el soldado primero, Chato,
y luego Semíramis, y detrás Lisías. Hincan las rodillas.

SEMÍRAMIS [*aparte*] Mil gracias te doy, oh bella
    deidad, protectora mía,
    al ver cuánto en este día   2485
    has mejorado mi estrella.
    Una y mil veces por ella

    ....,

    que pues que por ti merezco
    ver que aplauso tan altivo   2490
    segunda vez le recibo,
    segunda vez le agradezco.

     Los que contra mí siguieron
    ayer el bando, son hoy
    los mismos de quien estoy   2495
    idolatrada. Pues fueron
    tales mis dichas, que vieron
    estos aplausos, mudar
    con industria singular
    todos los puestos espero;   2500
    que si no hago lo que quiero,
    ¿de qué me sirve reinar?

UNO   Señor, un pobre soldado...

SEMÍRAMIS El memorial: esto basta.

[SEGUNDO] Criado fui, señor, de Nino,   2505
    a quien serví edades largas.

2482+ VT has *Salen co[n] memoriales. Vn Soldado, Chato, | y otros, y luego*
   Semiramis, y detràs Lisias, y llegan hincando | la rodilla.
2485 al ver cuánto: EG *a ver quando*
2488 Missing in EG, TP1, TP2. VT has *mi vida à tu culto ofrezco*
2496 Pues: VT *y pues*
2502 reinar: VT *el reynar*
2503 Uno: TP1, TP2 I. The speaker is the first soldier.
2505 [Segundo]: EG, TP1, TP2 2, VT *Otro.* This is Chato. There is an
   error here in EG which has:

     Criado fui señor de Nino, a quien
     señor, serui edades largas.

SEMÍRAMIS   Está bien.

[TERCERO]   Ante vos pido
justicia de quien me agravia.

SEMÍRAMIS   Yo lo haré ver. [*aparte*]. (¡Cuánto, cielos,
esta vanidad me agrada!   2510
¡Oh, qué gran gusto es mirar
tantas gentes a mis plantas!)

SOLDADO [PRIMERO]   Señor, vuestra majestad
me hizo merced que gozara
en tributos de Ascalón   2515
un sueldo por mis hazañas;
Lisías, que está presente,
en el despacho repara.

SEMÍRAMIS   ¿Por qué, Lisías?

LISÍAS   Señor.
¿ya no te dije la causa?   2520

SEMÍRAMIS   Sí; mas no me acuerdo bien,
como acudo a cosas tantas.

SOLDADO [PRIMERO]   Yo, señor, lo diré: el día
que por Babilonia entrabas,
tu nombre aclamé el primero,   2525
repitiendo en voces altas:
'¡Viva Ninias, nuestro Rey!',
y tomé por ti las armas.
Por esto merced me hiciste.

LISÍAS   Y yo, que no se la hagas   2530
estorbo a hombre sedicioso,
y que pudo allí ser causa
de perderse toda Siria,
a no haber con tal constancia
tomado tan grande acuerdo,   2535
como vivir retirada
Semíramis.

2507   [Tercero]: EG, TP1, TP2 3, VT *Otro.* This is Lidoro.
2523   Soldado [PRIMERO]: EG, TP1, TP2, VT *Sold. I* here and subsequently.
lo diré: TP2, VT la dirè
2529   esto: VT esso

SEMÍRAMIS   ¿Tú, en fin, fuiste
el primero que me aclama?

SOLDADO [PRIMERO]   Sí, señor, y yo libré
de la injusta, la tirana   2540
sujeción en que tenía
Semíramis nuestra patria.

SEMÍRAMIS   ¿Todo esto te debo?

SOLDADO [PRIMERO]   Y diera
por ti la vida.

SEMÍRAMIS   ¡Qué rara
lealtad! ¡Hola!

TODOS   Señor.

SOLDADO [PRIMERO] *(aparte)*   Hoy   2545
grandes venturas me aguardan.

SEMÍRAMIS   Ese soldado llevad,
y de la almena más alta
le colgad, para escarmiento
de cuantos en Siria hagan   2550
sediciones y alborotos.

SOLDADO [PRIMERO]   Pues ayer, ¿no me premiabas?

SEMÍRAMIS   Ayer premié, y hoy castigo;
que si ayer una ignorancia
hice, hoy no he de hacerla, a todos   2555
diciendo una acción tan rara,
que de lo que errare hoy,
sabré enmendarme mañana.
Llevadle.   *Llévanle.*

2538   No question-mark in EG.
2545   ¡Hola!: All the texts, except EG which has no indication of any kind,
       have Ola?   VT also has a question-mark after Señor.   Only TP2 and
       VT have an aside.
2546   aguardan: EG guardan
2552   Soldado [PRIMERO]: EG *Sol.*, TP1, TP2 *Sold.*, VT *Sold. I.*
2555   no he de hacerla: VT no la he de hazer
2556   una acción: EG a vna accion
2559   Only EG has the stage-direction, but after mañana.

LISÍAS   Señor, advierte
                que de un extremo a otro pasas.   2560

SEMÍRAMIS   ¿Cómo he de obrar si a ti el premio
                ni el castigo no te agrada?

LISÍAS   Con el medio.

SEMÍRAMIS   Nunca fue
                capaz de medio esta instancia.
                O obró mal o bien; si obró   2565
                bien, ¿por qué el premio embarazas?
                Y si mal, ¿por qué el castigo?
                Y, en fin, atiende y repara
                que las públicas acciones
                del vulgo debe premiarlas   2570
                o castigarlas el Rey;
                que en sólo ellas no hay templanza.

LISÍAS   No conozco tus discursos.

SEMÍRAMIS   Neciamente los extrañas;
                que ya no soy el que fuí;   2575
                que el reinar da nueva alma.
                Y así, si piensas que soy
                quien piensas, Lisías, te engañas;
                porque ya no soy quien piensas,
                sino otra deidad más alta.   2580

LISÍAS   En todo te desconozco.

FRISO   Bien claro ha dicho la causa.

CHATO [*aparte*]   (Muy bien despachado va;
                no le arriendo la ganancia.

2562 No interrogative in EG.
2566-7 No interrogatives in EG.
2575 el que fui: EG la que fui
2581 EG, TP1 and TP2 erroneously give the speaker as *Lic*.
2584 le arriendo: EG la arriendo

	A mi libranza me atengo,	2585
	merecida por mis canas.)	
[*alto*]	Y mis canas a barrer	
	me da, gran señor, tus plantas,	
	puesto que barre y no besa	
	quien tiene escoba por barba.	2590

SEMÍRAMIS   Chato, pues ¿cómo has dejado
de ser de Lidoro guarda?

CHATO   ¡Bueno es eso! Si tú mismo
de la cadena le sacas,
¿cómo por él me preguntas?   2595

SEMÍRAMIS   Dices bien, no me acordaba.
(*aparte*)   (En todo cuanto dejé
yo dispuesto, hallo mudanza.)
[*alto*]   ¿Qué quieres?

CHATO   Que me confirmes
y firmes esta libranza.   2600

SEMÍRAMIS   ¿Qué libranza es ésta?

CHATO   ¿Todo
se te olvida?

SEMÍRAMIS   ¿Qué te espanta?
Tengo mucho que cuidar.

2586   EG, TP1, TP2:
                 por mis canas,
         y mis canas a barrer,
         me da gran señor tus plantas...

       VT: por mis guardas
           y mis canas: à barrer
           me dà, gran señor, tus plantas...

   While the punctuation of EG, TP1 and TP2 is not good, VT's punctuation changes the meaning.
2596   no me acordaba: EG, TP1 no me acobarda
2597   Only VT has the aside.
2603   EG has the question-mark after cuidar. For this line VT has ay mucho que cuidar.

CHATO   Pues yo te traeré mañana
un poco de nacardina.   2605
Y ahora, ésta es la que mandas
que cien escudos de renta
se me sitúen, a causa
del tiempo que como un perro
a la Reina serví en tantas   2610
fortunas; pues la serví
siendo monstruo en las montañas,
siendo dama en Ascalón,
siendo en las selvas villana,
siendo en palacio señora,   2615
y en Nínive Reina. ¡Ah, cuánta
mala condición sufrí
en todas estas andanzas!

SEMÍRAMIS   No es mala.

CHATO   Mucho, señor.

SEMÍRAMIS   Ya sé
que esto te mandé.

CHATO   A Dios gracias.   2620

SEMÍRAMIS   Pero de aquesta manera
la firmo.

CHATO   ¿Por qué la rasgas?

SEMÍRAMIS   Por que estas mercedes son
de los soldados que hayan
servido en la guerra, no   2625
de los juglares que andan
en los palacios medrando,
hecho caudal la ignorancia.
Toma.   *Dale con los papeles.*

2605   nacardina: VT anacardina
2616   y en Nínive Reina: VT y Reyna en Niniue
2618   No exclamation-marks in EG.
2619   No es mala: TP1, TP2 No es mala?, VT Es mala? VT then omits señor in Chato's reply to the question because all the other texts have
a nine syllable line.
2620   te mandé: VT te ofreci

CHATO   ¿Así, cielos, se ofende
a la nieve de estas canas?   2630
Para ver estos oprobios,
caduca vejez cansada,
¿duraste tanto? Llorad,
ojos, regando las blancas
hebras que de lienzo sirven   2635
en los ojos, de mortaja
en el pecho. ¡Oh Rey lampiño!
Como no entiendes de barbas,
no las honras. A mis días
no llegarás.

SEMÍRAMIS   Calla, calla,   2640
villano, y esa malicia
no se irá sin castigarla.
Llevadle de aquí, y atadle
a él, como Lidoro estaba.

CHATO   Oigan. Pues ¿qué más hiciera   2645
Semíramis, si reinara?
¿Por qué me han de atar?

SEMÍRAMIS   Por loco.

CHATO   Pues si tú mismo me mandas
que le suelte...

SEMÍRAMIS   No hice tal.

CHATO   Testigos hay en la sala   2650
de que miente vuestra alteza,
aunque sea en la crianza.   *Llévanle.*

LISÍAS   Todo eres rigores hoy.

2630   de estas: TP1, TP2, VT destas. No interrogative in EG.
2631   oprobios: TP1 oproprios
2633   No interrogative in EG.
2652   VT has aunque no me dé librança and for the stage-direction *Lleuanle
los Soldados.*

SEMÍRAMIS	No te admires, que aún te falta	
	mucho que ver. Friso, ¿cómo	2655
	en llegar a hablarme tardas?	

FRISO Como ocupado, señor,
en los despachos estabas.

SEMÍRAMIS Para ti, ¿qué ocupación
puede haber?

FRISO   ¿Cómo te hallas?   2660

SEMÍRAMIS [*aparte a Friso*] Muy bien: que en efeto estoy
servida y idolatrada
de los mismos que quisieron
verse sin mí. Sólo falta
a mis grandezas el gusto   2665
de hacerte merced.

FRISO   Tus plantas
beso mil veces.

SEMÍRAMIS   ¿Qué quieres?
Pide.

FRISO   Si de ti llegara
a merecer una dicha,
ella sola fuera paga   2670
de mis deseos.

SEMÍRAMIS   ¿Qué es?
Dilo. ¿De qué te acobardas?

FRISO Astrea, hija de Lísias,
es la deidad que idolatra
mi pecho.

SEMÍRAMIS   Ya te he entendido,   2675
y presto verás con cuántas
veras trato con Lisías
que el desposorio se haga,
y a ella misma la diré
que es mi gusto.

FRISO   Edades largas   2680
          vivas.

LICAS [*aparte a Lisías*] De aquestos secretos
          nacen mis desconfianzas.

LISÍAS   Y las mías; que no sé
          qué áspid entre los dos anda.

SEMÍRAMIS [*a Friso*] ¿Hablaba Licas contigo?   2685

FRISO   Sí, señora.

SEMÍRAMIS   ¿De qué hablabais?

FRISO   De temores y recelos,
          que el ver tu ceño le causa.

SEMÍRAMIS   Hace muy bien en temer;
          que ninguno mi venganza   2690
          primero examinará,
          supuesto que su ignorancia
          jamás entenderme supo.
   [*aparte*] (¡Oh injusta, oh vana, oh tirana
          pasión! Todavía estás   2695
          en lo secreto del alma;
          pero yo te venceré
          con silencio.)

LICAS [*aparte*]   Entre sí habla,
          mirándome, el Rey.

SEMÍRAMIS [*aparte*]   Memoria,
          nada me acuerdes.

LICAS [*aparte*]   ¡Mal haya   2700
          quien quiere vivir atento
          al semblante de otra cara,
          veleta del corazón,
          sujeta a cualquier mudanza!

2686 Sí, señora: EG, TP1, TP2 Si señor

241

28

FRISO [*a Semíramis*] ¿Diviértente otros empeños?   2705

SEMÍRAMIS *(aparte)* (De cuanto hoy he visto, nada
               mayor cuidado me ha dado
               que ver que Lidoro salga
               de su prisión. ¿Cómo, cielos,
               en esto hablaré, sin que haga   2710
               novedad para informarme?
               Mas ¿qué me turba ni espanta?
               Las generales preguntas
               ni se advierten ni reparan.)
[*alto*]   Lisías, ¿qué hay de Lidoro?   2715

LISÍAS   Que como tú, señor, mandas,
               está en palacio, debajo
               del homenaje y palabra
               que te dio.

SEMÍRAMIS   Ya yo sé eso:
               lo que pregunto es ¿qué trata?   2720

LISÍAS   Ha sabido cómo Irán,
               su hijo, a Babilonia marcha
               a ponerle en libertad,
               y al fin para hablarte aguarda
               la audiencia que le ofreciste.   2725

SEMÍRAMIS   Pues al instante le llama;
               que quiero saber qué intenta.

LISÍAS   Sí haré, mas antes que vaya,
               una advertencia, señor,
               quisiera que me escucharas;   2730
               que esta licencia me dan
               y mi edad y tu crïanza.

2706   Only VT has an aside for Semíramis but does not indicate her change
       of tone in addressing Lisías, 2715.
2709   cielos: EG Cielos en. TP1, TP2 and VT have en at the beginning of the
       next line. In EG's line 2709 there are nine syllables.
2711   Only VT has the question-mark.
2712   No interrogative in EG.
2732   y mi edad y tu crïanza: EG y mi edad, y tu criança. *Sem.* Di., TP1, TP2
       mi edad, y tu criança. *Sem.* Di., VT oy mi edad, y tu criança. VT cor-
       rects the other texts by transferring Semíramis's command to the begin-
       ning of the following line.

SEMÍRAMIS   Di.

LICAS *(aparte)*   ¡Que conmigo no hable
                     el Rey sola una palabra!

LISÍAS   Señor, Lidoro está preso,   2735
           y en Babilonia que haya
           es fuerza algún confidente
           que avisos le lleve y traiga.
           No sienta flaqueza en ti,
           sino con valor le habla,   2740
           para que entre temoroso
           el ejército que aguarda.

SEMÍRAMIS   Yo te agradezco el aviso,
              y verás, Lísias, con cuánta
              diferencia le hablo. Ve   2745
              por él.

LISÍAS   Aquí fuera estaba.   *Vase.*

SEMÍRAMIS [*aparte a Friso*]   ¿Hay cosa como decirme
              de Lisías la ignorancia
              a mí que muestre valor,
              Friso?

2733   Only TP2 and VT have an aside.
2734   Only TP1 and TP2 have an exclamation.
2733-4   Because of the error in 2732, EG's next line is a short one:

              Que conmigo no hable
              el Rey, sola una palabra.

TP1 and TP2 retain the initial error in 2732 but try to correct 2733 by
altering 2734:

              Que conmigo no hable el Rey
              ni vna tan sola palabra.

VT is basically the same:

              Que no hable el Rey conmigo
              ni vna tan sola palabra.

This example clearly suggests that EG was the earlier text and that
TP, in attempting to correct it, introduced further corruptions.

FRISO   Ignora con quién habla.   2750

LICAS *(aparte)*   Pues por más que el Rey esté
              conmigo airado, la extraña
              aprensión de su temor
              hará que las paces haga,
              pues necesita de mí   2755
              en esta guerra que aguarda.

              Salen Lisías y Lidoro.

LIDORO   Dame, gran señor, tu mano.

SEMÍRAMIS   Alza del suelo, levanta.

LIDORO   Ayer, señor, me dijiste
              que te dijese la causa   2760
              que me obligó a hacer la guerra;
              y aunque ésta sola bastara
              para venir hoy a hablarte,
              otra novedad extraña,
              que agora he sabido, me trae   2765
              con más afecto a tus plantas.
              Que por tu padre y por ti
              aquella acción intentaba
              contra Semíramis, dije,
              y fue porque su tirana   2770
              condición a un mismo tiempo
              a ti y tu padre quitaba
              el imperio.

SEMÍRAMIS   Espera, espera.
              No digas más, calla, calla;
              que ya sé lo que me quieres   2775
              decir, y es mucha arrogancia,

2750 No question-mark in EG. TP1 has an exclamation-mark after valor, TP2
     after valor and Friso.
2751 Only TP2 and VT have the aside.
2756+ VT has a rare mistake: *Sale Licas, y Lidoro.*
2762 bastara: TP1 bastata, TP2 bastava
2771 a un: EG aun

muy sobrado atrevimiento
el decirme cara a cara
indignas malicias que
el vulgo a su honor levanta.   2780
Semíramis es mi Reina,
mi señora y madre, y cuantas
sospechas della se fingen,
lo mismo a mí que a ella agravian;
porque soy tan hijo yo
de su deidad soberana,
que somos los dos un mismo
compuesto de cuerpo y alma.
Tu ambición te hizo buscar
proposiciones tan falsas.   2790
¡Loco, bárbaro, atrevido,
ahora sí que te trataba
dignamente como a bruto,
y aun era poca venganza!

LIDORO   Señor, yo, si tú...

SEMÍRAMIS   No más.   2795
A esotro discurso pasa,
y éste a perpetuo silencio
se condene. Di, y repara...

LIDORO   ¿Qué?

SEMÍRAMIS   ...que habla mal de mí quien
mal de Semíramis habla.   2800
Di.

LIDORO   Deja que cobre aliento;
que airado, señor, espantas,
más que aficionas afable.

LISÍAS [aparte] Bien el fingimiento entabla
del valor que le advertí.   2805

2784 agravian: EG agrauia
2792 ahora sí: VT aora sé

Friso [*aparte a Licas*]   ¡Qué prudencia!

Licas   ¡Y qué mudanza!

Lidoro   Yo he sabido que mi hijo
            hacia Babilonia marcha.
            Si me das, señor, licencia
            de que al camino le salga,   2810
            sus ejércitos haré
            que no toquen en la playa
            de Siria; que de volver
            a tu prisión la palabra
            doy, porque sólo pretendo   2815
            pagarte la confianza
            que has hecho de mi valor.

Semíramis   Con eso otra vez me agravias.
            ¡Bueno fuera que dijera,
            después, de Ninias la fama   2820
            que se valió de tus medios
            para que no le llegara
            un rapaz a poner sito,
            o presentar la batalla!
            No sólo quiero volverme   2825
            de conveniencias y trazas,
            pero porque no se diga
            que esta libertad que alcanzas
            es temor, por complacerte,
            a otra prisión más extraña   2830
            te he de reducir; y luego
            en esas almenas altas
            he de poner tu cabeza,
            porque vea la arrogancia
            de tu gente que la irrito   2835
            y no respeto. Y el alba
            mañana apenas saldrá
            por troneras de oro y nácar,

2824   No exclamation in any text.
2825   volverme: TP1, TP2, VT valerme
2829   es temor, por complacerte: VT es, por temor, complacerte

cuando en busca suya yo
marche; y cuando tu hijo traiga   2840
animados los peñascos
de Lidia, y en las campañas
errantes ciudades sean
sus tropas y sus escuadras,
verás asustarse todos   2845
a un crujido de mis armas.

LISÍAS *(aparte)*   ¡Qué bien fingido valor!

LICAS [*aparte*]   ¡Cielos! ¿Quién en Ninias habla?

FRISO *(aparte)*   ¡Qué confusos están todos!

LIDORO *(aparte)*   ¿Cobarde a este joven llaman?   2850
Temblando de verle estoy.

SEMÍRAMIS   Lisías.

LISÍAS   Señor, ¿qué mandas?

SEMÍRAMIS   Que a Lidoro llevéis preso
a la más escura estancia
de esa torre de palacio.   2855

LIDORO   Mira, señor, cuánto agravias
tu valor, pues no hay acción
tan indigna, torpe y baja
como dar para quitar.
Libertad me diste.

SEMÍRAMIS   En causas   2860
que sobrevienen de nuevo
no hay contrato.

2839 VT has quando en busca suya marche, moving yo to the beginning of
the next line.
2840 tu hijo: EG, su hijo
2847-50 VT has three asides. The other texts have none. There are no exclamations in EG.
2852 Lisías: EG, TP1, TP2, VT Lisías?
2855 de esa: TP1 de esta

LIDORO	Pues repara	
	que pues con prisión me pones,	
	del homenaje y palabra	
	libre estoy, pues ya no estoy	2865
	preso sobre confïanza.	*Llévanle.*

SEMÍRAMIS   Es verdad, pero ¿qué importa
si te aseguran las guardas?

LISÍAS   Dame mil veces los brazos,
que con la vida y el alma   2870
te agradezco los esfuerzos
con que aquí a Lidoro hablas.

SEMÍRAMIS   ¿He disimulado bien
el temor que me acompaña?

LISÍAS   Así no fuera fingido.   2875

SEMÍRAMIS   No te afliga esa ignorancia;
que tan verdadero es
como lo dirán mañana
los militares estruendos
de trompetas y de cajas.   2880
Ve tú a ver de su prisión
la torre, y a asegurarla;   [*Vase Lisías*]
y tú, Friso, a enarbolar
a las puertas del alcázar
mi real estandarte, como   2885
general ya de mis armas.

FRISO   Tu mano beso mil veces;
¿mas mi hermano?

SEMÍRAMIS   ¿Qué reparas,
si por complacerle a él,
soy yo, Friso, a quien agravias?   2890

2863   que pues con prisión: TP2, VT que si tu en prision
2866   VT puts the stage-direction after 2868.
2868   No interrogative in EG.
2882   No text indicates the departure of Lisías.
2888   No interrogative in VT.
2890   No interrogative in EG.

FRISO   Yo acepto el cargo; mas es
mientras tus enojos pasan.

SEMÍRAMIS   Pues ve a publicar el bando
al punto.

FRISO [*aparte*]   No sientas nada
estar de pérdida, Licas,   2895
pues estoy yo de ganancia.   *Vase.*

LICAS   Hasta aquí, señor, callé,
sin saber por qué me tratan
tan severos tus rigores;
mas oyendo lo que mandas,   2900
puesta la boca en tu mano,
puesto el bastón en tus plantas,
acosado el sufrimiento,
es fuerza que al labio salga.
    ¿En qué, señor, te serví?   2905
El laurel de tu corona,
¿debe a ninguna persona
más tu majestad que a mí?
¿El primer noble no fuí,
    señor, que hasta coronarte   2910
se declaró de tu parte,
ayudando la razón?
Luego, en tu coronación,
¿no levanté el estandarte?
    ¿Yo tu nombre no aclamé,   2915
no siguiendo ni ayudando
de Semíramis el bando,
cuya lealtad quizá fue
retiro suyo, al ver que
    yo su parte no seguía?   2920
¿No me honraste? Pues un día
¿qué desengaños te da?

2902   en tus plantas: TP2, VT à tus plantas
2905   te serví?: EG, TP1 te serui, TP2, VT te ofendi? In the following sec-
       tion down to 2922 there are no question-marks in EG.
2919   TP1 and TP2 have a question-mark after retiro suyo but not after seguía
       in the next line. VT corrects.

SEMÍRAMIS   De esos servicios quizá
                 nace la indignación mía.

LICAS   Enigmas son cuanto habláis.   2925

SEMÍRAMIS   Pues no discurráis en ellas,
                 que es tarde para entendellas;
                 sino idos; que me dais
                 enojo cuanto aquí estáis.

LICAS   Ya yo os obedezco; y pues   2930
                 tanta mi desdicha es,
                 que os enoja mi presencia,
                 en albricias de mi ausencia,
                 me dejad besar los pies.
                 De soldado os serviré   2935
                 en la guerra que esperáis
                 sin que mi rostro veáis;
                 y si vivo —que sí haré,
                 que soy infeliz—, me iré
                 donde no os dé más recelos.   2940
                 Sólo os suplicaré *(aparte)*, (¡Cielos!,
                 apure mi confusión
                 si aquestas enigmas son
                 por tener de Libia celos),

[*alto*]   que ya que me enviáis quejoso,   2945
                 me enviéis, señor, honrado.
                 Quédese lo desdichado
                 con algo de lo dichoso.
                 Libia ha sido el dueño hermoso
                 que he idolatrado rendido;   2950
                 Libia el rayo que ha podido,
                 arpón de fuego, abrasarme;
                 y así, para desposarme
                 con ella, licencia os pido.

2934   me dejad besar: VT me dad à besar
2938-40   Only VT has brackets.
2941   No aside in EG. TP1 and TP2 bracket the words spoken as an aside
        without indicating that it is an aside. VT corrects.
2946   señor: VT siquiera
2947   Quédese lo desdichado: EG, TP1, TP2 quede solo desdichado
2950   he idolatrado: EG que idolatrado, TP1 he idolotrado
2951   podido: EG pidido

SEMÍRAMIS *(aparte)*   ¡Quién vio más nuevo rigor!   2955
    ¿Qué es esto que escucho, cielos?
    No avives, cierzo de celos,
    cenizas de un muerto amor.

LICAS *(aparte)*   Sentido lo ha; mi temor
    no fue en vano.

SEMÍRAMIS *(aparte)*   Ira cruel.   2960
    ¿Tengo de ver que fiel
    a otra ame el que mereció
    un efecto mío, aunque no
    mereciese saber dél?

LICAS [*alto*] Sólo este alivio prevengo   2965
    el influjo de mi estrella.

SEMÍRAMIS *(aparte)*   Equivocaré con ella
    los celos hoy que dél tengo,
    pues desta manera vengo
    mis sentimientos.

LICAS   Señor,   2970
    ¿qué me respondes?

SEMÍRAMIS   Que error
    es que ese premio esperéis;
    que soy yo a quien ofendéis
    en tener a Libia amor.
    Decir que era vuestra culpa,   2975
    Licas, no haberme entendido,
    amor fue, y celos han sido
    después de oída la disculpa;
    y pues uno y otro os culpa,

2959   Only VT has the aside.
2960   Only VT has the aside.
2963   efecto: VT afecto
2967   Only VT has the aside.

no tratéis de darme enojos,   2980
si no queréis ser despojos
de mis iras, mis recelos;
que hijo soy de quien, por celos,
le sacó a Menón los ojos.

LICAS [*aparte*]   ¿Qué es esto, cielos piadosos?   2985
No en vano, ¡ay de mí!, no en vano
discurrí, al oir que no eran
de Semíramis engaños
los que con el Rey pudieron
facilitar mis agravios,   2990
que celos de Libia eran.
Mas era argumento claro,
que, pues son envidia, fuesen
de la fortuna contrarios.   *Vase.*

2982   mis recelos: EG mi rezelos
2983   que hijo: EG De hijo
2984   EG, TP1 and TP2 have an exit for Semíramis here.
2985   cielos piadosos?: EG cielos piadosos; TP1, TP2 cielos piadosos!, VT
       piadosos Cielos!
2994   VT now has a scene which does not appear in the other texts. There is
       clearly a gap in EG, TP1 and TP2. VT presumably used another text
       to make good this gap, but we cannot be sure that the lines are what
       Calderón actually wrote:

de la fortuna contrarios.   *Vase.*

Sale Friso, y quedase al paño, à tiempo
que salen por otra parte Astrea, y Libia.

Fris.   Ya que el vando publiquè,
          buelvo: pero amor, oygamos,   *à p.*
          pues la Reyna con Astrea
          habla, hasta donde mis hados
          llegan.
Semir. Friso me ha pedido,
          bella Astrea, que tu mano
          le conceda, premio digno
          con que sus meritos pago.
Astr. Como tan presto te olvidas,
          gran señor, de que te he dado
          mi voluntad, alma, y vida?
          pero de nada me espanto,
          que no hay cosa mas mudable
          que amor con el nuevo estado.
Sem.   Sin duda, el Principe à Astrea,
          como juntos se criaron,   *à part.*
          la festeja. Ya advertido
          estoy de quan resignado

Tocan [dentro]. Sale Lisías.

SEMÍRAMIS   Mas ¿qué es esto?

LISÍAS   Ya, señor,   2995
se descubren de los altos
homenajes de esas torres
los ejércitos formados
de Lidia, que en numerosos
vienen compitiendo a rayos   3000
con las estrellas del cielo
y con las flores del campo.

SEMÍRAMIS   Toma, en albricias, Lisías,   *Abrázale.*
por el gusto que me has dado
con esa nueva, que está   3005
el corazón anhelando,
hidrópico de victorias.
A recebirlos salgamos;
y si Semíramis hizo
paréntesis el tocado   3010

                    tu pecho està à mi obediencia:
                    y assi, con razon aguardo,
                    que en esto me daràs gusto.
          Astr.   Otra vez, señor, estraño
                    este precepto; y assi,
                    no porque te aya mudado
                    de la Corona el ascenso,
                    de la Magestad el fausto,
                    quieras que viua muriendo,
                    que es preciso, si me caso
                    con Friso, vn hombre à quien yo
                    siempre he aborrecido tanto.
          Sem.   Sabiendo que este es mi gusto,
                    como podràs escusarlo?
                    mas què es esto?   *Tocan caxas.*
                        Sale Lisías.

In 2994 only VT has an exit for Licas. At the end of the interpolated
scene, the last line of which is still only my 2995, VT gives mas què es
esto? to Semíramis. In EG, TP1 and TP2 Licas is given as the speaker.
VT seems preferable here. Licas has already left the stage.
2999 en numerosos: TP2, VT numerosos
3000 compitiendo: EG conpitiendo
3003 Only VT has a stage-direction.

de una victoria, hoy lo sea
la plática que tratando
estamos. Astrea y Libia,
en venciendo vuelvo a hablaros.
Toca el arma, gima el bronce,   3015
suene el parche, los peñascos
se estremezcan, el sol tiemble
luz a luz y rayo a rayo.   *Vase.*

LISÍAS   ¿Qué nuevo espíritu ha sido
del que Ninias se ha informado?   3020

*Vase Lisías, quedan Astrea y Libia, y por
distintos lados salen Friso y Licas.*

LICAS [*a Libia*]   En decir que el Rey te quiere,
di agora que yo te engaño.

FRISO [*a Astrea*]   Cuanto has respondido al Rey
escuché, dueño tirano.

LIBIA   Pues, señor, mi bien, mi dueño,   3025
¿qué culpa tienen mis hados?

ASTREA   Yo lo estimo. Así, otra vez
me escusas de confesarlo.

LICAS   ¿Luego con esta disculpa
bien de tus ojos me aparto?   3030

FRISO   Tú verás la estimación
que hago a ese desengaño.

3013   estamos. Astrea y Libia: EG que estamos de Astrea, y Libia, TP1, TP2
      estamos de Astrea, y Libia, VT estamos: Astrea, y Libia... They are
      not talking *about* Astrea and Libia. Semíramis at this point is addressing
      them.
3020+   The stage-direction is VT's. There is no stage-direction of any kind
      in the other texts.
3021-3   No indication of the stage-action in any text.
3026   No interrogative in EG.
3032   a ese: VT de esse

LIBIA   Yo sabré morir sintiendo.

LICAS   Vivir sabré yo olvidando.

FRISO   Yo aborreciendo vivir.   3035

ASTREA   Y yo padecer amando.

FRISO   Licas.

LICAS   Friso.

FRISO   ¿Amor es esto?
             A matar muriendo vamos.

ASTREA   Libia.

LIBIA   Astrea.

ASTREA   ¿Esto es amor?
             Vamos a morir llorando.   [*Vanse*]   3040

             Tocan a marchar, y salen toda la gente que
             pudiere; después Irán, ni[ñ]o, con bastón de
             general, y Anteo, viejo, con bastón.

IRÁN   Babilonia, república eminente,
             que al orbe empinas de zafir la frente,
             siendo jónica y dórica coluna
             del cóncavo palacio de la luna,
             adonde colocados tus pensiles,   3045
             al cielo se han llevado los abriles,
             y con sus flores bellas
             a rayos equivocan las estrellas,
             que vengo a ser tu invicto Rey no dudo;
             y así, haciéndote salva, te saludo   3050
             como ya corte mía.

3034   yo: EG y
3037   Licas: EG Licas? Friso's words are given as a question only by TP2
       and VT.
3039   Libia: EG Libia? For Astrea only TP2 and VT have a question.
3040   No exit in any text.
3040+ *Tocan a:* EG *Toan a...* All the texts have *Nino* for *ni[ñ]o*.
3043   jónica y dórica: EG januyca idorica, TP1, TP2 januica, y dorica, VT
       Ionica, y Dorica
3049   vengo: TP2, VT venga

Salve, pues, ¡oh confusa monarquía,
herencia justa de mi muerta madre,
y injusta cárcel de mi vivo padre!
Que hoy, prevenido a bélicos combates,   3055
sobre el rápido curso del Eufrates,
libertad le he de dar, y desengaños
de que hay mucho valor en pocos años.

ANTEO   Señor, esa admirable
ciudad que ves, de gente innumerable   3060
capaz ha sido, o ya propria o ya extraña,
y si dejas cubrirse la campaña
de la gran hueste suya,
es fuerza que tu ejército destruya.
Si por asalto quieres   3065
intentarla, es razón que consideres
cuánto estarán seguros
en la grande eminencia de sus muros;
y así, el mejor acuerdo, el mejor medio,
sitiándola, es tomarla por asedio.   3070
Pues una vez cercados,
el número de gentes y soldados
más presto facilita sus castigos,
pues ellos mismos son sus enemigos,
cuando con tales modos,   3075
sin pelear ninguno, comen todos.

IRÁN   En todo, ilustre Anteo,
tu voto he de seguir. Pero ¿qué veo?

ANTEO   Un hombre, desde aquella
torre, por una claraboya della,   3080
escala haciendo, a lo que ya sospecho,
las fáciles alhajas de su lecho,
al campo se descuelga.

3054 No exclamation in any text.
3061 o ya propria: EG o propria
3066 consideres: EG consideres?
3069 el mejor medio: EG es el mejor medio
3073 castigos: EG castios
3078 tu voto he de seguir: EG, TP1, TP2 turbado de seguir

IRÁN   El lino ya, que de la reja cuelga,
al hombre va faltando,   3085
y se viene a la tierra despeñando.

ANTEO   ¡Precipitado anhelo
de desesperación!

Sale Lidoro cayendo.

LIDORO   ¡Válgame el Cielo!

ANTEO   Ya puesto en pie camina,
haciendo desperdicio de la ruina.   3090

IRÁN   Hacia nosotros viene.

ANTEO   Sin duda que rendido nos previene
avisos, a pesar de alguna envidia.

LIDORO   Decidme, moradores de la Lidia,
¿dónde, entre tropas tantas,   3095
vuestro Príncipe está?

IRÁN   Puesto a tus plantas,
señor y padre mío,
sin alma, sin acción, sin albedrío,
porque absorto, confuso y elevado
el verte desta suerte me ha dejado.   3100

LIDORO   Una y mil veces sea
felice, hijo, el día que te vea
la fortuna en mis brazos,
lazos de amor.

3087+   VT moves this stage-direction to 3093+.
3096   vuestro: EG vio
3102   hijo: EG ay hijo
3103   la fortuna en mis brazos: EG, TP1 mi fortuna en sus braços

IRÁN   Di nudos, y no lazos,
pues que la muerte, al verlos,   3105
no podrá desatarlos sin romperlos.

ANTEO   A todos da tu mano.

LIDORO   ¡Oh noble Anteo!
¡Oh vasallos y amigos!

IRÁN   ¡Que te veo!

LIDORO   En esta torre estaba
preso, la gente vi que se acercaba   3110
al muro, y lima sorda de la reja
fue, no sé si mi mano o si mi queja.
Por ella me he arrojado,
del homenaje ya desobligado,
sólo para avisarte   3115
que, pues eres Adonis, no seas Marte.
Libre estoy, que es el fin que has pretendido;
no el ejército marche, que has traído,
un paso más; que aunque ahora Ninias reina,
temo que su prisión rompa la Reina   3120
a esta ocasión, y es su belleza una
deidad, que tiene imperio en la fortuna.

IRÁN   Habiendo tú llegado,
tú eres el general, yo tu soldado.
Da la órdenes tú; que yo, al saberlas,   3125
sólo trataré ya de obedecerlas.

3107-10 There is confusion here in EG:

> *Ant.* A todos dà tu mano,
> *Lid.* O noble Anteo, o vasallos y amigos:
> *Ira.* En esta torre estaua. *Lid.* Que te veo
>   preso, la gente vi que se acercaua

I give the reading in TP1 and TP2 which corrects EG.   VT has:

> *Ant.*   A todos dà tu mano. *Lid.* O noble Anteo,
>   ò amigos. *Yran.* Es possible que te veo?
> *Lidor.* En esta Torre estava
>   preso, la gente vi que se ecercava

3123 VT has the stage-direction *Dale el baston.*

LIDORO   Pues marche en buen concierto
la vaga población deste desierto
la vuelta de aquel muelle que allí cierra
el paso con el río.

DENTRO   ¡Guerra, guerra!   3130

ANTEO   Ya no es posible, porque ya ha salido
de la ciudad la gente.

LIDORO   Prevenido
mi ejército la espere;
mas no la embista, si embestir no quiere
el suyo, pues que de la ofensiva   3135
guerra la acción se trueca en defensiva,
al amparo esperando de esa sierra.

UNOS [dentro]   ¡Viva Ninias!

OTROS   ¡Lidoro viva!

TODOS   ¡Guerra!   *Cajas y clarines.*

Salen Semíramis, Lisías, Friso, Licas y algunos soldados.

SEMÍRAMIS   Príncipe joven, que a enterrarte vienes
donde el sepulcro de tu padre tienes,   3140
¿cómo, si darle intentas
la libertad, sin dársela te ausentas?

IRÁN   Como ya se la he dado,
que para eso bastó el haber llegado;
y como he conseguido   3145
el fin, ya que a tu patria me ha traído,
volverme pretendía,
porque desprecio del vencerte hacía.

3127 concierto: EG coneierto
3130 VT has *Tocan caxas.*
3133 la espere: VT le espere
3134 la embista: VT le embista
3138 Only VT has *Caxas, y clarines.*
3138+ Only VT has a stage-direction.
3142 No interrogative in EG.

| SEMÍRAMIS | ¿Cómo, si en esta torre en infelices
prisiones yace, osadamente dices
que libertad le has dado? Es barbarismo. | 3150 |

IRÁN   ¿Quieres ver cómo?

SEMÍRAMIS   Sí.

IRÁN   Dígalo él mismo.

| LIDORO | Libre estoy, porque habiendo
faltado el homenaje, bien entiendo
que pudieron gloriosos mis blasones
quebrantar de la torre las prisiones. | 3155 |

| SEMÍRAMIS | Yo me huelgo de verte
libre, para prenderte
segunda vez, y para que mi brío
tenga más que vencer, que, en fin, es mío. | 3160 |

IRÁN   Pues si esto te provoca,
               embiste.

SEMÍRAMIS   Toca al arma.

LIDORO   Al arma toca.

LICAS   Hoy verás el valor que desconfías.

FRISO   Hoy verás el valor de quien te fías.

SEMÍRAMIS   Yo haré que el tiempo esta vitoria escriba.   3165

DENTRO   ¡Guerra!

3149   esta: TP2, VT esa
3151   No interrogative in EG.
3157   huelgo: VT me alegro
3158   prenderte: EG perderte
3165+   Only VT has the stage-direction.

Entranse todos, sacando la espada.

UNOS [*dentro*]   ¡Viva Lidoro!

OTROS [*dentro*]   ¡Ninias viva!

Dase la batalla y sale Chato con cadena.

CHATO   A perro viejo no hay
tus tus, dice allá un proverbio,
y yo acá también lo digo,
puesto que soy perro viejo.   3170
Sin ser pescador, apenas
vi que andaba el río revuelto,
cuando dije: 'La ganancia
es mía'. ¿Qué hago? Tomo y vengo
y rompo aquesta cadena,   3175
y de madre y hijo huyendo,
—tan malo es uno como otro—,
pasarme a otra tierra quiero.

La caja.

Trabada está la batalla,
y en tanto que los encuentros   3180
se barajan, quiero yo
echar a esta suerte el resto.
Escondido entre estas peñas
he de esperar el suceso.
¡Cuerpo de Apolo conmigo,   3185
y cuál anda allí el estruendo!
Y aun aquí; que derramados
los dos ejércitos veo

3166+   VT has *Dase la batalla con mucho estruendo, | y sale Chato.*
3174   Only TP2 and VT have què hago? as an interrogative.
3177   Only VT brackets, but VT's line is que es tan malo vno como otro

no dejar parte ninguna
que no ocupen. Pues no tengo   3190
dónde esconderme, la santa
mortecina hacer intento;
tiéndome de largo a largo.

SEMÍRAMIS *(dentro)* ¡Ay de mí!

CHATO   Ya no me tiendo,
porque por este monte   3195
bajar despeñado veo
un hombre, y no es bien quitarle
que él haga el papel del muerto.
Cada uno a lo que toca
acuda.

*Cayendo Semíramis, sangriento el rostro, y flechas en el
cuerpo.*

SEMÍRAMIS   ¡Valedme, cielos!   3200

CHATO [*aparte*] Y así, acuda yo a esconderme,
y él a morirse.

SEMÍRAMIS   ¡Ah! ¡Qué presto
has acabado, fortuna,
con mi vida y con mis hechos!

CHATO [*aparte*] La voz quiero conocer,   3205
aunque es verdad que no quiero.

SEMÍRAMIS En fin, Diana, has podido
más que la deidad de Venus,

3194 Only VT has *dentro*.
3195 este: TP1, TP2, VT aqueste
3199+ VT has *Sale Semiramis sangriento el rostro,* | *y con flechas en el
cuerpo,* | *como cayendo.*

262

pues sólo me diste vida
hasta cumplir los severos   3210
hados que me amenazaron
con prodigios, con portentos,
a ser tirana y cruel
homicida, y de soberbio
espíritu, hasta morir   3215
despeñada de alto puesto.

CHATO [*aparte*] Tanto miedo tengo que aun
para huir valor no tengo.

Tocan cajas y dicen dentro.

TODOS   ¡Viva Lidia!

LIDORO   La vitoria
seguid, que hoy es el día nuestro.   3220

SEMÍRAMIS   ¿Qué es vivir? Aunque no es mucho
que ella viva, si yo muero.
Mas lo poco que me queda
de vida, lograrlo pienso;
que a costa de muchas muertes   3225
morir bien lograda intento.

CHATO [*aparte*] No tropiece con la mía.

Suena la cadena de Chato.

SEMÍRAMIS   ¿Qué triste, ronco y funesto
son de prisiones se mezcla
con los marciales estruendos?   3230

3213-4 tirana y cruel / homicida: VT tyrana, cruel, / homicida
3217   que aun: EG, TP1 que ando
3218+   Only VT has the stage-direction.
3221   No interrogative in EG.
3226   lograda: VT vengada
3227+   Only VT has the stage-direction.
3230   No interrogative in EG.

CHATO [*aparte*] Es la cadena de un galgo,
que anda por aquestos cerros
a caza de liebres, y es
el galgo y la liebre a un tiempo.

SEMÍRAMIS ¿Qué quieres, Menón, de mí,   3235
de sangre el rostro cubierto?
¿Qué quieres, Nino, el semblante
tan pálido y macilento?
¿Qué quieres, Ninias, que vienes
a afligirme triste y preso?   3240

CHATO [*aparte*] Sin duda que ve fantasma
éste que se está muriendo.   *Vase*

SEMÍRAMIS Yo no te saqué los ojos.
Yo no te di aquel veneno.
Y si el reino te quité,   3245
ya te restituyo el reino.
Dejadme, no me aflijáis.
Vengados estáis, pues muero,
pedazos del corazón
arrancándome del pecho.   3250
Hija fui del aire yo,
hoy en él me desvanezco.

DENTRO   ¡Viva Lidoro!

LIDORO *(dentro)*   El alcance
seguid, pues que van huyendo.

Salen Friso, Licas, Lisías, y soldados.

LICAS   Hoy es para Babilonia   3255
infausto el día.

3232 aquestos: VT aquessos
3235-40 EG has no question-marks in this section.
3241 fantasma: TP1, TP2, VT fantasmas
3242 This is a question in EG. Only VT has an exit for Chato.
3245 Y si: VT yo, si
3251 del aire yo: EG, TP1 de Ananias, VT del Ayre, ya
3252 hoy en él: VT en èl oy.   VT has the stage-direction *Muere.*
3253 VT has the stage-direction *Las caxas.*
      El alcance: EG Al alcanze
3254+ Only VT has the stage-direction.

FRISO   Los cielos
conjurados se declaran
contra nosotros.

LISÍAS   No menos
que pensamos es la ruina,
si en aquel pavés advierto.   3260

LICAS   ¡Qué desdicha!

LISÍAS   ¡Qué tragedia!

FRISO   Mayor es la que vemos,
que este cadáver... *(aparte).* (Mas ¡ay
infeliz! No el sentimiento
me haga decir que yo supe   3265
antes de ahora este secreto,
pues sólo puede salvarme
el sagrado del silencio.)

LISÍAS   ¡Ay joven Rey, cuánto fue
trágico tu nacimiento!   3270

         Tocan y dice dentro Lidoro.

LIDORO   Pues en la ciudad se entran,
no paréis hasta entrar dentro.

LICAS   Tan gran desdicha, Lisías,
no tiene ya otro remedio
sino que en el mauseolo   3275
a Ninias depositemos,
y de su oculto retiro
a Semíramis saquemos,
pues sólo puede salvar,
a su fortuna o su esfuerzo,   3280
nuestra patria destas iras.

LISÍAS   En los hombros le llevemos.

3258 No menos: EG, TP1 Aun menos, TP2 Aun mas
3259 pensamos: VT juzgamos
3263 Only VT has the aside.
3270+ Only VT has the stage-direction.
3280 a su: VT o su

30

Llevan Licas y Lisías en los brazos a Semíramis.

FRISO [*aparte*] Llevadle los dos, que yo
           ánimo y valor no tengo;
           pues aunque le pierden todos,   3285
           soy yo sólo el que le pierdo.   *Vase.*

Salen Astrea y Libia.

ASTREA Huyendo la gente vuelve
        a la ciudad.

LIBIA   En no siendo
        Semíramis quien la anima,
        siempre esperé mal suceso.   3290

Sale Chato.

CHATO Tal es lo que pasa allá,
        que aquí a la prisión me vuelvo.

ASTREA Chato, ¿qué es esto?

CHATO   ¿Queréis
        que lo diga todo, y presto?
        Pues es que todos, señoras,   3295
        han lo que yo hiciera hecho.

ASTREA ¿Qué es?

CHATO   Huir, y que en el campo
        queda...

3282+ Only VT has the stage-direction.
3286+ VT has *Vase Friso, y salen Astrea, y Libia.* The previous exit for
      Friso is omitted.
3290+ Only VT has Chato's entry.
3294 No interrogative in EG.

LIBIA   Dilo.

CHATO   Ninias muerto.

ASTREA   ¡Ay infelice de mí!
           Máteme mi sentimiento.   3300

DENTRO   Grande Semíramis bella.

UNOS [*dentro*]   Sal de aquese oculto encierro
           a dar la vida a tu patria.

OTROS [*dentro*]   Felice Reina, tus hechos
           nos rescaten de tan graves   3305
           ruinas como hoy padecemos.

Salen Lisías, Licas, Friso y soldados.

LISÍAS   Entrad, y romped las puertas
           de su cuarto.

LICAS   Vuelva el cetro
           a las manos de quien tuvo
           en ellas todo el imperio   3310
           de la fortuna.

FRISO [*aparte*]   ¡Ay de mí!,
           que ella ha sido la que ha muerto.

LISÍAS   Abrid la puerta.

Abren una puerta como a golpes y sale Ninias.

NINIAS   Tiranos,
           ¿no basta tenerme preso,
           sino también venir hoy   3315
           a darme muerte?

3298   Dilo: EG Dilo?
3300+   VT has *Dentro vozes*, then gives the groups of speakers as *Vnos.*
       Otros. Otros.
3304   Felice: EG Filize
3305   rescate: VT rescaten
3306   como hoy padecemos: VT como padecemos
3306+   Only VT has the stage-direction.
3311   Only TP2 and VT have the aside.
3312+   Only VT has the stage-direction.

TODOS   ¿Qué es esto?

NINIAS   Vuestro Rey soy. Pues ¿por qué
me quitáis la vida? ¿El reino
no basta?

ASTREA   ¡Cielos! ¿Qué oigo?
Rendida tus plantas beso.   3320

LISÍAS   Vasallos, bien claro está
de entender tan gran suceso,
y que fue, pues Ninias vive,
Semíramis la que ha muerto.

LICAS   Su soberbia hizo, sin duda,   3325
la traición de aqueste trueco.

Dentro Lidoro.

LIDORO   De Semíramis es éste
el gran palacio. Entrad dentro,
que en ella agora me falta
de vengar aquel desprecio.   3330

Salen Lidoro, Irán, Anteo y los soldados.

LISÍAS   No podrás en ella ya,
poderoso Rey, supuesto
que ella murió y Ninias vive.

3316   No interrogative in EG for the first part of the line.
3320   VT has two lines following which do not appear in the other texts:

                  aunque temple mi alegria
                  el dolor de verte ageno.

3326+   At this point EG, TP1 and TP2 have *Salen todos.* VT's stage-direction
       is clearer.
3330+   VT's stage-direction.

LIDORO   Pues si vive a quien yo debo
la libertad que me dio,   3335
y no fue él quien me dio luego
la segunda prisión, vean
que aquel favor le agradezco,
y esta vitoria no sigo,
pues que las armas suspendo.   3340

IRÁN   Yo también le reconozco
los favores que te ha hecho.

NINIAS   Yo, agradecido a los dos,
pago a Astrea lo que debo,
y perdono a quien estuvo   3345
culpado en tenerme preso,
porque de *La hija del aire*
la historia acabe con esto.

FIN

3336   fue él quien: VT no fue quien
3341   le: EG, TP1 la
Only EG and VT have FIN

NOTES TO THE TEXT

LIST OF ABBREVIATIONS

Autoridades: *Diccionario de la lengua castellana... por la Real Aca-demia Española* (Madrid, 1726-39).

Bello-Cuervo: A. Bello, *Gramática de la lengua castellana,* rev. R. J. Cuervo (Paris, 1908).

Corominas: J. Corominas, *Diccionario crítico etimológico de la lengua castellana* (Berne, 1954-7).

Covarrubias: Sebastián de Covarrubias Orozco, *Tesoro de la lengua castellana,* ed. M. de Riquer (Barcelona, 1943).

Keniston: H. Keniston, *The Syntax of Castilian Prose. The Sixteenth Century* (Chicago, 1937).

Menéndez Pidal: R. Menéndez Pidal, *Manual de gramática histórica española* (Madrid, 1944).

Real Academia: *Diccionario de la lengua española,* published by the Real Academia Española (Madrid, 1947).

NOTES TO THE *PRIMERA PARTE*

JORNADA PRIMERA

The title of the play, *La hija del aire,* probably has a symbolic as well as a literal meaning. Semíramis is the child of the air in the sense that she was fed and protected by the doves of Venus, but *aire* and *viento* were also used in the Golden Age to signify arrogance, vainglory and pride, all of which Semíramis has in full. See also 2210.

7-8   Two groups of people, the soldiers of Nino and the inhabitants of Ascalon, are converging from different directions, the one announced by strident, martial music, the *salvas de Marte,* the other by more pleasing and harmonious sounds, *las del Amor.* On a symbolic level, the two contrasting types of music suggest the two conflicting forces of fierceness and gentleness and, by extension, passion and reason which are now going to be shown in opposition in the three main characters. Calderón repeated the idea at the beginning of *En la vida todo es verdad, y todo mentira,* performed at Court in 1659.

11   *Ascalón:* an ancient city of Palestine which, in the eighth century B. C. became a possession of Assyria, paying tribute to the Assyrian kings. Calderón made Ascalon a region of Assyria itself, since in Act I Chato remarks that it is only *cien millas* from Nineveh — 522. Needless to say, Calderón was not particularly interested in the niceties of geographical or historical accuracy.

14-16   *o a manos... desesperación:* 'aided by my rage, this desperation will be my executioner'.

39-40   *Del acero... son:* As a magnet attracts steel, so Tiresias is drawn simultaneously in three different directions by the three things which demand his attention: the anger of Semíramis, the military music coming from one direction, the softer music from another.

76-77   *reloj / de los vientos:* the meaning is that the sound of the music, borne on the wind, has aroused Semíramis from her lethargy as though it were an alarm-clock.

86-92   *para que...embarazarle yo:* 'so that your way of life may not

273

cast you into despair, and so that I may make congenial, rather than hinder, the divine decree which, in accordance with the will of the gods, keeps you in this prison'. The use of *le* for the masculine direct object pronoun referring to a thing, not a person, was quite common in the sixteenth and seventeenth centuries. For sixteenth-century usage see Keniston, para 7.132.

94   *Siria:* Assyria.

112   The reference seems to be to Apollo who was identified with the sun but who was also the Greek god of youth and beauty and therefore associated with love.

117   *él:* presumably refers to *sepulcro.*

154-6   *¿no es mejor...imaginación?:* 'Is it not better that the real thing, not mere day-dreams, should be the cause of my destruction?'

165-6   Semíramis is saying that she wants the lightning, not the thunder, to kill her — she wishes to take the greater risk, to die a glorious death, not to die passively and in an undignified fashion.

192   *estación:* 'Por translación vale estancia, sitio, lugar señalado para algún fin o efecto' (Autoridades).

227-8   Sirene is probably threatening Chato, *ésta* referring to her own hand or fist: 'This, villain, is the one you'll have to reckon with when the guests are gone.' The word *escote* is the amount of money paid by each individual towards the settlement of a bill covering a group.

233-5   Calderón found a long list of Nino's conquests in the account of Diodorus, *op. cit.,* ch. 2: 'Since the undertakings of Ninus were prospering in this way, he was seized with a powerful desire to subdue all of Asia that lies between the Tanais and the Nile... Of the lands which lie on the sea and of the others which border on these, Ninus subdued Egypt and Phoenicia, then Coele-Syria, Cilicia, Pamphylia and Lycia, and also Caria, Phrygia and Lydia; moreover, he brought under his sway the Troad, Phrygia, Propontis, Bithynia, Cappadocia, and all the barbarian nations who inhabit the shores of the Pontus as far as the Tanais...'

244-6   Diodorus, ch. 3: 'For having accomplished deeds more notable than those of any king before him, he was eager to found a city of such magnitude, that not only would it be the largest of any which then existed in the whole inhabited world, but also that no other ruler of a later time should, if he undertook such a task, find it easy to surpass him... And to the city he gave his own name, Ninus...' The attribution of Nineveh to Ninus is, of course, purely fictitious. The city was probably of Sumerian origin and developed in size and importance over a long period of time. In the eighth century B. C., when it was an important city, Sennacherib built its great walls and later Assur-bani-pal enriched it considerably.

263-6 The meaning is: 'For he who does not first realize how sad it is that a man can be wealthy and yet not generous, does not know how pleasant it is to give.' This is one of the many 'conceptista'-type passages in Calderón, marked by its intellectual as opposed to its decorative or 'culterano' character and by a Senecan pithiness and pointedness.

279-80 *porque...deseo;* 'For I believe that your good sense *(aviso)* informs you of my wishes.'

302 *Apolo:* Cf. 112.

383-4 *propias...propria:* Chato uses the alternative forms of the word at random.

410 *retama era (azucarada):* the TP texts have *azul dorada* and VT *destocada.* The broom plant was traditionally associated with bitterness. Thus Covarrubias, in the *Tesoro,* quotes Garcilaso: 'Nuestro poeta Garcilaso le dio epíteto de amarga, diciendo:

Amargo al gusto más que la retama.'

Similarly, in Lorca's *Yerma,* I, Aguilar, p. 1206:

Monte de hierbas amargas,
¿qué niño te está matando?
¡La espina de la retama!

It seems quite likely that what Chato is really saying is that Sirene's apparent niceness is 'sugared' broom.

417-8 *dedos...procesada:* 'Her toes are as hooked and curly as longhand.' The phrase *letra procesada* refers to a style of handwriting which was full of elaborate flourishes, popular in the sixteenth and seventeenth centuries.

420-30 'For if you had to witness her dressing and her undressing, and even more so if you saw her wrapped in a blanket, hurrying in her clogs, with her eagle's feet, prompted by Nature's call, then would you know that you are looking at her as just a woman, and I as just my wife.'

432-3 'and it's a good thing that we are now home...'

457-8 *alojamiento..., alojería:* Chato is here being sarcastic. *Aloja* was a drink made of water, honey and spices, *alojería* the shop or house where it was made and sold. Since Chato expects Floro, like all soldiers, to have a good time while he is in lodgings —*alojamiento*— with Chato and Sirene, he is saying: 'This is my drinking house here.'

479 *asperarais:* esperareis. Again Chato garbles the word.

481 'Don't give cause for gossip about you'.

494 Chato's soliloquy is in effect a parody on the conventional honour speech in which Golden Age dramatic characters considered

the implications of an affront upon their honour. Cf. Juan
Roca's soliloquy in Act III of *El pintor de su deshonra.*

500 *al primero tri?:* 'at the first go'.

507-10 'and debating between one thing and another, I shan't try to
interfere, still less to take vengeance'.

523-9 A difficult passage. Chato probably sees the two travellers,
like Floro, as prospective lodgers, since Nineveh is such a long
way off. His remark is therefore sarcastic: 'All this talk is a
waste of time. If you want to find favour with me, there's no
need to dilly-dally. Walk right in and we'll have a cosy chat.'

545 *gueste: hueste.*

569-70 An echo of Rosaura's lines in *La vida es sueño:*

> si consuelo puede ser,
> del que es desdichado, ver
> a otro que es más desdichado.

(I, 250-52, ed. A. E. Sloman, M. U. P.)

587-8 A *culterano* reference to the night-sky full of stars. Cf. Góngora's description of the sky in the *Soledad Primera,* 6:

> Era del año la estación florida
> en que el mentido robador de Europa...
> en campos de zafiro pace estrellas...

604 *Batria:* the ancient name of the country lying betwen the Hindu
Kush (Paropamisus) mountains and the Amu Darya (Oxus) river,
with its capital Bactra. The presence of numerous mounds
and abandoned water channels points to ancient prosperity.

605 *Estorbato:* In the account of Diodorus the only name which at
all resembles this is Stabrobates, King of India. The campaigns
of Semiramis against him are described at length in chapters 16-
19. Calderón clearly had this figure in mind in creating the
new King of Bactra.

622-3 *Leteo...Aqueronte:* two of the rivers of Hades. Lethe was the
river of forgetfulness where the shades of the dead could drink
in order to lose all memory of their past lives. Both rivers
can symbolize Hades itself, therefore evil and foreboding.

632 '...who did it nor by whom it was done'.

678 *alguno:* with the force of *uno de,* Keniston, para. 13.1.

688 *magino:* Cf. 462.

693 *tamaño:* as big as.

696-8 Chato's mispronunciations, although characteristic of him as
a gracioso, are probably also attributable to his fear here. Cf.
Catalinón's absurd remarks in the presence of the dreaded stone-
figure towards the end of *El burlador de Sevilla:*

¿Está bueno? ¿Es buena tierra
la otra vida? ¿Es llano o sierra?
¿Prémiase allá la poesía?

(III, ed. J. E. Varey and N. D. Shergold,
Cambridge 1952).

707 *¡Plubiera a:* a colloquial form of *plugiera.* Keniston gives *pluye-ra,* para. 29.153, but not this particular form.

725 *rayo:* 'Significa... el sentimiento intenso y pronto de algún dolor, en parte determinada del cuerpo' (Autoridades).

734 *me intrinco:* 'I am getting all muddled'.

760 *es:* Cf. 436.

792 *monstruocico:* a diminutive coined by Chato. For the formation of diminutives see Bello-Cuervo, 210-218: 'Las de compasión o cariño no son enteramente ajenas de estilo elevado y afectuoso, pero todas ellas ocurren más a menudo en el familiar y el festivo.' Chato is saying, in effect: 'If all monsters were only like this nice little monster...'

809-10 The right of woman to reject a lover's advances, not to be obliged to answer love with love, was a favourite theme in the numerous debates about love in Golden Age literature. The shepherd girl, Marcela, puts the argument clearly in *Don Quijote, Primera parte,* XIV: 'Yo conozco, con el natural entendimiento que Dios me ha dado, que todo lo hermoso es amable; mas no alcanzo que, por razón de ser amado, esté obligado lo que es amado por hermoso a amar a quien le ama.'

816-7 '...since she could not make her love him, arranged that he should find her'.

819-20 '...where, foolishly, he made a crime of merit'. The meaning of this concise expression is that, by virtue of his youth and good looks, the young man deserves to be loved. Unable to obtain what he merits naturally, he resorts to rape, making a crime of what is deserved.

827-30 The idea that possession of a woman's body is worthless without her consent was a frequent Golden Age theme. Cf. Dorotea's protests to her lover, *Don Quijote, Primera Parte,* XXVIII: 'Así que, si tú tienes ceñido mi cuerpo con tus brazos, yo tengo atada mi alma con mis buenos deseos...'

838-9 Covarrubias, *Tesoro,* has much interesting information, largely taken from the accounts of classical writers, about the viper: 'Es comparada a ella la mujer que en lugar de regalar y acariciar a su marido le mata...'

849-68 Cf. Basilio's description of the eclipse which accompanied the birth of Segismundo, *La vida es sueño,* I, 676-99. The *globo cristalino* is the sky, the *signos* the stars or constellations. Natural cosmic order, in which the sun reigns supreme, is

277

thrown out of joint, reflecting the incipient disorder in the life of man, the *mundo abreviado* or 'small world'.

864   *a visos:* 'vividly', 'luridly'.

875   See Covarrubias: '...o por el gusto que recibe o por el desgusto que teme recebir después al parir de los bivoreznos, los cuales siendo en número muchos, los postreros que han tomado más cuerpo y fuerça, malsufridos y cansados de esperar, rompen el pecho de la madre...'

929   *neutrices: nutrices.*

959-61   The origin of the name *Semíramis* was described by all the important sources.

1013-4   The worm referred to is the silk-worm, a creature of great fascination in the Golden Age. Covarrubias has the following observations: 'Ay muchas diferencias de gusanos, y en la consideración dellos, siendo tan tristes animalejos, ay mucho que considerar en su naturaleza, pues los que crian la seda, dichos en latín *bombices,* nos dan tanta riqueza y gala, sacando de sus entrañas el capullo de seda, labrando su sepulcro, pues al cabo se quedan encerrados en él y mueren...' See also Cervantes, *El celoso extremeño,* in which Carrizales compares the part he has played in bringing about his own death with that of the silk-worm: 'Yo fui el que, como el gusano de seda, me fabriqué la casa donde muriese...'

JORNADA SEGUNDA

1019   *esfera:* 'sky'. 'Se toma comúnmente por el cielo u esphera celeste' (Autoridades). Since the beauty of Semíramis is like the sun in its splendour, the glade is a sky too small to contain it. Calderón constantly related sky to land, earth to water, etc., creating an intricate pattern of images through his habit of continual cross-reference in relation to the four elements of earth, air, fire and water. See E. M. Wilson, 'The Four Elements in the Imagery of Calderón', *Modern Language Review,* XXXI (1936), 34-47.

1031   *monte:* 'wood'.

1032   *Atlante:* Atlas was one of the Titans who rose in revolt against Zeus. He was punished by being made to carry the heavens upon his shoulders. The wood emulates Atlas presumably because the trees appear to support the sky.

1046-8   '...for my own (free-will) is mine only in the sense that it is my companion'. The meaning is that her will is passive, at Menón's disposal.

1051-2   'I am confident that my intention fully merits your obedience'. Of *pensamiento* Autoridades says: 'Se toma algunas veces por intento, designio, ánimo u voluntad...'

1066   *alcanza:* 'Metaphóricamente vale lo mismo que tener, conseguir, poseer, o gozar' (Autoridades).

1200-04   '...for it is foolish for me to try to hold, for my own good, the keys of your freedom, Semíramis, when in actual fact you have the keys to mine'. If Menón has made himself her guardian, his love for her makes him her slave.

1239-42   The power of individual free-will to counteract fate or fortune finds frequent expression in Calderón's plays. The most famous statement of it is Segismundo's in Act I of *La vida es sueño*, 102-72. It occurs too in Act I of *El mayor monstruo los celos:*

> Y porque veas aquí
> cómo mienten las estrellas,
> y que el hombre es dueño dellas...

The Tetrarch tries here to allay his wife's fears about her predicted death by discrediting the value of prophecy.

1254   There are many examples in the Golden Age of the use of *temer* followed by the indicative.—See Keniston, para. 28.265.

1257   *tengo de:* a common alternative to *tener que.*

1273   *alguna:* with the force of *alguien,* Keniston, para. 13.1.

1278   *quijera:* the gracioso's version of *quisiera.*

1294   *embestir:* 'Acometer a otro cerrando con él, para maltratarle y ofenderle' (Autoridades). A pun is intended on Sirene's remark that Chato is an *embustero,* a 'liar'. In reply Chato says: 'When it comes to a good fight, I'm not very far behind you.'

1300   *como digo de mi cuento:* 'expr. fam. que suele emplearse al ir a contar un suceso festivo o a proseguir su narración' (Real Academia).

1302   *nueso puebro:* the gracioso's rendering of *nuestro pueblo.*

1331   *como un descosido:* 'expr. fig. y fam. con que se significa el ahinco o exceso con que se hace una cosa' (Real Academia).

1345   *No [abrí] la puerta:* 'I did not open the way to a quarrel.' 'Además del sentido literal, es dar ocasión y facilitar algún negociado o pretensión u otra cosa' (Autoridades).
diz que was equivalent to *se dice que,* Keniston, para. 27.54.

1359   *amago:* a threatening gesture with the arm. 'Acometimiento, amenaza, u demostración, con la cual se explica y demuestra mucho más de lo que se quiere hacer o executar: como quando se levanta con furia la mano amenazando dar a otro, y se suspende el golpe' (Autoridades).

1369   *cayó el amago:* 'my arm came down'.

1379-80   '...for laughter would be disrespectful to the seriousness of my sentiments'.

1384   *pergeño:* 'appearance'.

1402   *Vulcano:* Vulcan was the Roman god of fire and metal, but Chato's appeal to him is probably on other grounds. Vulcan was ugly and lame yet married to Venus, the goddess of love. Mars, the great god of war, was also her husband. Chato presumably identifies himself with the unfortunate Vulcan, ousted from Sirene's favour by the arrival of Floro, a soldier and therefore a devotee of Mars.

1406-7   *centro...violento:* Each of the four elements of earth, air, fire, water, was considered to have its natural centre towards which it moved. Thus solid bodies fell to the earth, etc. Menón is saying that the King is the natural centre to which he gravitates. While he was away he was *violento,* 'out of joint'.

1417   The allusion to hunting as an image or reflection of war was a common one. Cf. Cervantes, *Don Quijote, Segunda Parte,* XXXIV: 'La caza es una imagen de la guerra: hay en ella estratagemas, astucias, insidias para vencer a su salvo al enemigo...'

1443   *un asombro, un prodigio:* 'a marvellous creature'. Cf. *Segunda Parte,* 29-30.

1450   *¡Plaza, plaza!:* 'Voz repetida de que usan los Guardias, quando sale el Rey, u en otras ocasiones de gran concurso, que vale tanto como lugar, lugar' (Autoridades).

1506-8   '...for to praise the beauty of another in the presence of your supreme beauty is merely to waste words'. A typical piece of Court flattery.

1517-8   '...for my presence is of no importance'.

1528-34   The Baroque age saw Art as something which perfects Nature. The ornamental garden, fashioned by the hand of man, thus improves upon the wild disarray of Nature by imposing order and design on it. Semíramis possesses a beauty which is both perfect and wild and is therefore more striking on that account.

1537   *golfo de rayos:* 'a sea of light'.

1550   *estación primera:* the early hours, dawn. 'Se toma... por hora, u distribución del día: como mañana, tarde, noche, etc.' (Autoridades).

1558   *neutrales:* neither one colour nor another.

1564   *la siempre liberal maestra:* Nature.

1573   *punta:* promontory or headland. '...se llama un pedazo de tierra, que se va ensangostando y entrando dentro del mar' (Autoridades).

1579-80   The traditional concept of love is associated with the woman's gaze, in which eyes, eyelashes and eyebrows all play their part. The meaning here, therefore, is that a lock of hair descended to her eyebrows so that Love might not boast that it alone proclaimed them as its trade-mark.

1583-4   *los Alpes..., los etíopes:* the blackness of her eyes in the whiteness of her face.

1587   *bozales:* 'Es epitheto que ordinariamente se da a los Negros, en especial quando están recien venidos de sus tierras...' (Autoridades).

1595   Traditionally it is the man on whom the woman's eyes fall who is consumed by them. The eyes of Semíramis are so dazzling, however, that they threaten to consume each other.

1599   *valla:* 'rampart'.

1600   *zozobrase:* 'Peligrar la embarcación a la fuerza, y contraste de los vientos: y muchas veces se toma por perderse, o irse a pique' (Autoridades).

1611   *la púrpura de Venus:* this refers to the legend that Venus, having pricked a finger with a thorn, turned the white rose she was plucking red with her blood.

1635   *al torno:* 'smooth'.

1647-9   Cf. 959-61.

1653   Cf. 67-8.

1677-82   Cf. Cervantes' attack on bad poets in the *Licenciado Vidriera:* '...sus damas...tenían los cabellos de oro, la frente de plata bruñida, los ojos de marfil, los labios de coral y la garganta de cristal transparente, y que lo que lloraban eran líquidas perlas...'

1759   *pescudallo:* 'Lo mismo que preguntar. Es voz antigua, que ahora sólo tiene uso en el estilo baxo u rústico' (Autoridades).

1764   *al quitar:* 'short-term'. 'Modo adverb. con que se significa la poca permanencia y duración de alguna cosa' (Autoridades).

1775-7   Batria, Siria, Peloponeso, Propóntida, Licia. Floro garbles the names somewhat. Chato makes an even worse job of them, 1786-7.

1784   *hazañero:* 'Melindroso, y que con afectación, ademanes y palabras se alborota y escandaliza de cosas de poca importancia e indiferentes' (Autoridades). There is either a play on words here —*hazañero* suggesting *hazañas*— or Chato is using *hazañero* (affected) without knowing its real meaning.

1830   *prodigio:* Cf. 1443, 1866.

1879   *rayo:* Cf. 725.

1904   *Amaltea:* with her sister, Melissa, she was said to have given goatsmilk and honey to Jupiter.

1905   *Aretusa:* a nymph who, fleeing from Alpheus, was changed into a fountain.

1931-2   'Oh, fear, what will you do in reality if you destroy me even in imagination?'

1944   *jamestad:* for *majestad.* Cf. 696 *Tijeras* for *Tiresias.*

1949   *seis maravedís:* a pun on the name *Semíramis.* Puns on names, though of a different kind, occur in *La vida es sueño,* 2273 —*segismundasteis* on *Segismundo*—, and in *El mayor monstruo los celos,* ed. E. W. Hesse, 612 —*aristoboló* on *Aristóbolo.*

1957   *manofitura:* probably a malaprop for *manifactura.*

1990   *Aseguróme mis celos:* as Autoridades observes, *celos* was used 'siempre en plural'. But here with a singular verb.

1992   *advierto en:* 'Suele construirse este verbo con la proposición *en*'
(Autoridades).

1998-2000   'Heavens! This soldier has given Menón such a start, he
must be like mine.' In other words, he is to Menón what Floro
is to Chato — an interfering nuisance.

2081   Menón has already painted a picture of Semíramis for Nino, but
now he is presented with the living portrait, with her in person.
Calderón delights in theatrical situations of this kind, cf. the
incident in *La vida es sueño* where Rosaura is ordered by her
mistress, Estrella, to obtain from Astolfo, Estrella's suitor, a
locket which contains the picture of his former beloved. The
picture is in fact of Rosaura herself, and Astolfo, recognising
Rosaura, states that he will do better than surrender the picture.
He will provide the original:

> Dirásle... a la Infanta
> que yo la estimo de suerte
> que, pidiéndome un retrato,
> poca fineza parece
> enviársele; y así,
> porque le estime y le precie,
> le envío el original:
> y tú llevársele puedes,
> pues ya le llevas contigo,
> como a ti misma te lleves.

> (Act II, 1926-35).

There are, it is clear, many echoes of *La vida es sueño,* of which
this is only one. Others include the prison, the horoscope,
the galloping horse, the images of light and darkness, the rebel
soldier, Chato's attempted escape. *La hija del aire* reworks,
therefore, many situations and symbols which Calderón had
used in the earlier play. See my article, 'Calderón's *La hija
del aire* and the Classical Type of Tragedy', *BHS,* XLIV (1967),
note to p. 187.

2100   *haberla:* Cf. 758, 2840, 3019, 3363.

2101   *trujese:* for the attraction of *a* to *u* in certain forms of *traer,* see
Bello-Cuervo, N. 82.

2125   *tengo / de:* Cf. 1257.

2148   An example in *doy* of an indicative after *hasta que,* although
Keniston observes that temporal clauses 'are in the indicative
when they refer to a definite action or state in the present or
past'. See para. 28.56.

2170   *hechuras:* 'Translaticamente se dice de la persona a quien otra
ha puesto en algún empleo de honor y conveniencia, que confiessa
a él su fortuna y el ser hombre' (Autoridades).

2175-6   'Why do you not indulge my vain fancy and allow me to
receive them?'

2207   *tiesa:* 'Significa assimismo animoso, valiente, y esforzado' (Autoridades).

2210   *hija del viento:* Chato is here commenting on the arrogance of Semíramis, using *viento* in its sense of *vanidad.* See note to the title of the play: *La hija del aire.* For the phrase *tener la cabeza llena de aire,* Autoridades observes: 'Y también se aplica y dice del que es vano, y presume, y se jacta de sabio, noble, o valeroso.'

2262   '...for it would be unworthy of me to put my anguish to such use,...'

2288-308   For the nature of the soul in relation to the body, see Otis H. Green, *Spain and the Western Tradition,* II, 105-121. The soul and the body are one but essentially different, the body being part of the element earth, the soul air, the former material and earth-bound, the latter indefinable and eternal.

2314-8   Nino compares himself with Daedalus, the father of Icarus. Having aroused the wrath of Minos, Daedalus escaped from Crete by means of a pair of wings which he fashioned from feathers and wax. He fashioned another pair for his son, Icarus, and the boy enjoyed the sensation of flying so much that he made towards the sun, ignoring the warnings of his father. The wax quickly melted in the heat of the sun and Icarus fell into the sea and was drowned.

JORNADA TERCERA

2343   With regard to the use of *y* and *e* Keniston observes that '*e* as the regular copulative in all situations is dying out in the first quarter of the sixteenth century. During this period *e* and *y* appear side by side in the same text, with *y* predominating in the ratio of 4:1 or 5:1... Juan de Valdés (Len 366,8) states as his rule for the use of *e* and *y* the modern rule of using *e* only before initial *i.* After that date, examples of *e,* except before *i,* are sporadic'.

2354   Chato is evidently illustrating the statement which he has just made that he is *tonto.* The meaning is: 'I was all of a dither. What would I do? So I brought myself here too...'

2363-4   'May your soul be shriven in purgatory'. There is a pun here: *penas,* 'the torments of purgatory', and '*a penas de*', 'with difficulty'. Cf. *La vida es sueño,* 20:

> y a penas llega, cuando llega apenas.

2378   *trujo:* cf. 2101.
2388   *Nínive:* see note to 244-6.
2391   *tengo / de:* cf. 1257, 2125.

2405-6   Under *loco* Autoridades observes: 'Translaticiamente se toma
por fecundo, abundante y lozano: como Año loco, cosecha
loca, etc.' The meaning is therefore: 'May the year be just as
fertile when I sow my maize', i.e Chato would be well satisfied
if he had the good fortune of Semíramis.

2430   *favonio:* 'El viento que viene del verdadero Poniente, que por
lo más común se llama Zéphiro. Los Poetas suelen usar mucho
del nombre Favonio' (Autoridades).

2464   '...for you permit everything (if you fall in love)'.

2484   *divisos y parciales:* synonyms meaning 'taking sides', 'their loy-
alties divided'.

2574   *reporto:* 'refrenar, reprimir o moderar alguna passión del ánimo,
o al que la tiene' (Autoridades).

2609   '...anticipates his change of heart?'

2630   *remoto:* 'oblivious to the fact that'.

2649   *entablado:* 'Metaphoricamente significa disponer, prevenir y preparar lo necessario para que se consiga y pueda más fácilmente
lograrse...' (Autoridades).

2664   *cumpliendo con otros: 'Cumplir con alguno.* Hacer alguna cosa
en satisfacción de la obligación que uno tiene contrahida con
otro...' (Autoridades). Semíramis is saying: 'Let my true feelings speak out here, fulfilling my promise to another (Nino)'.

2665-6   *conmigo / cumpla: 'Cumplir consigo.* Es hacer uno lo que
debe...' (Autoridades). 'Let my grief fulfil its duty to me here,
speaking on my behalf'.

2670-3   The meaning appears to be: 'I am calling you back because...
but I don't really know if I can be said to have summoned you
when you are already stealing up on me...'

2744   Cf. 2343.

2784   Cf. 1257, 2125, 2391.

2907-8   *a sentir... a no sentirla:* Keniston describes the use of the infinitive with *a* in place of a *si* clause, para. 37.731: 'The construction is relatively rare, and no example is found before 1550'.

2920   The negligence of doctors was a favourite target for Golden Age
satirists. Cf. Cervantes, *El licenciado vidriera:* 'El juez nos puede torcer o dilatar la justicia; el letrado, sustentar por su interés nuestra injusta demanda; el mercader, chuparnos la hacienda; finalmente, todas las personas con quien de necesidad tra-
tamos nos pueden hacer algún daño; pero quitarnos la vida sin
quedar sujetos al temor del castigo, ninguno: sólo los médicos
nos pueden matar y nos matan sin temor y a pie quedo, sin des-
envainar otra espada que la de un récipe...'. Also Quevedo, *El
sueño de las calaveras:* 'Divirtióme desto un gran ruido que por
la orilla de un río venía de gente en cantidad tras un médico,
que después supe que lo era en la sentencia. Eran hombres que
había despachado sin razón antes de tiempo y venían por hacer-

le que pareciese, y, al fin, por fuerza, le pusieron delante del trono'.

2925 *quije:* quise

2931 Cf. 1759.

2948 Cf. 2931.

2958-60 'For that snub-nosed fellow who came here is now such a clever big-nosed fellow that he's forgotten all about you.'

2975-6 A variation on the proverb 'Por falta de hombres buenos a mi Padre hicieron Alcalde', which Autoridades explains: 'Refr. que explica, que no pocas veces se dan empleos a hombres poco inteligentes, por no hallar otros más apropósito; que si los huviera no los eligieran.' Chato is saying: 'Now that there are no fine fellows around, are you looking for me to fill the bill?'

2982 *un hora:* Keniston observes that 'before aspirate *h-* the full form (of the indefinite article) is used...', but he gives an example of *un hora,* para. 20.15.

2984 'For me (ésta), a wretched hour.' Autoridades explains the phrase *hora menguada:* 'Vale lo mismo que tiempo fatal u desgraciado en que sucede algún daño, o no se logra lo que se desea.'

3038 *esfera breve:* cf. Act II, 1019. The bedroom is a 'small sky where the brightest sun (Semíramis) sleeps in a sea of flowers'. Another typically 'culterano' image, employing cross-reference of the different elements to make its effect.

3048 *recatado:* 'concealed'. 'Encubrir u ocultar alguna cosa que no se quiere se vea o sepa' (Autoridades).

3172 *se desvanece:* 'Significa assimismo deshacer o anular alguna cosa no material... y assi se dice que se desvanece la duda, la sospecha, o el intento, etc.' (Autoridades).

3238 *rayos:* Autoridades gives twenty-two different meanings of *rayo* and *rayos.* Here it means 'glory'.

3245 *infelice:* '...adj. de una term. Lo mismo que Infeliz. Es más usado en la Poesía para ajustar los versos' (Autoridades).

3268 *celestial rubí:* this presumably refers to Semíramis.

3276-83 These lines constitute the traditional Aristotelian conception of tragedy which became such a favourite subject for theory and discussion during the Golden Age. In the first place the tragic hero should be someone of high standing, worthy of our admiration, as, indeed, Menón is: El que envidia daba ayer. On account of our admiration, his fall from the peak of good fortune to the most wretched misfortune arouses our sympathy and pity: muévaos a piedad el ver / que ciego y que pobre voy / pidiendo para comer. And from the tension between admiration and pity arises the experience of catharsis so central to truly great tragedy and suggested here in the lines: sólo el consuelo reciba / de lastimaros con ella. The only consolation one can obtain is that of pitying the hero, of sharing his suffering, and of emotionally 'purging' oneself in the process. For Golden Age theories of tragedy and recent critical works see my introduction.

3297-8 'There's nothing like being mad, if one can hit on a good idea.'

3342 *fábrica:* 'Se toma regularmente por qualquier edificio suntuoso' (Autoridades).

3347 *arrebol:* 'her dazzling brow'. Autoridades gives a more technical explanation of the word in relation to women: 'El color que se pone la muger en el rostro, llamado assí (arrebol) por ser de color encarnado, y por el efecto que hace.'

3368 *mayor lucero:* probably 'the sun' here.

3373 *las luces:* 'sight'.

3403 *desahucie:* 'Quitar toda esperanza de conseguir o lograr lo que se desea o pretende' (Autoridades).

3418-9 The mountains erupt flames into the air and they, like birds of fire, traverse the sea-like expanse of the sky. Again Calderón inter-relates the elements and the particular objects common to each in order to create an effective metaphor.

3422-3 An allusion to the revolt of the Titans against Zeus.

NOTES TO THE *SEGUNDA PARTE*

JORNADA PRIMERA

7   *Babilonia:* one of the most famous of ancient cities, situated on the Euphrates, reputed to have been built by Nimrod and to have been reconstructed by Ninus and Semiramis.

17-24 The opening, with its combination of martial and gentle music, parallels the opening of the *Primera Parte,* once again indicating Calderón's fondness of music and his use of it, not only for theatrical effect, but in order to highlight, like his other symbols and images, certain features of his themes, here the ferocity and gentleness which co-exist in the nature of Semíramis. For music in Calderón, see J. W. Sage, 'Calderón y la música teatral', *Bulletin Hispanique,* LVIII (1956), 275-300.

29-30 *prodigio... monstruo:* both words had the meaning of something unnatural — 'contra el orden regular de la naturaleza' (Autoridades) — and of something in some way outstanding — 'qualquier cosa excesivamente grande, o extraordinaria en qualquier línea' (Autoridades). Although the subjects of Semíramis intend the latter meaning, Calderón undoubtedly wished to suggest the former too. Similar images occur throughout the play, cf. *Primera Parte,* 1443, 1639, 1830.

39-42 Two typically 'culterano' images, again interweaving the elements. The sound of the trumpet, resounding in the element air, attracts like the Sirens of mythology, creatures of water. The air itself is therefore described in terms of the ocean — golfos de aire. Similarly, the trumpet is also like a bird singing in the bushes, but it is a bird of metal, not feathered. By association, the foliage itself is described as being 'feathery', not 'leafy'.

56 *ceremonioso:* 'adj. que se aplica, y dice del que observa con puntualidad las ceremonias' (Autoridades). The meaning of the line is, therefore: 'over-modesty would prevent my doing my duty in seeing him'.

79 *raudales:* 'Metaphoricamente vale abundancia, o copia de cosas que impetuosamente concurren' (Autoridades).

127 *examinó:* 'experienced'.

148 *la parcialidad siguiendo:* 'pursuing my advantage, imagining that I would be fighting for my own side (not for Nino's)'.

163 *soy antes que yo:* he means that his honour is more important than himself.

175-8 'For the unlucky gambler is sure to win when he hasn't placed any bets.' Autoridades gives the meaning of *resto* as: 'En los juegos de envite, es aquella cantidad que separa el jugador del demás dinero para jugar y envidar.'

222 *máquinas sobre los vientos:* 'grandiose and ambitious plans'. For one meaning of *machina,* Autoridades has: 'Metaphoricamente significa la phantasia u traza, que uno idea u imagina para forjar alguna cosa.'

232 *plazas:* 'Se toma también por oficio, ministerio o empleo.' (Autoridades).

258 *bosquejo:* Calderón frequently makes analogies with painting, cf. *Primera Parte,* Menón's portrait of Semíramis, 1444-8:

> y así, me has de dar licencia
> para pintártela, siendo
> hoy el lienzo las orejas,
> mis palabras los matices,
> y los pinceles mi lengua.

The pictorial quality of the description of Semíramis is, indeed, superb. The image of Don Juan Roca as the painter of his dishonour is another indication of Calderón's interest in the art of painting.

263 *fuerza:* 'Se toma también por Plaza murada, y guarnecida de gente para su defensa...' (Autoridades).

296 *se te articulan:* 'are made clear to you'.

298 *a cumplimiento:* 'to fulfil my obligation'.

314 *haya abortado:* for *abortar* Autoridades observes that 'Metaphoricamente usan de esta voz los Poetas, quando el mar, los montes, u otras cosas no capaces de concebir arrojan de sí algo que contenían'.

339 *Icaria:* a Greek island off the west coast of Asia Minor. In the account of Diodorus, as well as in that of Sabellicus, Semiramis climbed the walls of Bactra: 'Now when Semiramis arrived in Bactriana and observed the progress of the siege, she noted that it was on the plains and at positions which were easily assailed that attacks were being made, but that no one ever assaulted the acropolis because of its strong position, and that its defenders had left their posts there and were coming to the aid of those who were hard pressed on the walls below. Consequently, taking with her such soldiers as were accustomed to clambering up rocky heights, and making her way with them up through a certain difficult ravine, she seized a part of the acropolis and gave a signal to those who were besieging the wall down in the plain...' (Diodorus, ch. 6). Calderón gave Bactra a different role in his

play, but he retained this famous example of the heroism of Semiramis by associating it with the conquest of another place.

347 *con siete bocas:* 'El río famosísimo que atraviessa por Egypto y
viene a descargar en el mar Mediterráneo por siete bocas' (Covarrubias).

350 *al gitano Tolomeo:* 'gypsy' is a synonym for 'Egyptian', since
gypsies were believed to have come originally from Egypt. There
is no incident in the sources in which Semiramis crossed the Nile
in pursuit of Ptolemy. The only similar event is her pursuit of
the Indians, led by King Stabrobates, across the Indus, described
by Diodorus and Sabellicus.

363 *jardines:* both the great walls and the hanging gardens, which
were attributed to Semiramis, were counted among the seven
wonders of the ancient world.

364 *pensiles:* 'Rigurosamente significa el jardín, que está como suspendido o colgado en el aire, como se dice estaban los que Semíramis formó en Babilonia' (Autoridades).

403 *mausoleo:* the famous tomb of Ninus, described by Diodorus,
ch. 7, and Sabellicus, ch. 5.

426 *concepto:* a term used in painting. 'En la Pintura es la idea u
dibuxo intencional que forma el Pintor que inventa, antes de lle-
garlo a delinear: y assí se llama bueno o mal concepto, según es
el capricho de lo inventado' (Autoridades). Nature, then, 'altered
her design'.

468 *el vulgo:* 'subjects'. The image is that of the ruler governing
his people. Such is the comb, putting her unruly hair in order.
Cf. the description of Semíramis's beauty, *Primera Parte,* 1538-46:

> y de manera
> con la libertad vivía
> tanta república de hebras
> ufana, que inobediente
> a la mano que las peina,
> daba a entender que el precepto
> a la hermosura no aumenta,
> pues todo aquel pueblo estaba
> hermoso sin obediencia.

475 *dentado penacho:* the 'plume with teeth' is, of course, her comb.

490 *Atlantes:* 'Voz mui usada de los Poetas, y algunas veces en la
prosa, para expressar aquello que real o metaphoricamente se dice
sustentar un gran peso: como quando para elogiar la sabiduría
de un Ministro, o la valentía de un General, se dice que es un
Atlante de la Monarchía' (Autoridades).

553-4 The flying arrows are so thick and numerous that, like winged
night, they have obliterated the light of the sun.

581-2 '...the sand is like red rubies, the waves like coral'. Here is a

289

very good example of the Baroque tendency to make something striking and beautiful out of what is, in itself, rather gruesome: the sand and the water running red with blood. We may take as another example Góngora's description of the gruesome death of Acis in the *Fábula de Polifemo y Galatea:*

> Sus miembros lastimosamente opresos
> del escollo fatal fueron apenas,
> que los pies de los árboles más gruesos
> calzó el líquido aljófar de sus venas.
> Corriendo plata al fin sus blancos huesos
> lamiendo flores y argentando arenas,
> a Doris llega, que con llanto pío,
> yermo le saludó, le aclamó río.

616   *grande rigor:* for the full, unapocopated form of *grande* before a noun, see Keniston, para. 25.286.

662   *aperreado:* 'Fatigado, cansado, molido de andar y trabajar' (Autoridades). Since Chato is the royal dog-keeper, there is clearly a pun here on *perro,* which corresponds to the English phrase 'a dog's life'. The word *aperreado* originated, in fact, from *los perros de caza* who were ever searching, ever restless during the hunt.

705-6   Cf. *Primera Parte,* note to the title of the play, also my comment on 2210.

709-10   *perrero... perrera:* a difficult phrase to translate. Autoridades gives as a meaning of *perrera:* 'Llaman también al empleo u ocupación, que tiene mucho trabajo u molestia y poca utilidad.' Chato may, therefore, be saying: 'From looking after dogs I've been promoted to this dog's life.'

712   *racional bruto:* 'a thinking beast'. Cf. *Primera Parte,* 1005. Just as Semíramis left behind her beast-like state, becoming a free human being, so Lidoro, imprisoned and degraded, is less than a human being, more akin to an animal.

713   *ninguno:* with the force of *nadie,* see Keniston, para. 40.65, quoting Valdés: 'Mejor vocablo es *ninguno* que *nadie.*'

728-30   'Let this ship once more plough its way through the lovely waves of my hair, where it lay becalmed.' A 'culterano' allusion to her comb which she had worn throughout the battle after leaving her dressing-table, her hair only half done. The word *varado* strictly applies to the launching of a ship: 'Es echar al agua algún vagel, llevándole por algunos maderos que llaman varas, y de allí se compuso el verbo desvarar, que vale desliçar' (Covarrubias).

743   *afecto:* 'concern'.

791   *monstruo:* civil-strife and rebellion were viewed as something terrible and dangerous in the Golden Age since they endangered the health of the body politic. It is similarly described as a monster in *La vida es sueño,* Act III:

Que el vulgo, monstruo despeñado y ciego,
la torre penetró...

(2478-9).

811-4 '...but if the Prince is, my lady, the natural son of my King, and has the law and the voice of the people behind him, who will prove sufficient to deny it?'

830 Cf. *Primera Parte,* 2484.

856 *comprehendido:* 'covered by it'.

874 *basilisco:* Covarrubias gives the following information about the basilisk: 'Una especie de serpiente, de la qual haze mención Plinio, lib. 8, cap. 21. Críase en los desiertos de África, tiene en la cabeça cierta crestilla con tres puntas en forma de diadema y algunas manchas blancas sembradas por el cuerpo; no es mayor que un palmo, con su silvo ahuyenta las demás serpientes y con su vista y resuello mata. Llamóse régulo, o por la diadema que tiene en la cabeça, o por la excelencia de su veneno e imperio que tiene en todas las demás serpientes ponçoñosas. Haze dél mención Lucano, lib. 9...' Calderón was fond of using it to describe anything deadly, cf. *El mayor monstruo los celos,* Act I:

...este infausto puñal,
acerado basilisco
que siempre amenaza estragos...

879 *Etna:* 'Lo que está mui encendido y ardiente, y como echando llamas. Díxose assí a semejanza del monte Etna, que está en el Reino e Isla de Sicilia, y arroja continuamente fuego. Es voz mui frequente en la Poesía' (Autoridades).

891-2 *Atlante... Olimpo:* the obelisk is compared to Atlas because it appears to support the sky itself, cf. *Primera Parte,* 1032; to mount Olympus because the mountain was noted for its great height.

904 *primer vez:* for the apocopation of *primero* before a feminine noun, see Keniston, para. 25.245.

917-8 '...which contains his dead body but has a statue of him as he was in his lifetime'.

942 Babylon was synonymous with confusion, as Covarrubias observes: 'Al lugar de gran población y de mucho trato, adonde concurren diversas naciones, dezimos, por encarecer el tráfago grande que ay y la confusión, que es una Babilonia, especialmente si con esto concurren vicios y pecados que no se castigan...' See also Autoridades: 'Metaphoricamente se toma por confusión y desorden, y en este significado es mui común en nuestra lengua'.

1046-7 *delirio... frenesí:* 'Metaphoricamente vale disparate, o capricho tenaz' (Autoridades). Lidoro is an example of the 'mad whims' of Fortune.

1051-4 Chato says that although two eggs may look alike, just as Semíramis and Ninias look alike, they are not necessarily the same. Some eggs, after all, cost more than others and are presumably better in quality.

1078 *más... de:* Keniston observes that no example of the use of *de* for 'than', other than with numerals, has been noted in the prose of the sixteenth century, though his observations do not cover poetry.

1101 *cortado:* this appears to be a term taken from heraldry. 'En el Blasón se dice de un escudo partido por la mitad horizontalmente en dos partes iguales' (Autoridades).

JORNADA SEGUNDA

chirimías y atabalillos: both instruments are described at length by Autoridades. The *chirimía* was an 'Instrumento músico de madera encañonado a modo de trompeta, derecho, sin vuelta alguna, largo de tres quartas, con diez agujeros para el uso de los dedos, con los quales se forma la harmonía del sonido según sale el aire. En el extremo por donde se le introduce el aire con la boca, tiene una lengueta de caña llamada pipa, para formar el sonido, y en la parte opuesta una boca mui ancha como de trompeta, por donde se despide el aire... Diferenciase del Obué sólo en tener la boca mucho más ancha...' The *atabalillo,* a smaller version of the *atabal,* was an 'Instrumento bélico, que se compone de una caxa de metal en la figura de una media esphera; cubierta por encima de pergamino, que se toca con dos palos pequeños, que rematan en bolas... Este instrumento se usa en la caballería, llevando un caballo un atabal a cada lado de la silla...'

1210 *novelera:* there are two possible meanings: 'Amigo de novedades' or 'inconstante y vario en su modo de proceder' (Autoridades). Since the people have already been described as fond of novelty—832—, the former is more likely.

1263-4 *apenas... a penas:* cf. *La vida es sueño,* 20:

y a penas llega, cuando llega apenas.

1433 *Beso tus plantas:* Although in the Middle Ages kissing the feet had been an indication of respect for a nobleman, lord or King, and an acknowledgement of his superiority, in Golden Age literature it is a purely verbal courtesy of which there are many examples in this play.

1455-6 The Phoenix was a mythical bird of Arabia. After living for a time, it burned itself on a funeral pile only to rise again from the ashes and commence a new period of life. In this passage the new reign is compared to the sun which, Phoenix-like, seems to rise every day from the ashes of the previous evening's sunset.

1520-22 'She does whatever comes into her head, whether it's sensible or not'.

1523 *Dacá:* a composite of *da+acá,* see Keniston, para. 30.45.

1525 *dacar:* there is, of course, no such verb. This is an example of the gracioso's propensity for making up words in his ignorance or his malice, in this case from *dacá.*

1526 *talión:* 'Pena, que se imponía al delito igual, y correspondiente a él, castigando por el mismo modo, que se delinquia. Los Hebreos le usaban rigurosamente, dando ojo por ojo...' (Autoridades). The phrase is, in fact, *la pena del talión,* meaning something like 'tit for tat'.

1527 *tanto por tanto:* 'Phrase adverbial, que se usa comparativamente, y vale por el mismo precio, u coste' (Autoridades).

1544 *suegras... supervilencia:* '...may you live as long as two mothers-in-law, one after the other, for that is immortality itself'. The mother-in-law was as much a figure of fun in Golden Age literature as in modern times, invariably living a long time and therefore causing endless trouble, cf. Quevedo:

> Tuviste muger sin madre,
> grande suerte, y de envidiar,
> gozaste mundo sin viejas,
> ni suegrecita inmortal.

Chato's slovenly pronunciation of *supervivencia* may be on account of the influence of *vil,* since mothers-in-law would also be associated with all vileness. This passage parodies very effectively the flowery remarks directed to Kings by courtiers, cf. Lidoro's address, 1447-56.

1554 *Frisón:* an example of the gracioso's muddling of proper names, again either through stupidity or malice. *Frisón* actually means 'todo lo que es grande, corpulento, y que excede a la media regular', thus 'Fatty'. Cf. Chato's *Tijeras* for *Tiresias, Primera Parte,* 696; *seis maravedís* for *Semíramis, Primera Parte,* 1949.

1558-60 *jubileo* is, strictly speaking, a Papal indulgence: '...la solemnidad y ceremonia Eclesiástica, con que el Papa publica la concesión que hace de gracias e Indulgencias, a la Iglesia universal. La qual al principio se hacía de cien en cien años: después se reduxo a cincuenta, y ultimamente a veinte y cinco...' (Autoridades). Chato is saying, therefore, that a favour obtained at Court is equally rare. *Diligencias,* used often in conjunction with *jubileo,* means the prior conditions, Christian living, etc., for obtaining an indulgence, but in its general sense simply signifies 'poner todos los medios e industrias para conseguir algun fin... (Autoridades). In relation to the Court, synonymous in the Golden Age with bribery and corruption, *hacer las diligencias* clearly means 'to buy favours'. References to the vices of the Court are so abundant in Golden Age literature that it seems unecessary to dwell on the subject, but perhaps Cervantes, *El licenciado vidriera,* and Quevedo, *Los sueños,* can be mentioned as two writers who make it particularly their own.

1620   Friso's 'obligation', as a man of honour and noble birth, is to be loyal and obedient to the King. In threatening rebellion he is, therefore, striking out too at the honour of his family, which Licas vows here to uphold, by bloodshed if necessary. The difference between the situation described here and the adulterous circumstances of the 'honour' plays is minimal since the underlying concepts are the same. If the 'honour' plays have come to be regarded as somehow typifying the Spanish honour code, this is simply because their sensational happenings have attracted most attention.

1622   *desbarre:* 'Metaphoricamente vale discurrir fuera de lo que es razón, no acertar en lo que se dice o hace' (Autoridades).

1660   The situations in Golden Age literature are many where a mysterious lady passes a note through the window to a passer-by, cf. the story of Cardenio in *Don Quijote, Primera Parte,* XXVII: '...díjome que acaso pasando por una calle de la ciudad a la hora de medio día, una señora muy hermosa le llamó desde una ventana, los ojos llenos de lágrimas, y que con mucha priesa le dijo : '...Hermano : si sois cristiano, como parecéis, por amor de Dios os ruego que encaminéis luego luego esta carta al lugar y persona que dice el sobrescrito...' Also the note given by Doña Ana to Don Juan in Act 2 of *El burlador de Sevilla.*

1680   *nema:* 'La cerradura, o sello de la carta : que porque los antiguos la cerraban con hilo, y después la sellaban, se le dio este nombre, que es Griego, y significa el Hilo' (Autoridades).

1742   *parabién:* 'Expresión que se hace a otro, para manifestar el gusto y placer que se tiene de que haya logrado algun buen sucesso' (Autoridades). 'Are these indications of sadness on your part the way to greet my happiness?'

1757-8   'My words express my pleasure, my eyes my pain'.

1800   *proporción:* 'balance', 'equality'.

1805   *cuidado:* 'true feeling for you'.

1809   *novedad a novedad:* Ninias is saying that to become King is one *novedad* or amazing event. To have the courage to declare his love for Astrea would be another.

1811   *entablar:* 'Metaphoricamente significa disponer, prevenir y preparar lo necessario para que se consiga y pueda más fácilmente lograrse : como una pretensión, un negociado, una dependencia, dando los medios y órdenes conducentes para su logro' (Autoridades).

1819   Cf. 1433.

1824 Cf. *Primera Parte*, 1406-7. Astrea's love gravitates naturally towards Ninias just as each of the four elements moved towards its natural centre.

1835 *sino:* 'without'.

1859 *propio:* 'Usado como substantivo se llama el correo de a pie, que alguno despacha para llevar una o más cartas de importancia' (Autoridades).

1905-6 *áspid de ñieve... ñieve:* the white beauty of her hand —*nieve* being a commonplace for whiteness in Golden Age literature— is like an asp because it inflames the passions of Ninias. In saying that it is simply *nieve* for himself, Licas seems to be using the word in the sense of 'disdain', contrasting her coldness towards him with her apparent ardour towards Ninias.

1909-11 '...jealousy is like a pair of spectacles which magnify and distort what the eye would see'.

1926 *rémora:* Strictly speaking, this word was applied to an extraordinary kind of fish: 'Pez pequeño, cubierto de espinas y conchas, de quien se dice tener tanta fuerza, que detiene el curso de un navío en el mar' (Autoridades). By extension it came to be applied to anything which impedes or prevents.

1953 *crisol:* just as the crucible reveals what is really and truly gold and what is not, so Licas may test the truth of Libia's story by observing Astrea's love for Ninias.

1990 Friso is addressing Night.

2021 The beauty of Semíramis compared with the brightness of the day.

2036 *restado:* 'in reserve'.

2072 *retrete:* 'Quarto pequeño en la casa o habitación, destinado para retirarse' (Autoridades).

2324 *porfiado cedro:* the wood of the cedar had a reputation for resistance and strength as well as fragrance: '...su madera no admite carcoma, ni otra corrupción...' (Autoridades).

2375 *escrúpulo:* '...vale Duda que se tiene de alguna cosa, si es assí o no es assí, la qual trahe a uno inquieto y desasossegado hasta que se satisface y entera de lo que es. Dícese particularmente en materias de conciencia' (Autoridades). Licas will remove any doubt regarding the family honour, which is tainted if Friso is guilty of any offence against the King, by killing him.

2434 *soy quien soy:* 'I am an honourable man'. A variant on it is *sé quien soy.* The subject is dealt with by B.W. Wardropper, 'The Unconscious Mind in Calderón's *El pintor de su deshonra*', *Hispanic Review,* XVIII (1950), pág. 290 and note 11. Autoridades gives *Es quien es* as indicating 'que alguno ha correspondido en alguna acción a lo que debe a su sangre, o empleo'.

JORNADA TERCERA

2448   *discurso:* 'reasoning'.

2481   *¡Plaza, plaza!:* cf. *Primera Parte,* 1450.

2482+ *memoriales:* 'Se llama también el papel o escrito en que se pide alguna merced o gracia, alegando los méritos o motivos en que funda su razón' (Autoridades).

2535   *grande:* for the full form of *grande* before a noun beginning with a vowel, see Keniston, para. 25.288.

2584   *no le arriendo la ganancia:* Autoridades explains this phrase: 'No le *arriendo* la ganancia. Phrase que se suele usar para significar que alguno está en peligro, o expuesto a algún trabajo o castigo por algún hecho, u dicho'.

2605   *nacardina: anacardina* was a medicine made from the fruit known as *anacardo,* fully described by Autoridades: 'Es el fruto de cierto árbol que se cría en la India Oriental, assí en su figura, como en el color semejante al corazoncillo de un páxaro, dentro del qual quando está fresco se halla un liquor gruesso a manera de sangre, y en el medio un meollo blanco, como una pequeña almendra, el qual preparado fortifica la memoria debilitada y sin prepararle es perjudicial y dañoso'.

2626   *juglares:* no longer a wandering minstrel but 'El que entretiene con burlas y donaires, que más comunmente se llama truhán o bufón' (Autoridades).

2635   *lienzo:* in this context, 'handkerchief'. Chato uses his long beard to wipe his eyes. 'Se llama assimismo el pañuelo se seda, algodón o hiladillo que sirve para limpiar las narices' (Autoridades).

2636   *mortaja:* a beard turned white is an anticipation of a shroud.

2703   *veleta:* just as a weather-cock indicates the change of direction of the wind, so facial expressions are an indication of a person's changing emotions.

2747-9 'Have you ever seen anything like this advice of Lisías — in his ignorance of whom I am — that I should be bold...?'

2825   *volverme:* 'avoid'.

2918-9 '...my loyalty was, perhaps, the cause of her retirement'.

2921-2 'For how can the space of one day so change your mind?'

2963   *efecto:* 'Vale también aprecio, calidad, ser y estimación' (Autoridades).

2965   *prevengo:* 'do I anticipate'.

2997   *homenajes:* Autoridades explains the phrase *Torre de homenage:* 'Cierto parage o parte que había en las fortalezas: y regularmente era una torre en la qual el Castellano o Gobernador hacía juramento solemne, y por auto público, de guardar fidelidad y defenderla con valor. Después se extendió a llamar homenages todas las torres que guarnecían la muralla'.

3007   *hidrópico:* 'dropsied'. Dropsy caused insatiable thirst, thus it also became a synonym for greed or strong desire: 'Algunas vezes se toma por la avaricia, porque el hidrópico, por mucho que beva, nunca apaga su sed, ni el avariento por mucho que adquiera, su codicia' (Covarrubias).

3010 *paréntesis:* Calderón was very fond of this device. He used it frequently in his dialogue to suggest the emotions of a character or to sidetrack the main point which is being made or to give some additional information, cf. 252-60, 298-9, 3176. Apart from its specific meaning, the word also had the general meaning of 'interpolation' of any kind: 'Metaphoricamente se toma por suspensión o intercadencia de otras cosas, que no son locución' (Autoridades).

3014 *en venciendo:* the use of *en*+the present participle is discussed by Keniston, para. 38.215: 'The only preposition which is used to introduce the present participle is *en*. When thus introduced, the force of the participle is always temporal; and instead of referring to a time concurrent with that of the main verb, it indicates an action completed and hence has the meaning of 'as soon as''.

3021 *En decir:* Keniston, para. 37.76. deals fully with this point: 'The infinitive with *en* replaces in Castilian the Latin gerund with *in,* and also to a certain extent the Latin present participle... At times the sense of the infinitive phrase with *en* approaches that of the infinitive phrase with *con,* for both might be replaced by a present participle... It should be remarked that *en* with the infinitive is one of the devices for expressing the relationship which is now expressed by *al* with the infinitive'.

3042 *orbe:* applied to either the earth or the sky, in this case the sky — *al orbe... de zafir,* the 'sapphire-blue region'.

3043 *jónica y dórica coluna:* Ionic and Doric refer to two relatively simple styles of Ancient Greek architecture, of which the simple unadorned yet solid supporting column was one example. Here the towers of the city appear, like columns, to be supporting the moon itself.

3045-8 Another example of imagery in which the different elements are interwoven. It was a commonplace to allude to the stars as flowers, to an element of air in terms of an element of earth. Calderón took this a stage further by suggesting that the hanging gardens, which seem to be suspended in the air, like the stars, are as bright and as beautiful as the heavens themselves.

3054 *y injusta:* cf. *Primera Parte,* note to 2343.

3090 *haciendo desperdicio de:* 'making a mockery of'.

3104 *lazos... nudos:* the difference between the two was that between a 'bow' and a 'knot', the former rather loosely tied, the latter securely.

3129 *muelle:* here probably 'promontory'.

3134-5 '...but do not attack them unless they attack first...'

3151   *barbarismo:* 'strange behaviour'.

3167-8   'An old dog doesn't jump to the call'. 'Refr. que enseña, que
el hombre experimentado y juicioso es mui dificultoso de engañar' (Autoridades).

3180-2   The terms are those of a card-game : 'While the pack is being
shuffled (while the preliminary skirmishes are going on), I'll put
my bet on this (I'll hide)'.

3185   *Cuerpo de Apolo:* an oath expressing surprise. It is a variation
on *Cuerpo de Cristo* or *Cuerpo de Dios,* as Autoridades explains : 'Cuerpo de Dios u de Christo u de tal. Especie de inter-
jección o juramento, que explica a veces la admiración.'

3192   *mortecina hacer:* 'Phrase, que vale fingir el estar muerto'. (Autoridades).

3234   *liebre:* Chato is like the hare because he is timid and afraid.

3288   *En no siendo:* cf. 3014. Here we would have to say : 'As soon
as Semíramis stops exhorting them...'

3296   '...have done what I would do'.

3329-30   *falta... de:* for the use of the preposition de with verbs, see
Keniston, para. 37.54, 37.541.

COLECCION TAMESIS

SERIE A - MONOGRAFIAS

EDWARD M. WILSON and JACK SAGE: *Poesías líricas en las obras dramáticas de Calderón*, pp. xix + 165.

PHILIP SILVER: *'Et in Arcadia ego': A Study of the Poetry of Luis Cernuda*, pp. xv + 211.

KEITH WHINNOM: *A Glossary of Spanish Bird-Names*, pp. 157.

BRIAN DUTTON: *La 'Vida de San Millán de la Cogolla' de Gonzalo de Berceo. Estudio y edición crítica.* El tomo I.º de las *Obras completas* de Gonzalo de Berceo, pp. xiv + 248.

A. D. DEYERMOND: *Epic Poetry and the Clergy: Studies on the 'Mocedades de Rodrigo'*, pp. xix + 312, with two maps.

ABDÓN M. SALAZAR: *El escudo de armas de Juan Luis Vives*, pp. viii + 136.

P. GALLAGHER: *The Life and Works of Garci Sánchez de Badajoz*, pp. x + 296.

CARLOS P. OTERO: *Letras, I*, pp. xviii + 202.

EMMA SUSANA SPERATTI-PIÑERO: *De 'Sonata de otoño' al esperpento (Aspectos del arte de Valle-Inclán)*, pp. viii + 341.

'Libro de buen amor' Studies. Edited by G. B. Gybbon-Monypenny, pp. xiii + 256.

Galdós Studies. Edited by J. E. Varey, pp. xii + 204.

DOROTHY SHERMAN SEVERIN: *Memory in «La Celestina»*, pp. x + 73.

SERIE B - TEXTOS

LOPE DE VEGA: *Triunfo de la fee en los reynos del Japón.* Edited by J. S. Cummins, pp. xlix + 116, with seven illustrations and one map.

FERNÁN PÉREZ DE GUZMÁN: *Generaciones y semblanzas.* Edición crítica con prólogo, apéndices y notas de R. B. Tate, pp. xxvii + 112.

El sufrimiento premiado. Comedia famosa, atribuida en esta edición, por primera vez, a Lope de Vega Carpio. Introducción y notas de V. F. Dixon, pp. xxvii + 177.

JOSÉ DE CADALSO: *Cartas marruecas.* Prólogo, edición y notas de Lucien Dupuis y Nigel Glendinning, pp. lxiii + 211.

VIRGILIO MALVEZZI: *Historia de los primeros años del reinado de Felipe IV.* Edición y estudio preliminar por D. L. Shaw, pp. liv + 206, with 3 illustrations and 3 maps.

La comedia Thebaida. Edited by G. D. Trotter and Keith Whinnom, pp. lxi + 270.

JUAN VÉLEZ DE GUEVARA: *Los celos hacen estrellas.* Editada por J. E. Varey y N. D. Shergold, con una edición de la música por Jack Sage, pp. cxvii + 277.

FRANCISCO BANCES CANDAMO: *Theatro de los theatros de los passados y presentes siglos.* Prólogo, edición y notas de Duncan W. Moir, pp. cii + 191.

PEDRO CALDERÓN DE LA BARCA: *La hija del aire.* Edición crítica, con introducción y notas de Gwynne Edwards, pp. lxxxviii + 298.

SERIE D - REPRODUCCIONES EN FACSIMIL

CAYETANO ALBERTO DE LA BARRERA Y LEIRADO: *Catálogo bibliográfico y biográfico del teatro antiguo español, desde sus orígenes hasta mediados del siglo XVIII (Madrid, 1860),* pp. xi + 727.